アジア進出企業の会計・税務

事業展開における実務マニュアル

CaN International
公認会計士・税理士
大久保昭平 ［編著］

清文社

は し が き

　近年、海外事業に係る管理能力の欠如に端を発した、海外子会社における会計不正や、クロスボーダーM&Aの失敗例が散見される。

　2017年4月、富士フイルムホールディングスは、同社の孫会社にあたる富士ゼロックスの在ニュージーランド販売子会社にて会計不正の疑いがあると発表。同年6月には、新たにオーストラリアの販売子会社でも同様の不正が見つかったと公表し、一連の損失計上による連結純利益への影響額は300億円を超えた。また、東芝は2016年度第3四半期決算において、2015年に買収した米国の原子力事業に係る巨額損失を計上した。次いで、日本郵政は2017年3月期連結決算において、2015年に買収した在オーストラリア物流会社の業績不振に伴い約4,000億円の損失を公表した。

　新興国における不明瞭な課税根拠に基づく追徴課税リスクも問題となっている。ミネベアのタイ現地法人がタイ投資委員会（BOI）から優遇税制の適用を受けた事業に関して、同社の税務処理がBOIの指導に従っていたものであるにもかかわらず、2016年5月16日に、タイ最高裁はタイ国税局の主張する約5億バーツの追加納付を支持する判決を下した。

　海外事業に関しては、日本親会社がより積極的に管理体制の構築に関与することが求められる。現地事業に係る業績数値の見える化は必須であり、その前提となる現地での適切な財務報告体制の構築は急務だ。また、税制を中心とした各種制度対応も怠ってはいけない。昨今、多国籍企業による国際取引を通じたアグレッシブな租税回避行為を通じた税源浸食と利益移転（Base Erosion and Profit Shifting：BEPS）への批判が世界的に高まっており、これに対応するために立ち上がったG20が主導するBEPSプロジェクトが実務に与える影響は大きい。加えて、新興国では現地税務当局からの不合理な指摘による追徴課税リスクが依然として高い状況にあり、グローバルな視点での管理体制の構築が不可欠である。さらに、M&Aによる海外進出も活発に行われているが、近年その投資判断に係るデューデリジェンスが適切に行われたのかについて疑義

が生ずるような事例も多い。

　人口減少、長期化するデフレの問題など、今後大きな成長が望めない日本国内市場の状況を受けて海外市場、特にアジア地域への参入を検討する企業も多いが、海外事業の成功は一筋縄ではいかないのが現状だ。背景には、海外事業展開における事業リスク以外にも、税制を含む現地法制の不透明性や複雑性、現地のビジネス慣習、国民性や文化の違い等に起因するさまざまな課題が挙げられる。

　本書は、こうした海外事業にまつわる課題に対処することを目的に、特にアジア地域での事業活動について、海外事業の展開フェーズごとに、第Ⅰ部を進出段階、第Ⅱ・Ⅲ部を事業活動段階、第Ⅳ部をM&A段階、第Ⅴ部を撤退段階に区分して執筆を行った。特徴は、事業活動段階について、第Ⅱ部を日本親会社の経理部、第Ⅲ部を海外子会社の経理部に、それぞれの立場に分けて記載した点である。双方にとって、互いの業務領域を把握しておくことは業務を円滑に進めることにつながるだけでなく、管理体制の強化においても有用であるため、全編に目を通していただくことをおすすめする。

　記載した内容には、制度面の解説に加えCaN Internationalのコンサルタントがアジア地域で実際に日系企業を支援してきた経験も含めている。

　成長著しいアジア市場には大きなチャンスが広がっている。日本企業の海外事業展開を担う日本親会社及び海外子会社の管理部の皆様には、会計・税務の視点から海外事業の留意点を把握し、適切な現地マネジメントにより海外事業を成功に導いていただきたい。

　本書が皆様にとって海外事業管理のバイブルとなれば、CaN Internationalのコンサルタントにとってこれ以上の喜びはない。

　2017年10月

CaN International 代表
大久保 昭平

アジア進出企業の会計・税務
CONTENTS

第 I 部 進出の実務

第 1 章 FSの留意点 2

1. FS時の各種リスク把握 2
2. 売上／コストに係る事業リスクの検討 5
    (1)売上に係る事業リスク 5 ／ (2)コストに係る事業リスク 7
3. 外資規制とライセンス関連の事前調査 8
    (1)卸売・小売・物流業に係る外資規制の概要 9 ／ (2)特定事業に必要なライセンス 10

第 2 章 税務面の検討項目 12

1. 進出形態の決定 12
    (1)駐在員事務所 13 ／ (2)支　店 14 ／ (3)子会社 16 ／ (4)支店と子会社の税務面での比較 17
2. 現地税制の確認 17
3. 租税条約の確認 19
    (1)租税条約の概要 19 ／ (2)租税条約の着眼ポイント 20 ／ (3)BEPSプロジェクト 20
4. 投資スキームの決定 24
    (1)投資スキームの検討 24 ／ (2)地域統括会社の活用 25
5. 海外子会社の立上げ費用に関する留意点 30
6. 外国子会社合算税制 31
    (1)総　論 31 ／ (2)現行制度の概要 33 ／ (3)平成29年度税制改正の概要 45 ／ (4)BEPSプロジェクト 52

第 II 部　事業活動　親会社経理実務

第 3 章　子会社管理 56

1. 海外子会社の財務報告体制 56
2. 日本親会社の連結決算対応に係る実務上の留意点 58
3. 不正対応 60
   (1)アジア子会社で発生する不正の特徴 60 ／ (2)レポーティング体制の構築 61 ／ (3)内部通報制度の運用 62 ／ (4)外国公務員贈賄規制への対応 63
4. 資金管理 65
   (1)連結ベースでの資金管理 65 ／ (2)キャッシュ・マネジメント・システム 65 ／ (3)為替リスクの一元管理 67 ／ (4)リインボイス 68 ／ (5)グローバルでの資金管理における税務上の留意点 68

第 4 章　外貨建取引等に係る会計・税務 71

1. 外貨建取引の実務 71
   (1)アジア各国の通貨 71 ／ (2)国際取引での使用通貨 72 ／ (3)外貨建取引の特徴 73
2. 外貨建取引等の会計・税務 73
   (1)輸出入取引の認識時点 73 ／ (2)取引発生時における外貨建取引の換算 76 ／ (3)決算時における外貨建資産負債の換算 77
3. ヘッジ取引の会計・税務 80
   (1)外貨建取引の為替リスク 80 ／ (2)為替リスクのヘッジ方法 81 ／ (3)会計処理 82 ／ (4)税務上の留意点 88
4. 在外拠点の換算 89
   (1)駐在員事務所 89 ／ (2)在外支店 89 ／ (3)在外子会社 91

第 5 章　税務実務 92

1. 総　論 92

(1)国際取引の特徴 92／(2)税務調査の傾向 93／(3)国際戦略トータルプラン 94／(4)タックス・プランニングの義務的開示制度の潮流 95
2．**消費税** 96
　　　(1)国際取引と消費税 96／(2)輸出取引 97／(3)輸入取引 103／(4)海外取引における現地での付加価値税等 104
3．**PE（恒久的施設）** 105
　　　(1)概　要 105／(2)PEの範囲 105／(3)PE認定に係る留意点 106／(4)駐在員事務所に対するPE認定 107／(5)海外子会社等に対するPE認定 107／(6)役務提供に対する PE 認定 108／(7)電子商取引における留意点 109
4．**外国税額控除** 112
　　　(1)制度概要 112／(2)外国税額控除方式の適用判断 113／(3)国外源泉所得の概要 114／(4)外国税額控除額の計算 118／(5)必要書類 125
5．**外国子会社配当益金不算入制度** 125
　　　(1)制度概要 125／(2)外国子会社の範囲 126／(3)配当の範囲 127／(4)外国源泉税の取扱い 127／(5)益金不算入額 127／(6)必要書類 129／(7)会計上の留意点 130
6．**海外駐在員の給与実務** 131
　　　(1)居住者と非居住者における課税所得の範囲 132／(2)駐在員の給与等の税務上の取扱い 133／(3)出国時の給与実務 134／(4)海外赴任中の給与実務 136／(5)駐在員の帰国時の給与実務 138／(6)その他の論点 138

第 6 章　移転価格税制 140

1．**制度概要と総論** 140
2．**国外関連者と国外関連取引** 141
　　　(1)国外関連者 141／(2)国外関連取引及びみなし国外関連取引 143
3．**独立企業間価格の算定方法** 143
　　　(1)独立価格比準法 144／(2)再販売価格基準法及び原価基準法 144／(3)取引単位営業利益法 146／(4)利益分割法 147
4．**算定方法の選定** 150
　　　(1)ベストメソッドルールの導入 150／(2)留意点 150／(3)文書化 154
5．**BEPSプロジェクト** 155
　　　(1)概　要 155／(2)OECD移転価格ガイドライン2017年版 158
6．**移転価格文書化制度** 159

(1)平成28年度税制改正の概要 160 /（2）ローカルファイル 161 /（3）国別報告事項 168 /（4）マスターファイル 170 /（5）新文書（国別報告事項及びマスターファイル）の税務調査への利用 174

7. 移転価格課税への対応 176

(1)2つの対応方法 176 /（2）租税条約に基づく相互協議の申立て 176 /（3）BEPS行動計画14 177

8. 事前確認制度 178

(1)事前確認の種類 178 /（2）事前確認の申出 180 /（3）必要書類 180 /（4）事前確認審査における留意事項 181

9. 取引形態別の論点 182

(1)物品販売 182 /（2）役務提供 183 /（3）企業グループ内役務提供 184 /（4）金銭の貸借取引 191 /（5）移転価格税制と寄附金の相違点 192

10. 無形資産取引 193

(1)移転価格税制における無形資産の基本的概念 194 /（2）無形資産の形成 199 /（3）コストシェアリング契約 205 /（4）無形資産の移転 209

第III部　事業活動　現地経理実務

第7章　日常業務 214

1. 海外子会社の経理部 214

(1)海外子会社の経理部が置かれている状況 214 /（2）必要な業務範囲 215 /（3）管理系部門の駐在員に求められる能力 215

2. 典型的な経理業務 216

(1)現預金取引 216 /（2）与信・債権管理 217 /（3）証憑書類の整理・保管 219 /（4）帳簿作成 220

3. 会計システムの導入 220

(1)東南アジアにおける会計システムの種類 221 /（2）言　語 221 /（3）勘定科目、取引先管理番号 221

4. 現地税制への対応 223

(1)税務対応に係る体制構築 223 /（2）各種税制の概要把握 225 /（3）法人税に関

する益金・損金の算入・不算入項目の把握 225 ／（4）繰越欠損金 226 ／（5）付加価値税等 226 ／（6）優遇税制の把握 227 ／（7）不透明な課税リスク 228

5. **国際税務への対応** 230

(1)移転価格税制 230 ／（2）外国税額控除 234 ／（3）外国子会社配当益金不算入制度 234 ／（4）外国子会社合算税制 235 ／（5）租税条約 235

第8章 決算・税務申告業務 236

1. **東南アジア主要6か国における会計制度** 236

(1)制度概要 236 ／（2）東南アジアにおける中小企業版IFRSの導入状況 237

2. **決算業務** 238

(1)決算スケジュール 238 ／（2）一般的な決算処理項目 239 ／
(3)現地会計基準への対応 242

3. **日本親会社の連結決算対応に係る実務上の留意点** 245
4. **海外子会社の法人税申告** 247

(1)法人税申告実務 247 ／（2）主要税目の申告・納付スケジュール 249 ／（3）税務当局への対応と現地の専門家との連携 250

5. **駐在員の所得税申告** 251
6. **日本親会社の申告補助作業** 252

第9章 監査対応業務 253

1. **各国の会計監査制度** 253

(1)国際的な監査制度の潮流 253 ／（2）監査義務の要件 253

2. **各国における監査実務と監査人の選定** 254

(1)ビッグ4 255 ／（2）ビッグ4未満の中堅国際会計事務所 256 ／（3）独立系日系会計事務所 256 ／（4）現地会計事務所 257

3. **現地での監査対応準備** 258

(1)各種規程に係る文書整備 258 ／（2）勘定科目明細の作成 258 ／（3）各種原始証憑の整備 259 ／（4）各種議事録等の適切な作成及び保管 259

4. **現地での監査対応実務** 260

(1)主要な監査手続 260 ／（2）確認状への対応 261 ／（3）経営者確認書における確認事項 262 ／（4）監査修正 263 ／（5）マネジメント・レター 264

5. **日本親会社が上場している場合の海外子会社側での検討事項** 265

(1)会計監査 265 /（2)内部統制報告制度(J-SOX)対応 266

第IV部 クロスボーダーM&Aの実務

第10章 近年のクロスボーダーM&Aのトレンドとテストの進め方 272

1. クロスボーダーM&Aとアジア地域への注目の高まり 272
2. クロスボーダーM&Aにおける財務DDの重要性 273
   (1)DDの目的と近年の潮流 273 /（2)失敗事例から学ぶクロスボーダーM&Aに係る財務DDの傾向と重要性 273
3. 財務DDの具体的な進め方 274
   (1)調査範囲 274 /（2)財務DDチームの編成 276 /（3)調査日程 280 /（4)調査方法 280 /（5)調査報告における検出事項の取扱い 281 /（6)表明保証保険 282 /（7)PMIを見据えて 284
4. DD費用等の会計・税務上の処理方法 286
   (1)単体決算での会計・税務上の取扱い 286 /（2)連結財務諸表上の取扱い 286

第11章 会社概要の把握と損益計算書項目 288

1. 会社概要の把握 288
   (1)基本的事項の確認 288 /（2)経理体制の確認 289 /（3)会計方針の確認 290 /（4)その他管理体制の不備等 291
2. ビジネスモデルの理解 292
   (1)事業環境分析 292 /（2)対象会社の収益獲得能力の把握 293 /（3)シナジー効果の把握 294
3. 売上高 294
   (1)収益認識基準の把握 294 /（2)主要顧客との契約内容 295 /（3)各種セグメント別分析 295
4. 売上原価 296
   (1)原価構造の把握 296 /（2)製造活動における財務・非財務管理指標のレビュー 297

5．販売費及び一般管理費 298
6．営業外・特別損益 299
7．関連当事者取引 300
8．検出事項の取扱い 300
9．株式価値算定に係る留意事項 300
　　(1)DCF法 301 ／ (2)類似会社比準法 302

第12章 貸借対照表項目 303

1．全　　般 303
2．資　　産 303
　　(1)売上債権 303 ／ (2)棚卸資産 305 ／ (3)有形固定資産 306 ／ (4)非事業用資産 308
3．負　　債 308
　　(1)仕入債務 308 ／ (2)有利子負債 309 ／ (3)退職給付引当金 310 ／ (4)賞与引当金 310 ／ (5)未払税金等 311
4．オフバランス項目、税効果会計 312
　　(1)オフバランス項目 312 ／ (2)税効果会計 313
5．検出事項の取扱い 314

第13章 税務項目 315

1．全　　般 315
2．買収スキームの検討 315
　　(1)買収スキーム決定にあたっての留意点 316 ／ (2)買収段階 316 ／ (3)買収後の事業運営段階 317 ／ (4)売却段階 320
3．税務DDの留意点 321
　　(1)概　　要 321 ／ (2)法人税 321 ／ (3)付加価値税等 323 ／ (4)源泉税 324 ／ (5)関税 325 ／ (6)移転価格税制 326 ／ (7)過去の税務調査 327
4．検出事項の取扱い 328

第Ⅴ部 撤退の実務

第14章 株式売却・清算を円滑に進める
―― 撤退時に気をつけたいリスクとその対応 330

1. 海外事業撤退の傾向 330
2. 事業撤退の検討 332
3. 株式の売却に係る留意点 332
   (1)DD対応 332 /(2)PMI対応 333 /(3)株式売却手続 333 /(4)税務上の留意点 334
4. 清算時の留意点 337
   (1)一般的な清算手続 338 /(2)労務面 338 /(3)日本親会社における税務上の留意点 339 /(4)海外子会社における税務上の留意点 340

凡　例

法法…………法人税法
法令…………法人税法施行令
法規…………法人税法施行規則
消法…………消費税法
消令…………消費税法施行令
消規…………消費税法施行規則
所法…………所得税法
所令…………所得税法施行令
措法…………租税特別措置法
措令…………租税特別措置法施行令
措規…………租税特別措置法施行規則
復興特措法……東日本大震災からの復興のための施策を実施するために必要な財源の確保に関する特別措置法
法基通…………法人税基本通達
消基通…………消費税法基本通達
所基通…………所得税基本通達
措通…………租税特別措置法関係通達

★かっこ書においては、下記例のとおり略語を用いた。
　法法23①一……法人税法第23条第1項第1号

＊本書は、2017年9月1日現在の法令通達による。

第 I 部

進出の実務

　　外で事業を開始する際には、日本と比較してさまざまな検討事項が発生す
海る。第 I 部では、海外進出時に留意すべき点をまとめた。
　第1章ではフィージビリティ・スタディ（以下「FS」という）段階で確認すべき事項について、リスク項目を中心に解説を行う。FS での検討範囲は広範に及ぶため、本章を利用して自社のビジネスにおける重要性の高い項目を効果的に調査・検討されたい。
　また、第2章では FS のなかでも特に重要性の高い税務の検討項目について解説を行う。進出形態や、現地税制及び租税条約の確認事項、投資スキームに加えて、海外子会社設立費用に係る留意点や、日本の外国子会社合算税制を取り上げている。特に、外国子会社合算税制については、平成29年度税制改正によって税体系が大幅に変更されるため、留意が必要である。

第Ⅰ部 進出の実務

第1章

FSの留意点

　海外ビジネスでは、日本においては想定し得ないリスクに直面することが多々ある。自社のビジネスを取り巻くさまざまなリスクを想定したうえで、当該リスクに対処し得る体制を可能な限り事前に整備しておくことが求められる。事業の実現可能性を事前に調査・検討するFSの段階で、各種リスクの把握及び対応策をしっかりと検討しておくことが、海外ビジネス成功のカギを握るといっても過言ではない。

1．FS時の各種リスク把握

　FSでは、多岐にわたる項目を調査することによって事業の実現可能性を検討する。独立行政法人中小企業基盤整備機構（以下、「中小機構」という）が公表している「中小企業のための海外リスクマネジメントマニュアル」（2016年2月）では、業種にかかわらず、少なくとも図表1-1に挙げられている項目については調査をしておくことが不可欠であるとされている。

　また、現地視察によって、調査事項に関する実情を目で見て確認することや、関係者に直接会ってヒアリングをすることも欠かせない。現地に行かずにFSを済ませた場合、調査結果が実情とかけ離れたものになることが往々にしてあり、それでは海外ビジネスを成功に導くことはできない。現地視察は事前に日本で可能な限り調査を行い、現地において検証すべき仮説や調査すべき事項を明確にしたうえで臨むことによって、効果的かつ効率的に行いたい。

　なお、情報は最新のものを取得することに加え、近年の動向や今後の予測についても可能な限り調査する。特に新興国の事業環境は変化が激しいため、今

後の規制改正や、物価・賃金の動向といった将来予測情報が非常に重要である。

図表1-1 進出先のリスク調査

調査項目	概　　要	主な調査ポイント
インフラ・物流	電気、水、通信、交通網等のインフラ整備の状況は、進出先における事業所や工場等の拠点運営はもちろん、自社製品の流通を考えるうえでもきわめて重要な要素である。国によっては、恒常的な電力不足により停電が頻繁に発生したり、道路渋滞により物流が滞ったりするなどの障害もあるため、インフラに関する各種情報を収集すること。	・電力の供給状況 ・ガス、水道の供給状況 ・交通網（道路、鉄道、航空等）の整備状況 ・輸送経路、物流の整備状況 ・通信インフラの安定性
資金調達	海外での事業展開には、多額の資金が必要であり、資金調達の方法についてあらかじめ確認しておく必要がある。調達方法としては、主に増資と借入れがある。さらに後者には、親子ローンや現地金融機関からの借入れ等の手段がある。それぞれのメリット及びデメリットについて把握すること。	・進出先における資金調達方法 ・各種資金調達方法のメリット及びデメリット（規制の内容を含む） ・（現地借入れの場合）現地通貨の金利水準、長期ローンの可否
外資規制	外資規制とは、外国企業への出資比率等に関する規制である（3〈外資規制とライセンス関連の事前調査〉参照）。国や業種や事業内容等によって規制が異なり、また頻繁に変更されることもある。	・規制の内容 ・手続方法
環境規制	環境規制とは、大気汚染、水質汚染、土壌汚染等の防止に関する規制である。欧米各国では過去から厳しく規制されてきたが、近年ではアジアの国々でも規制が厳しくなり、罰金だけでなく、工場の操業停止命令、移転命令を受ける場合もある。	・規制の内容 ・運用実態
社　会 （慣習、文化、宗教等）	進出先の慣習、文化、宗教等に関する理解は、同国のパートナーや取引先、現地従業員との良好な関係を築き、事業運営を円滑に進めるうえで不可欠である。これらの理解不足により、取引先や現地従業員とのトラブルも発生している。特に日本と大きく異なる慣習、文化、宗教等はよく理解すること。	・民族、宗教の構成 ・宗教上の慣習、タブー ・生活慣習、商慣習 ・トラブル事例
取引に関する法律	取引に関する法律として、独占禁止法等の競争法や、贈収賄防止に関する法律等がある。欧米諸国では厳しく運用され、日本企業が摘発される事例も発生している。最近ではアジア各国でもこれらの法律の整備が進んでいることに加え、欧米の法律の「域外適用」（自国の法律を自国外の事象にまで拡大して適用すること）にも注意が必要である。	・基本的な法律の概要、禁止行為 ・摘発状況

第Ⅰ部 進出の実務

知的財産権に関する法律	知的財産権とは、特許権、意匠権、著作権、商標権、商号等の総称である。海外で自社製品を販売しようとしたところ、すでに第三者によって進出先で商標が登録されていたために日本で使っている製品名が使用できなくなった、などのトラブル事例が過去に多数発生している。特に新興国では、そもそも知的財産権に関する法制度の整備が遅れており、知的財産保護に関する意識自体が乏しい国・地域もある。進出先の法制度や実態を事前に把握しておくことが重要である。	・法律の内容 ・出願手続 ・トラブル事例
税　制	税制は、国によっては手続が煩雑であり、また規制が頻繁に改正されることも多い。地域や税務担当官によって執行に差があることもあり、トラブルに発展することが多いため、専門家に相談し、情報を収集しておくこと。なお、第2章〈税務面の検討項目〉も参照。	・規制の内容 ・運用実態 ・トラブル事例
労働に関する法律	現地で従業員を雇用する場合、必ず確認しなければならないのが労働に関する法律である。アジアの一部の地域では、労働者側に有利な法律の整備や最低賃金の上昇に伴い、労使間のトラブルが増加している。法律の概要だけでなく、トラブル事例も含めて把握しておくことが重要である。	・法律の内容 　（特に、賃金、労働時間、社会保険、宗教関連規制など就労に関する内容） ・トラブル事例
政治及び経済	海外において事業展開するうえで、進出先の政治及び経済の安定は欠かせない。しかし、新興国においては政治及び経済が不安定なために、戦争や内乱、政権交代に伴う政策の停滞や変更等により、損失を被る場合がある。このようなリスクを事前に回避し、影響を最小化するためにも、政治・経済関連情報を把握しておくこと。	・政治体制 ・政治勢力の動向 ・近隣国との外交関係 ・各種経済指標
治　安	諸外国の多くは日本に比べて治安が悪いといわれている。市民を無差別に巻き込むテロや、殺人・強盗・誘拐等、駐在員や出張者の生命や身体に関わるリスクが高い国及び地域を把握したうえで、赴任者の安全確保に十分配慮する必要がある。	・犯罪の発生状況 ・犯罪の手口 ・治安の悪い地域
自然災害	日本は自然災害の多い国であるため、日本企業の災害リスクへの意識は高いといえるが、海外では、国・地域による防災対策が十分進んでいないために、大規模な自然災害に見舞われると、日本では考えられない重大な被害が発生する可能性がある。このため、海外における自然災害関連情報を収集しておくこと。	・（地域単位で）想定される自然災害の種類 ・被害想定
衛生・医療	海外では日本にはない風土病が存在していることがある。また、日本に比べ、衛生状態や医療事情が悪いことが多いため、感染が拡大したり、重症化した	・現地の衛生状態、医療事情（医療機関の情報を含む）

| | りする場合もある。進出先の衛生及び医療面に関する状況を把握しておくこと。 | ・かかりやすい病気の有無
・予防接種の要否 |

〔出所〕中小機構「中小企業のための海外リスクマネジメントマニュアル」をもとに CaN International 作成

事例

適切な FS が行われなかったことによる失敗

　経営者が海外出張中に知り合った現地の事業家からの誘いを受けて、当該国に進出することを決定した。経営者からの指示であったため、事業部の担当者は進出を前提としたFSを行った。そのため、工場進出の立地選定・設立手続等に調査内容が集中してしまい、当該国に係る各種リスク項目に関しては十分な事前調査が行われなかった。その結果、進出後、想定していなかったトラブルが多発し、日本親会社の管理部は後手の対応に追われることとなった。

2. 売上／コストに係る事業リスクの検討

　中小機構「平成 27 年度版海外ビジネス戦略推進支援事業事例集」によると、中小企業 83 社に対して実施した海外展開の目的調査結果（複数回答可）では、回答割合が高かった順に「新たな市場を開拓したい」95 ％、「新規事業の立上げ」28 ％、「安価な労働力を利用し、生産コストを削減したい」16 ％であった。この結果から企業は海外進出の際、売上の増加、コストの削減を主な目的として掲げていることがわかる。そこで売上、コスト面のそれぞれについて、検討すべき事業上のリスクを解説する。

(1) 売上に係る事業リスク

　少子化等の影響から今後大きな成長が見込めない国内市場を背景に、売上の増加を目的に海外進出する企業は多い。しかしながら、日本とは異なる現地消費者の嗜好やニーズを把握しきれず、想定していたよりも製品販売数が伸びなかったり、そもそも現地での販売網（チャネル）の確保や拡大ができずに、販売機会が得られなかったりといったことから苦戦を強いられている企業も多

い。そこで、本項では現地のニーズと販売網について解説する。

→ 現地のニーズ

現地のニーズをつかみきれず、日本市場で売れ筋の製品を海外市場にそのまま投入し、失敗してしまうケースが多く見受けられる。

現地の生活スタイルや文化、嗜好は日本とは大きく異なるため、現地の消費者は高性能な日本製品が備える多くの機能を余計なものに感じたり、製品のデザインが気に入らなかったりすることも多い。また、製品の特性によっては、たとえば製品を小分けにするなど、ターゲットとなる消費者の購買行動を捉えた販売方法を検討する必要がある。

一方で、海外における健康志向の高まりから、日本食ブランドが注目を集めるなど、日本ならではのサービスが現地のニーズを捉えることもある。日本での常識、固定概念を引きずることなく、顧客が何を欲しているかという観点から、ゼロベースで進出地域のターゲット顧客を理解する必要がある。

なお、可能であれば製品を試験的に市場導入すること（テストマーケティング）をおすすめする。テストマーケティングによって得た、製品・サービスに対する市場の反応や評価をもとに製品開発をすることによって、現地のニーズとのミスマッチが起こるリスクを下げることが期待できる。

→ 販売網(チャネル)

海外ビジネスの特徴として、現地で販売網を確保することが困難であるという点が挙げられる。

特に、アジアの消費者は日本と異なり所得格差が大きいため、百貨店、スーパーマーケット、伝統的小売店など、ターゲットに応じた販売網を確保することが求められる。なお、現地企業との合弁会社を設立し、合弁先の販売網を利用して取引先の拡大、売上の増加を目指す企業も多い。

事例

①現地ニーズを捉えられなかったことによる失敗

高品質を売りにして市場参入したものの、現地市場においては価格が最も重要な購買判断指標であったため、当初想定した売上高を達成することができな

かった。

> ②現地での主要取引先の喪失による失敗
> 　取引先のマレーシア法人から、現地調達率の向上のため、現在日本で調達している製品を現地で供給してほしいとの打診があり、取引先との今後の関係も考えて同国に進出した。しかし、進出後まもなく、激しく変化する現地ニーズに対応するため、当該取引先は製品仕様を変更し、取引停止を通告してきた。

(2)コストに係る事業リスク

　新興国における事業コストは日本と比較すると低い傾向にあるが、コスト項目によって国ごとに相対的な高低が見受けられる。たとえばカンボジアのように、周辺国と比較して人件費は低いものの電気料金が高い国も存在する。縫製業やソフトウェア開発のように労働集約型の事業であるか、または電子産業のように資本集約型の事業であるかによってそのコスト構造は異なる。そのため、自社のコスト構造をもとに、進出国を選択すべきである。具体的には、事業活動において発生するコストを項目別に分解して、それぞれについて分析を行う必要がある。なお、図表1-2に、主要なコスト項目における留意点をまとめた。

図表1-2　主要なコスト項目に係る留意点

材料費	現地での調達可否を検討し、現地調達が可能な場合、品質面や購入数量の制約等といった点に留意する。現地調達ができない場合、海外から輸入する際の物流コストや予期せぬ為替変動によって、日本よりも高コストとなることもあるため特に留意が必要である。
人件費	新興国の1人あたり平均賃金は日本国内よりも低いことが多い。ただし、近年、新興国では日本語や英語ができる管理職者や教育水準が高い人材の賃金は日本人と同程度かもしくはそれ以上の水準となっている例も散見される。なお、一般的な昇給率、教育水準やスキルレベルによる生産性、人材の流動性の高さ等も考慮して人件費総額を見積もることが重要である。
インフラコスト	電力・水道光熱費といった各種インフラコストの分析も重要である。インフラが発達していない新興国の場合、電気料金や水道料金が日本と比較して高くなるケースもある。賃料や電力・水道光熱費など主要な投資コストについては、JETROが国・地域別にWebサイトで公表しているため参考にされたい。

　また、実務上は、図表1-2に加え、各種リスク要因について可能な限り広

範にコストの発生可能性を検討する必要がある。たとえば突発的に多額のコストが発生する例として、デモや暴動による操業停止に伴う損失、豪雨による洪水や地震等の自然災害から発生する損失、その他予期せぬ火災や爆発等による損失といったものが挙げられる。対策としては入念かつ広範なFSの実施、及び公的機関・民間保険の利用等が考えられる。

事例

①人材関連の見積誤り

生産計画における人員数の設定時に、現地作業員の能力を日本の工場勤務者を基準に見積もってしまったため、実際の製造の際に想定を超える人員数が必要となり、人件費総額は事業計画を上回ってしまった。また、不良品率も日本より高くなった。

②想定外の調達関連費用の発生

材料の現地調達を行っていたが、品質が安定しなかった。そのため、歩留り率が低くなり、結果として製品1個あたりの材料費が高くなった。その後、やむを得ず日本から材料を調達することにしたが、購入費自体の高騰に加え輸送費等が発生したため、想定を超える製造原価となった。

③想定外のインフラコストの高騰

進出にあたって現地の労務関連や調達環境については入念に調査していたが、電気料金や水道料金が想定外に高かったことから製造原価の予算を達成できなかった。

---

3. 外資規制とライセンス関連の事前調査

各国には、安全保障に関わる産業分野等への外国資本の参入防止や、自国産業の保護・育成等を目的とした外資規制が存在する。進出後に想定している事業内容が現地で外資規制の対象となる場合、事業の進め方に関してさまざまな

検討が必要となるが、選択した方針によっては多大な事業リスクを抱える可能性がある。

外資規制対応及びライセンスの取得は事業開始の前提であるため、どれだけ入念に調査・検討を行ったとしても無駄ではない。進出検討に相当程度時間を要したものの、最終的にライセンスが取得できないことが明らかとなったため進出を断念した事例もあり、進出時の検討項目のなかでも当該項目の優先度は高い。

(1) 卸売・小売・物流業に係る外資規制の概要

東南アジア諸国では、卸売・小売・物流業に関して外資規制が定められていることが多い。

図表1-3では、各業種における出資比率の規制をもとに外資規制の厳しさの評価を行った。各国において外資規制の枠組みは異なり、規制内容は業種別に詳細に定められているため、×がついている業種についても、一概に進出不可能と判断するのではなく、現地企業との合弁によって進出する等、外資規制に対応する方法を検討することも有用である。

図表1-3からもわかるとおり、自国の経済発展のために外国資本を積極的に誘致している国もあれば、厳しい外資規制を敷いている国も存在する。

たとえばインドネシアでは、従来から外国企業に対して厳しい規制を敷いており、外国企業の投資を禁止または制限する分野を定めたネガティブリストが存在する。2016年5月12日、政権交代を機に、約2年ぶりにネガティブリストの改正案（大統領令2016年44号）の詳細を発表し、同年5月18日付で施行した。当該ネガティブリストの改正は、外資規制を緩和して経済成長を後押しすることを目的としているが、依然として多くの事業で外資独資による活動が認められていない状況である。

一方、マレーシアでは、マレー人優遇策であるブミプトラ政策、及び国内産業保護政策を推進した結果、外国企業の出資も制限されてきたが、近年では外資規制を緩和する動きが進んでいる。こうした外資規制は経済環境に加えて、世論や政府の方針によっても左右されるため、その動向にも留意が必要である。

図表1-3 東南アジアの流通業に対する外資規制の状況

国　名	卸売業	小売業	物流業
シンガポール	○	○	○
タイ	△	△	△
マレーシア	○	△	○
ベトナム	△	△	×
インドネシア	×	×	×
フィリピン	△	△	○

(注) 各国における外資規制の判定基準は以下のとおりである。
〈卸売・小売〉
○：原則として、外国資本による100％出資が認められている。
△：制限または条件付きで外国資本による100％出資が認められている。
×：条件付きで参入が認められる場合はあるが、厳しい外資規制が残されている。
〈物流〉
○：一部で規制が適用されるが、外国資本による100％出資が認められる。
△：一部で外国資本による100％出資が認められるケースもある。
×：外国資本による出資比率が制限されている。

(2) 特定事業に必要なライセンス

　外国企業の出資割合を制限する外資規制とは別に、特定の事業を行うために現地でライセンスの取得が必要になることがある。ライセンス取得の要件として、外国人株主数の制限、出資割合制限、資本金要件、保証金要件等が課されることがあるため、外資規制と合わせて事前調査を行うことが必要不可欠である。

　ライセンスは各国において管轄官庁が業種ごとに管理していることが一般的であるため、公開されている情報が少なく、ライセンス取得のやり取りのなかではじめて詳細が明らかにされることが多い。そのため、事前調査のサポートとして、外国企業の投資に精通した現地専門家に調査を委託する企業もみられる。ライセンスの取得には数か月～半年程度を要することもあるため、取得要件に加えて取得に要する期間が事業活動の進捗に与える影響も考慮する必要がある。

■一般的にライセンスを求められることが多い事業
・教育関連事業
・飲食関連事業

- 人材紹介事業
- 有害物質を取り扱う事業
- その他、製造業でも工場操業開始時には通常、現地管轄当局の操業許可証等が必要となる

第2章

税務面の検討項目

　進出段階のFSにおいて税務面の検討項目は重要性の高い項目のひとつである。日本及び進出国の双方における税制の確認を行い、進出形態や投資方法を含むさまざまな観点から税務面の影響を事前に検討することが求められる。特にアジアの複数国に跨がって事業展開を行う企業グループの場合、国際税務プランニングの巧拙により、連結ベースの税務コストが大きく異なる可能性があるため留意が必要である。

1. 進出形態の決定

　海外事業拠点の形態としては、駐在員事務所、支店、現地法人の3つが一般的である。それぞれの形態における事業活動の範囲や適用される税制は進出国によって異なる。想定している現地での事業活動によって適切な進出形態は異なるため、それぞれの特徴を把握し、自社に適した進出形態を決定することが重要である。図表2-1に、各進出形態における主な特徴をまとめた。なお、本節では税務面を中心に解説を行う。

図表2-1　進出形態ごとの主要な特徴

項　目	駐在員事務所	支　店	現地法人
法人格	なし	なし	あり
活動範囲	原則として市場調査等の情報収集活動に限定されており、営業活動ができない	営業活動が可能。ただし、国によっては業種規制や、特定の業種以外での設置が不可	外資規制の適用がある場合を除き、広く事業活動が可能
現地法人所得税の	通常はなし	あり	あり

申告			
事務運営及びコスト	比較的容易に設置が可能であり、維持運営コストも安価である	進出、活動、撤退段階における各種手続が煩雑であり、費用が高い	進出、活動、撤退段階における各種手続が煩雑であり、費用が高い
税務上の特徴	・現地で生じた経費を日本法人の損金とすることができる ・一般的に進出国での課税はないが、国によっては申告・納税義務がある ・PE認定リスクがある	・海外支店の損失は日本本社の損益と通算できる ・海外支店の利益を日本に送金する場合に、現地で課税が生じないことが多い（課税される国もある）	・外資優遇制度を利用できる ・現地の法人税率が日本より低い場合、税率差異分のメリットを享受できる ・移転価格税制の適用がある

(1) 駐在員事務所

① 概　要

　駐在員事務所は、現地に法人格のない拠点を設置する進出形態である。日本親会社の一部として連絡業務、情報収集、市場調査、販売代理店の支援、取引先との関係維持を行う場合に利用される。業務範囲は現地法令により限定されており、原則として契約交渉や販売活動等、収益を伴う直接的な営業活動を行うことは認められない。ただし、インドネシアにおける建設駐在員事務所等、国によっては現地で営業活動を行うことが可能である駐在員事務所の制度も存在する。

② 利　点

　日本の法人税法上、海外の駐在員事務所で発生した経費は、日本法人の損金に算入することができる。また、営業活動を行うことが認められていないという特徴から、本社の補助的機能しか有していないことが前提とされているため、一般的に進出国における恒久的施設（Permanent Establishment：PE）には該当しないものとされる。この場合、駐在員事務所が所在する国での法人税の申告・納付義務は課されないことになる。

　なお、他の進出形態と比較し、比較的容易に設置が可能であり、維持運営コストも安価であることが多く、撤退も容易である。

③ 留意点

　駐在員事務所による進出における主な留意点は以下のとおりである。

(ⅰ) PE認定リスク

　駐在員事務所が現地で営業活動を行っていると進出国の税務当局に判断された場合には、PE認定されることによって、進出国で課税されるリスクがある（第5章3〈PE（恒久的施設）〉参照）。特に新興国では、自国の課税範囲を拡大するためPE認定の拡大解釈が行われるケースも多い。進出国におけるPEの範囲や営業活動と判断される可能性について過去事例等を調査し、課税リスクを把握しておくことが重要である。なかには、中国のように原則として企業所得税が課される国も存在する。

　なお、駐在員事務所がPE認定されることによって課税された場合、日本法人において外国税額控除の適用を受けることにより、二重課税を排除することが可能である（第5章4〈外国税額控除〉参照）。ただし、駐在員事務所は原則として営業活動を行うことが認められていないため、国外所得金額が生じない、もしくは少ないことが通常である。その場合、外国税額控除の計算における国外所得金額が少ないことから、控除限度額が不足することによって、結果として日本の法人税から控除しきれない外国税額が生ずる可能性がある。

(ⅱ) 報告義務

　駐在員事務所には、進出国で所定の報告義務が課せられていることがある。たとえばインドでは、会計年度末から6か月以内に、勅許会計士から年次活動証明書（Annual Activity Certificate）を取得し、駐在員事務所の承認取引銀行（AD Bank）に提出する義務がある。進出国によって課される報告義務は異なるため事前確認が必要である。

(ⅲ) 設置期間の制限

　国によっては一定期間以上の活動が認められないなど、設置期間が制限されている場合があるため注意が必要である。

(2) 支　店

①概　要

　支店は、駐在員事務所と同じく現地に法人格を持たずに自社拠点を設置する進出形態であるが、営業行為が可能であるという点で、駐在員事務所と異な

る。また、国によっては支店形態では現地での事業活動が認められていない業種があったり、逆に事実上、支店形態のみに認められる業種があったりするため注意が必要である。なお、ベトナムでは銀行業等の一定の事業を除き支店形態での進出が認められていない。

②利　点

　海外支店の課税所得がマイナスである場合、日本本社の所得と通算することによって、グループ全体での税負担額が減少するため、通算することができない現地法人形態による進出と比較して税務面で有利になる。

　また、海外支店利益を本社に送金する場合、現地法人形態とは異なり配当に該当しないため、進出国において源泉税は課されない。ただし、タイ、フィリピン、インドネシア等、海外支店からの利益送金に対して源泉税を課す国も存在するため、現地税制及び租税条約を事前に確認する必要がある。

③留意点

　支店による進出における主な留意点は以下のとおりである。

（ⅰ）支店の利益計算

　支店は独立した会計単位として、貸借対照表や損益計算書を作成する。その際、本店との内部取引を利用して利益を付け替えることを防ぐため、支店が獲得した利益の計算に関して、進出国で移転価格税制の概念と類似した制度が設けられていることが多い。なお、進出国との間で租税条約が締結されている場合、通常、独立した一企業と取引したと仮定した場合の利益の金額を支店の課税所得計算の基礎とする旨が租税条約において定められている。

（ⅱ）二重課税リスク

　海外支店が獲得した利益は進出国で課税が行われるのはもちろん、日本本社でも課税の対象となるため、二重課税が発生する。当該二重課税は、日本親会社の法人税の申告において外国税額控除の適用を受けることによって排除することになるが、外国税額控除には控除限度額が存在するため、二重課税を完全に排除することができない可能性があることに注意する。

（ⅲ）優遇税制の制約

　支店形態による進出の場合、現地法人向けに用意されている各種優遇税制を

享受できないことが多い。

(ⅳ) 低税率国において継続してプラスの課税所得が発生する場合

海外支店の課税所得が継続してプラスになる場合、進出国が日本と比較して低税率であれば、日本でも課税が発生するため、低税率国での事業活動においては現地法人形態と比較して不利になる。そのため、事業計画に基づく事前のタックスプランニングが重要である。

(3)子会社

①概　要

子会社は、現地の法律に基づき設立された現地法人であり、日本親会社とは異なる法人格による進出形態である。進出国の外資規制によって外国資本の参入が規制されている業種を除き、幅広く事業活動を行うことができる。税務面では、進出国で申告及び納税義務がある。

②利　点

外国資本を誘致している国では、現地法人向けに優遇税制が整備されていることがあり、一定の条件を満たす場合においてその恩恵を受けることが可能である。

また、進出国が日本よりも低税率である場合、日本の外国子会社合算税制の適用による課税が発生する場合等を除き、子会社の所得は日本で課税を受けることはないため、最終的に日本の税率で課税される支店形態と比較して子会社形態のほうが日本と進出国の税率差異の分だけ有利になる。

③留意点

子会社による進出における主な留意点は以下のとおりである。

(ⅰ) 移転価格税制（詳細は第6章参照）

一般的に現地法人と国外グループ企業との取引には移転価格税制の適用があるため、取引価格には留意する必要がある。特に、日本親会社側では海外子会社に対する寄附金認定リスクにも注意されたい。

(ⅱ) 事務運営及びコスト

他の進出形態と比較して、進出、活動、撤退段階における各種手続が煩雑で

あり、その費用も高い。日本親会社に対する配当等に係る法的手続や、実際の送金・税務処理に係る手続等が容易でない国も散見される。たとえば、インドでは、現地法人が日本法人から運転資金の借入れを行う場合、対外商業借入れ（External Commercial Borrowing）に関する規制によって、インド準備銀行からの事前承認を得なければならないことがある。

(4) 支店と子会社の税務面での比較

図表2-2に、支店と子会社の税務面の比較をまとめた。

図表2-2　支店及び子会社の税務上の比較

項目	支店	子会社
法人所得税率	進出国が日本と比較して低税率国である場合、最終的に日本の税率で課税される。なお、インド等、現地法人と比較して法人所得税率が高くなる国が存在する	進出国の税率で課税される。ただし、日本の外国子会社合算税制の適用を受け、日本で合算課税の対象となる場合、日本の税率で課税される
優遇税制	適用できないことが多い	要件を満たせば適用できる
現地での損失	日本親会社の所得と通算できる	日本親会社の所得と通算できない。ただし、海外子会社で発生した欠損金は海外子会社において繰り越せることが多い
二重課税の調整	外国税額控除が適用できる	外国税額控除が適用できる。なお、海外子会社からの配当には外国子会社配当益金不算入制度が適用できる
移転価格税制	対象とはならない。ただし、進出国において支店の所得を適正に計算する必要があるため、親会社その他の関連者との取引には移転価格税制と類似した考え方による価格設定が求められるのが通常である。なお、国によっては支店と海外親会社との取引も移転価格税制の対象となることがある	国外関連者となる場合は対象になる

2. 現地税制の確認

税制は各国の財政政策や現政権の方針等によって大きく異なる。そのため、進出段階では検討国の税制の体系を把握し、それぞれの税目の特徴を捉えるこ

とが重要である（第7章4(2)〈各種税制の概要把握〉参照）。ただし、税制のすべてが英訳されていない国もあるため、特定業種に対しての特別な税制の定め等、自社の事業に重要な影響を与える領域がある場合、現地専門家に問合せを行うなどの対応が必要になる。現地税制に対する知識が不十分であることに起因して生ずる課税リスクは避けなければならない。

また、アジア諸国では、自国への投資促進を目的として外国企業に対する各種優遇税制が整備されていることが多いが、こうした税制を正確に理解していないことによって、税務上の恩恵を受けられないといった事態を回避する必要がある。東南アジア主要6か国の主な優遇税制・特別減税の例については第7章4(6)〈優遇税制の把握〉を参照されたい。

なお、各国の税制や優遇措置は頻繁に変更されるため、現地の各種機関からの情報収集や税務専門家との情報交換等を定期的かつ継続的に行うことが望ましい。

事例

インドネシアにおける税務上の記帳通貨制度の不知

インドネシアに子会社を設立し、現地での土地の購入及び工場の建設資金として日本親会社から多額の米ドル資金を当該子会社の現地外貨口座に資本金として送金した。しかし、設備投資の計画が大幅に遅れ、事業活動が進まない状態で2年間が経過した。この間に急激なルピア安が進んだことにより、2年目の決算において米ドル預金に多額の為替差益が生じた。同国では、外貨建資産から生じた為替差益については発生期の益金として認識する必要があるため、高額の法人所得税が発生してしまった。

同国には税務上の記帳通貨に関して米ドルを選択できる制度が存在しているため、米ドルを選定していれば、為替差益に対する課税を回避することが可能であった。しかしながら、日本親会社及び現地子会社の担当者は当該制度の存在を知らなかったことから、結果として為替差益に対する課税を回避することができなかった。

3. 租税条約の確認

(1) 租税条約の概要

租税条約は、課税関係の安定（法的安定性の確保）、国際的な二重課税の除去、脱税及び租税回避等への対応を通じ、二国間の健全な投資・経済交流の促進に資するものである。具体的には、締結国間の投資・経済活動に関し、課税できる所得の範囲等を調整するものであり、また、両国の税務当局間の相互協議や情報交換、徴収共助等の枠組みを構築することを通してその目的を達成するものである。

租税条約には、国際標準となる「OECDモデル租税条約」があり、OECD加盟国を中心に、租税条約を締結する際のモデルとなっている。OECD加盟国であるわが国も、おおむねこれに沿った規定を採用している。なお、OECDモデル租税条約の主な内容は次のとおりである。

■ OECDモデル租税条約の主な内容
○課税関係の安定（法的安定性の確保）・二重課税の除去
・源泉地国（所得が生ずる国）が課税できる所得の範囲の確定
- 事業所得に対しては、源泉地国に所在する支店等（恒久的施設）の活動により得た所得のみに課税
- 投資所得（配当、利子、使用料）に対しては、源泉地国での税率の上限（免税を含む）を設定
・居住地国における二重課税の除去方法
- 国外所得免除方式または外国税額控除方式
・税務当局間の相互協議（仲裁を含む）による条約に適合しない課税の解消
○脱税及び租税回避等への対応
・税務当局間の納税者情報（銀行口座情報を含む）の交換
・滞納租税に関する徴収の相互支援

(2) 租税条約の着眼ポイント

海外での事業活動においては、租税条約が定める所得の取扱いや、各種取引に係る適用税率が実務に大きな影響を与える。そのため、日本と進出国及び想定取引国における租税条約の取決めを事前に確認し、影響を把握しておく必要がある。その際の主要な留意点は次のとおりである。

> ■租税条約の確認項目
> ○租税条約が適用される人的範囲
> ○租税条約が適用される対象税目
> ○居住者・非居住者の取決め
> ○ PE の範囲
> ○次の各種取引に係る範囲、課税の有無及び課税される場合の税率
> 　・不動産所得
> 　・事業所得
> 　・人的役務提供事業の対価
> 　・配　当
> 　・利　子
> 　・使用料
> 　・譲渡所得
> 　・給与所得（短期滞在者免税等）
> 　・退職年金等
> ○二重課税・二重非課税となる領域の有無

(3) BEPS プロジェクト

BEPS プロジェクトでは租税条約関連についても議論がなされ、最終報告書において各種の勧告が行われた（詳細は第6章5〈BEPS プロジェクト〉参照）。BEPS プロジェクトが取り扱った領域は広範に及ぶため、ほとんどすべての行動計画が租税条約と多少なりとも関連を有するが、そのなかでも行動計画6「租税条約の濫用防止」及び行動計画15「多数国間協定の策定」が特に租税条

約と強い関連を有することから、この2つの行動計画について解説を行う。

→ 行動計画6「租税条約の濫用防止」

(1)〈租税条約の概要〉で述べたとおり、OECDはこれまでOECDモデル租税条約を公表するなどして課税関係の安定を図り、また国際的二重課税の排除のための活動を行ってきた。一方で、租税条約は租税回避や脱税を助長するものではないと考え、租税条約の濫用防止の問題にも取り組んできた。

BEPSプロジェクトにおいては行動計画6のなかで、租税条約の適用を意図的に組み合わせることにより租税負担の低減を図る行為（トリーティショッピング）についてまで、課税の特権を与えるものではないとの考えに基づき議論が行われた。その結果、BEPS最終報告書では、特典制限条項（Limitation on Benefit：LOB、所得の受領者の属性に着目し、租税条約の特典付与については所定の要件を満たす「適格者」に制限するというもの）や主要目的テスト（Principal Purpose Test：PPT、取引の目的に着目し、租税条約の特典を享受することを主たる目的のひとつとする取引から生ずる所得には、租税条約の適用を認めないとするもの）を、各国の租税条約に組み入れることが勧告された。

日本においては、LOBやPPT等の租税条約濫用防止規定はすでに導入済みであるが、今後、OECDモデル租税条約及び各国における二国間租税条約の改定、下記に記載した行動計画15の多数国間協定における対応が計画されているため、こうした取組みを通して公正な競争条件が整備されることを期待したい。

→ 行動計画15「多数国間協定の策定」

BEPS行動計画の勧告に従って各種措置を実務に導入するためには、租税条約の改定が必要になる。ただし、既存の二国間租税条約の数は世界で3,000を超えており、これらの改定には膨大な時間とリソースを要する。そのため、行動計画15ではBEPS最終報告書の勧告を取り入れるにあたって、租税条約に関連する諸施策を多数国間協定によって直接実行することが勧告されている。

2017年6月7日、パリにおいて、日本は「税源浸食及び利益移転を防止するための租税条約関連措置を実施するための多数国間条約（BEPS防止措置実

施条約)」に署名した。本条約の概要は次のとおりである。

■ BEPS防止措置実施条約の概要

（ⅰ）本条約の目的

　本条約は、BEPSプロジェクトにおいて策定された税源浸食及び利益移転を防止するための措置のうち租税条約に関連する措置を、本条約の締約国間の既存の租税条約に導入することを目的としている。

　本条約の締約国は、租税条約に関連するBEPS防止措置を、多数の既存の租税条約について同時かつ効率的に実施することが可能となる。

（ⅱ）本条約によって導入されるBEPS防止措置

　本条約によって既存の租税条約に導入されるBEPS防止措置は、①租税条約の濫用等を通じた租税回避行為の防止に関する措置、及び、②二重課税の排除等納税者にとっての不確実性排除に関する措置から構成されている。具体的には、BEPSプロジェクトの以下の行動計画に関する最終報告書が勧告する租税条約に関連するBEPS防止措置が含まれる。

　　　行動計画２　：ハイブリッド・ミスマッチ取極めの効果の無効化
　　　行動計画６　：租税条約の濫用防止
　　　行動計画７　：恒久的施設認定の人為的回避の防止
　　　行動計画14：相互協議の効果的実施

（ⅲ）本条約の適用対象となる租税条約

　本条約の各締約国は、その既存の租税条約のいずれを本条約の適用対象とするかを任意に選択することができる。

　本条約は、各租税条約のすべての締約国がその租税条約を本条約の適用対象とすることを選択したものについてのみ適用され、各租税条約のいずれかの締約国が本条約の締約国でない場合、または、その租税条約を本条約の適用対象として選択していない場合には、本条約はその租税条約については適用されない。

（ⅳ）BEPS防止措置の選択及び適用

　本条約の各締約国は、本条約に規定する租税条約に関連するBEPS防

止措置の規定のいずれを既存の租税条約について適用するかを所定の要件の下で選択することができる。

本条約に規定する租税条約に関連する BEPS 防止措置の規定は、原則として、各租税条約のすべての締約国がその規定を適用することを選択した場合にのみその租税条約について適用され、各租税条約のいずれかの締約国がその規定を適用することを選択しない場合には、その規定はその租税条約については適用されない。

なお、本条約の各締約国が適用することを選択した本条約の規定は、原則として、本条約の適用対象となるすべての租税条約について適用され、特定の租税条約についてのみ適用することまたは適用しないことを選択することはできない。

本条約に規定する租税条約に関連する BEPS 防止措置の規定が既存の租税条約について適用される場合には、本条約の規定が、既存の租税条約に規定されている同様の規定に代わって、または、既存の租税条約に同様の規定がない場合にはその租税条約の規定に加えて、適用される。

(ⅴ) 選択の通告

本条約の各締約国は、①既存の租税条約のうち本条約の適用対象とするものの一覧、及び、②本条約に規定する租税条約に関連する BEPS 防止措置の規定のうち適用することを選択するものの一覧を、署名時または批准・受諾・承認の時に寄託者（OECD 事務総長）に通告しなければならず、署名時に通告しない場合には、これらの暫定の一覧を署名時に提出しなければならない。

寄託者は、各締約国からの通告等を公表することとされている。

(ⅵ) 今後の手続

本条約は、本条約に署名した5か国・地域が批准書、受諾書または承認書を寄託することにより、その5番目の寄託から所定の期間が満了した後に、その5か国・地域について効力を生ずる。その後に批准書等を寄託する国・地域については、それぞれの寄託から所定の期間が満了した後に効力を生ずる。

本条約は、本条約の適用対象となる各租税条約のすべての締約国について本条約が効力を生じてから所定の期間が満了した後に、その租税条約について適用が開始される。

　わが国においては、本条約について批准書等を寄託するためには国会の承認が必要である。

〔出所〕財務省 Web サイトをもとに、CaN International 作成

4．投資スキームの決定

(1) 投資スキームの検討

　海外子会社から配当による資金還流を行う場合、後述するシンガポールや香港の中間持株会社を利用することによって、配当支払側の所在する国で納付する源泉税額や、受取側の所在する国における法人税額が有利になる可能性がある。

　国外への配当に関しては、一般的に支払側の所在地国で源泉税が発生するが、当該源泉税に関しては現地国の国内法のみでなく、租税条約も確認する必要がある。源泉税率は投資国と被投資国の間で締結している租税条約の内容によって取扱いが異なる可能性があるためである。

　たとえば、子会社が中国法人の場合、中国子会社から日本親会社への配当金に対して中国で適用される源泉税率は10%であるが、日本では外国子会社配当益金不算入制度の定めによって、当該源泉税は外国税額控除の対象とすることができない（後記第5章5(4)〈外国源泉税の取扱い〉参照）。一方、シンガポールまたは香港の中間持株会社を通じて中国法人に投資を行った場合、中国法人から当該中間持株会社に対する配当金に対して中国で適用される源泉税率は5%である。さらに、当該中間持株会社から日本親会社に配当を行った場合、シンガポールまたは香港では源泉税が課されないため、日本から直接中国に投資した場合と比較して、10%と5%の差額である5%の節税効果を見込むことができる。ただし、中国の国内法（国税函［2009］601号）では、中間持株会社がいわゆるペーパーカンパニーである場合には、当該配当に対する中国の源泉

税率は10％となる旨が定められているため注意する必要がある。

また、再投資を目的として海外子会社から配当による資金還流を行う場合、海外子会社から日本親会社に配当を行うと日本で配当金額の5％に対して課税が生ずる（後記第5章5〈外国子会社配当益金不算入制度〉参照）が、シンガポールや香港の中間持株会社が配当を得る場合、両国では配当等のインカム・ゲインは原則として非課税であることから、源泉税部分と併せてさらに有利になる。

(2) 地域統括会社の活用

昨今、企業グループの海外拠点、進出国が増えるにつれ、日本親会社による監督が不十分になったり、現地拠点の事業活動が非効率になったりすることに対応するため、地域統括会社（Regional Headquarters）の設立を検討する企業も多い。

地域統括会社を設立する際には、各国企業が有する機能を整理することによって、それぞれが抱えているビジネス上の課題を把握し、各国の制度も比較検討したうえで、最適な国を決定する必要がある。地域統括拠点の設置にあたっては必ずしもすべての統括業務を同一の国に移管させる必要はなく、機能ごとに最適な場所に移管させることも可能である。たとえば、シンガポールに金融・財務・為替・経理等の統括機能を置き、タイに販売・マーケティングの統括機能を置く事例もみられる。

アジア地域においては、シンガポールに地域統括会社を置く企業が多い。JETROが実施している「アジア大洋州地域における日系企業の地域統括機能調査報告書」（2016年3月）によると、アンケートに回答した在シンガポール日系企業185社のうち、約半分の90社が域内グループ企業に対する地域統括機能を有していると回答している。一方で、地域統括機能を有している90社のうち、地域統括機能の一部を他国に移管することを検討、あるいはすでに移管している企業は2割に上り、そのうち8割がタイを候補地として検討しているとの結果が明らかになっている。

各企業が抱える課題を最も効果的に解決できる形態を検討するためには、集約する機能や統括する地域との物理的な距離等を考慮して統括拠点を設置する

国を決定することが必要である。今後、地域統括拠点の設置国は分散していく可能性がある。

①**優遇税制**

上述したとおり、アジアにおける地域統括会社の設置国として、シンガポールの優位性は依然として高いものの、タイ、マレーシア、フィリピンも税務上の優遇措置を整備している。図表2-3にシンガポール、タイ、マレーシア、フィリピンにおける地域統括会社に対する優遇税制の概要をまとめた。なお、6〈外国子会社合算税制〉における統括会社の規定も併せて確認されたい。

図表2-3 地域統括会社に係る各国の優遇制度の概要

国　名	優遇税制の概要
シンガポール	①地域統括本部：RHQ（Regional Headquarters） ・15％の軽減税率の適用（3～5年間） ②国際統括本部：IHQ（International Headquarters） ・RHQとしての適格要件を大幅に超える企業が対象となり、優遇税率（0％、5％、10％）は経済開発庁（EDB）との協議により決定（5～10年間） ③金融統括センター：FTC（Financial Treasury Centre） ・8％の軽減税率の適用 ・海外への支払利息の源泉税免除 ④GTP（Global Trader Programme） ・5％または10％の軽減税率の適用
タイ	①国際地域統括本部：IHQ（International Headquarters） ・15年間優遇 ・タイ国外の関連会社から得られる適格所得に対する法人税が免除 ・タイ国内の関連会社へ提供したサービスから得られる所得は10％の優遇税率で課税 ・国外関連会社の株式譲渡益は免税 ・免税所得を原資としたタイ国外の株主に対する配当について源泉税が免除 ②国際貿易センター：ITC（International Trading Center） ・15年間免税（条件付き） ・海外の取引先に対する国際貿易業務等から得られる所得に対する法人税が免除 ・タイ非居住である株主への配当について源泉税が免除
マレーシア	プリンシパル・ハブ・インセンティブ制度 ・プリンシパル・ハブ（リスク管理、意思決定、戦略的事業活動、貿易、財務、管理、人事等の主要な事業活動を統括、管理、支援する地域あるいはグローバルな事業活動を行う拠点）として認定された企業は、5年間（さらに5年間の延長が認められている）にわたって、年間の事業費や従業員の条件等によって0％、5％、10％のいずれかの法人税率が適用される

フィリピン	①地域統括本部：RHQ（Regional Headquarters） ・付加価値税の対象から除外 ・不動産税を除き、地方税、手数料等の賦課金を免除 ・RHQ の従業員の給与所得に対して 15% の軽減税率等を適用 ②地域経営統括本部：ROHQ（Regional Operating Headquarters） ・法人税率は 10% の軽減税率が適用 ・不動産税を除き、地方税、手数料等の賦課金を免除 ・ROHQ の従業員の給与所得に対して 15% の軽減税率等を適用

②税務上の留意点

➡ 統括会社への株式の移転

　地域統括会社が統括することとなる被統括会社の株式を保有することを目的として、日本親会社が被統括会社の株式を地域統括会社に移管する場合、関連する国の法制（外資規制、現物出資制度等）及び税制（株式譲渡益課税、適格現物出資等）に留意する必要がある。

　下記では、日本親会社が現物出資スキームによって子会社の株式を地域統括会社に移管することを前提として記載を行う。

【日本親会社】

　日本親会社が保有する被統括会社の株式を地域統括会社に移管する際のスキームのひとつとして、適格現物出資が考えられる。日本の法人税法上現物出資は譲渡の一形態として取り扱われるため、譲渡を行う側である日本親会社は日本で譲渡益課税を受けることとなる。しかし、下記に記載した要件を満たす場合、被統括会社の株式を帳簿価額相当額で地域統括会社に譲渡したものとして、日本での課税を繰り延べることができる（法法 62 の 4 ①）。

■適格現物出資の要件

　現物出資法人が財産を現物出資することに伴い、株式のみが交付される現物出資であり、かつ、次のいずれかに該当する場合、現物出資法人から被現物出資法人に交付される株式は、現物出資直前の帳簿価額により譲渡をしたものとして取り扱われる（法法２十二の十四）。

　・現物出資法人と被現物出資法人に完全支配関係（100% の資本関係）があ

り、現物出資後も継続することが見込まれていること
・現物出資法人と被現物出資法人に50％超100％未満の資本関係があり、現物出資後も継続することが見込まれていること。また、被現物出資法人が現物出資事業の主要な資産及び負債を引き継ぎ、現物出資事業の従業者のおおむね80％以上が引き続き被現物出資法人において従事し、現物出資事業が被現物出資法人において引き続き営まれること
・共同事業を行うための現物出資で一定の要件を満たすものであること

■外国子会社株式の取扱い

現物出資法人が外国法人である被現物出資法人に対して、日本国内にある一定の資産または負債の移転を行う場合は、適格現物出資として取り扱われないものとされる。ただし、<u>現物出資法人が25％以上を所有する外国法人の株式は、この日本国内にある一定の資産または負債には該当しないもの</u>として取り扱われる（法令4の3⑨）。

【地域統括会社】

地域統括会社の所在地国において現物出資制度が存在するかを確認する必要がある。

また、地域統括会社が日本親会社から移管を受ける被統括会社株式を時価と乖離した金額により受け入れた場合に、現地税制における被統括会社株式の時価と受入価額の差額に対する受贈益課税等のリスクや、現地会社法における資本充実の要件を満たすかといった点についても検討が必要である。

【被統括会社】

被統括会社の株主は、日本親会社から地域統括会社に変更することになるが、その場合、被統括会社の所在国で課税が生ずることがある。たとえば、日本親会社がシンガポールに所在する地域統括会社に、中国に所在する被統括会社の株式を移管させる場合、中国では当該取引に係る譲渡益に対して10％の企業所得税が課される。ただし、中国の特殊税務処理の要件を満たした場合には、被統括会社の株式を帳簿価額相当額で地域統括会社に譲渡したものとして、中国での課税を繰り延べることが可能である。なお、特殊税務処理の要件

は、次のとおりである（109号通達）。

■特殊税務処理の要件
・再編取引に合理的な事業目的があり、税額の減少等を主たる目的としていないこと
・被買収企業の全持分の50％以上の持分が買収されること、または譲渡企業の全資産の50％以上の資産が買収されること
・再編後の連続12か月間において、従来の実質的経営活動が変更されないこと
・持分による支払金額が取引の支払総額の85％以上を占めること
・持分による支払いを受けた元の主要出資者が、再編後の連続12か月の間に取得持分を譲渡しないこと

なお、株式譲渡に係る課税関係については被統括会社が所在する国の国内法のみでなく、租税条約のなかで別途の取扱いが定められていることがあるため、被統括会社の所在する国の国内法及び日本との間で締結されている租税条約についても事前に確認しなければならない。

→ 統括会社の収益

統括会社が被統括会社に対して提供する統括業務（6(2)②〈通用除外基準〉の統括会社における統括業務も参照されたい）に対する収益には、被統括会社から受け取るマネジメントフィー、業務支援料、ロイヤルティ、受取利息等のさまざまなものが想定されるが、これらの取引は移転価格税制の適用対象となるため、被統括会社が所在する税務当局から取引価格が高すぎるとして指摘されるリスクや、統括会社が所在する税務当局から取引価格が低すぎるとして指摘されるリスクがある（第6章〈移転価格税制〉参照）。

また、受取配当金に関しては統括会社側での課税関係についても確認する必要がある。たとえば、シンガポール等では配当がその源泉地国において課税済みの所得からなされており、かつ、その源泉地国の最高法人税率が15％以上であること等、特定の要件を満たした場合に免税となる。

さらに、源泉税の取扱いについても、源泉地国における国内法及び両国にお

ける租税条約での取扱いを確認する必要がある。

図表2-4 源泉税の発生の有無

所得の種類	内　容	源泉税の発生の有無*
受取配当金	投資に対するリターン	被統括会社の所在する国の税制によるが、発生する場合が多い
マネジメントフィー	統括会社が被統括会社に対して、マーケティング、調達、財務・経理、人事・総務に関する統括業務を行うことに対しての報酬	被統括会社の所在する国に出向いて業務支援をする場合、発生するケースが多い
業務支援料	統括会社の従業員を被統括会社に派遣して、短期または長期にわたって、技術指導、業務補助等を行うことに対しての報酬	被統括会社の所在する国に出向いて業務支援をする場合、発生するケースが多い
ロイヤルティ	商標やノウハウ等の無形固定資産の使用料	一般的に発生する
受取利息	グループ内での貸付金に対する利息であり、主に金融統括会社等で発生する	一般的に発生する

＊租税条約を締結している場合、別途の取扱いが定められていることがあるため、確認が必要である。

5. 海外子会社の立上げ費用に関する留意点

　海外子会社の立上げを行う際には、FSに係る費用や、登記等の会社設立手続に係る費用等が発生する。また、設立後には、海外子会社が一定程度の売上、利益を継続的に得られるようになるまでの資金援助等、日本親会社がさまざまな支援を行うことがある。

　これらの海外子会社の立上げに要する費用負担については、子会社設立の意思決定までに要した費用は親会社の負担とし、意思決定後に発生した費用は子会社の負担とすることが原則的な考え方となる。

　たとえば、海外進出を決定するための調査に係る費用は、意思決定前に発生した費用として日本親会社が負担することが妥当である。一方、定款認証費用や登記費用等は設立手続に係る費用であり、海外子会社が負担すべき費用といえる。また、海外子会社の設立後における、技術指導のための日本親会社の従

業員に係る派遣費用や、海外子会社の設備の設置費用等については、当該行為の寄附性や取引価格の妥当性に留意する必要がある（第6章9(3)〈企業グループ内役務提供〉参照）。

税務調査では、親子会社間取引の実態、契約内容と実際の取引との整合性、取引金額の妥当性などを重点的に確認されるため、日本親会社と海外子会社の間での費用の負担関係に関する方針は明確にしておくことが求められる。

6．外国子会社合算税制

(1) 総　論

外国子会社合算税制とは、通称タックスヘイブン対策税制とも呼ばれ、タックスヘイブンといわれる軽課税国に所在する外国子会社等を通じた租税回避を防止するために設けられた制度である。日本では1978年に導入され、その後多数の改正がなされている。

同制度が適用された場合、特定外国子会社等の所得を当該特定外国子会社等の株式を一定以上保有する内国法人（及び居住者）の所得に合算して課税が行われることとなる。なお、同税制における軽課税国の判定となる外国法人税のトリガー税率は、平成27年度税制改正によって20％以下から20％未満に引き下げられている。

アジアの主要国・地域のうち、法人所得税率が20％を下回っているのは香港、シンガポール、台湾のみであるが（図表2-5参照）、法定税率が20％以上の国であっても、現地における優遇税制等を考慮した結果、実効税率が20％未満となる場合、同税制が適用される可能性があるため注意する必要がある（グラクソ事件、最高裁平成21年10月29日判決）。

図表2-5　日本企業が展開している主な国・地域

	法人税率	日本企業が展開している主な国・地域	特定外国子会社等の数（CFC税制対象法人数）
日本の法人税率（29.97％）	40.75％	米国	282社
	34.61％	インド	
	30％	オーストラリア、フィリピン、メキシコ、ペルー	
	29.65％	ドイツ	3,906社
	25％	中国、マレーシア、オランダ、パナマ	
	24.20％	韓国	
	22％	ベトナム、スウェーデン、スロバキア	
トリガー税率（20％未満）	20％	タイ、英国、ロシア、トルコ	4,604社
	19％	ポーランド、チェコ、ハンガリー	
	17.92％	スイス	
	17％	シンガポール、台湾、スロベニア	
	16.50％	香港	
	12.50％	アイルランド	
	0％	ケイマン諸島、バミューダ、バーレーン	

（注）特定外国子会社等の数は財務省調べ。
　　　平成27事務年度は9,466社で、上記に分類できない特定外国子会社等が674社存在する。
〔出所〕財務省「説明資料」（平成28年10月25日）より抜粋。日本企業が展開している主な国・地域の法人税率は「2015 Global Tax Rate Survey」（KPMG International）より経済産業省が作成したものをもとにCaN International作成

　なお、平成29年度税制改正において、外国子会社合算税制の抜本的な見直しが行われた。本改正に基づく新法は2018年4月1日以後に開始する外国関係会社の事業年度より適用され（改正法附則1、70①～④）、また、外国関係会社の事業年度終了の日の翌日から2か月を経過する日を含む内国法人の事業年度において適用される（措法66の6①）。たとえば、内国法人が3月決算で外国子会社が12月決算の場合や、内国法人及び外国子会社がともに3月決算である場合には、本改正は株主等である内国法人の2020年3月期から適用されることになる。

　そのため、はじめに旧基準（平成29年度税制改正前の基準）における現行制度を、次に平成29年度税制改正後の新制度の概要を解説する。また、本改正に影響を与えたBEPSプロジェクトの関連部分の概要も紹介する（なお、

BEPS プロジェクト自体に関する詳細は第 6 章 5〈BEPS プロジェクト〉参照)。

(2) 現行制度の概要

現行制度では、特定外国子会社等の株式を一定以上保有している内国法人に対して外国子会社合算税制の適用がある。ただし、同制度には適用除外基準が定められており、適用除外基準のすべてを満たす会社に対しては会社単位での合算課税の適用はない (図表 2-6 参照)。

一方、適用除外基準を満たす場合であっても、特定外国子会社等が得る資産運用的な所得については、当該所得を内国法人等の所得とみなし、それを合算して課税する、資産性所得の合算課税の適用がある。

なお、前述したとおり、本制度は平成 29 年度税制改正において抜本的に改正が行われたが、新法は 2018 年 4 月 1 日以後に開始する外国関係会社の事業年度より適用になることから、本項では改正前の条文及び通達を記載している。

図表 2-6　現行の外国子会社合算税制の概要

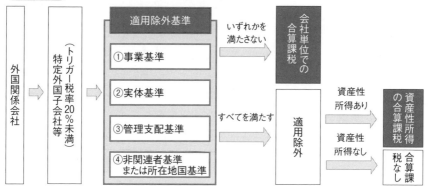

〔出所〕国税庁「平成 29 年度 法人税関係法令の改正の概要」をもとに CaN International 作成

①適用対象

外国子会社合算税制による納税義務者は、「特定外国子会社等」の発行済株式等の 10％以上の株式等を直接及び間接に保有する内国法人、ならびに 10％以上の株式等を直接及び間接に保有する同族株主グループに属する内国法人で

ある（措法 66 の 6 ①）。

「特定外国子会社等」は「外国関係会社」のうち、法人の所得に対して課される税が存在しない国または地域に本店または主たる事務所を有する外国関係会社、または、一定の方法により計算した租税負担割合が 20 ％未満である外国関係会社をいう（措令 39 の 14 ①）。ここでいう「外国関係会社」とは、居住者、内国法人等が発行済株式等の 50 ％超を直接及び間接に保有している「外国法人」をいう（措法 66 の 6 ②一）。「外国法人」とは、内国法人以外の法人をいう（法法 2 四）。これらの関係を表わしたものが**図表 2-7** である。

図表 2-7 特定外国子会社等

```
┌─────────────────────────┐
│       外国法人            │
│  ┌───────────────────┐  │
│  │    外国関係会社      │  │
│  │ ┌───────────────┐ │  │
│  │ │  特定外国子会社等  │ │  │
│  │ └───────────────┘ │  │
│  └───────────────────┘  │
└─────────────────────────┘
```

②**適用除外基準**

外国子会社合算税制の趣旨は、租税回避行為の防止であることから、特定外国子会社等が、その所在地国において経済合理性のある事業を行っている場合にまでその活動を妨げることのないように、一定の要件（適用除外基準）を充足する場合、原則として合算課税の適用はない（措法 66 の 6 ③）。一定の要件とは、**図表 2-8** の基準をすべて満たす場合である。

なお、適用除外基準を満たした場合に、特定外国子会社等の所得を合算対象外とするためには、確定申告書に適用除外の規定の適用がある旨を記載した書面を添付し、かつ、その適用があることを明らかにする書類を保存しなければならない点に留意されたい（措法 66 の 6 ⑦）。

図表 2-8 適用除外基準の概要

基　準	概　　要
事業基準	特定外国子会社等の主たる事業が次に掲げるものでないこと ・株式等または債券の保有（ただし、統括会社の要件を満たし、傘下の被統括会社

	に対して統括業務を行っているなどの一定の要件を満たす場合は、事業基準を満たす） ・工業所有権等または著作権の提供 ・船舶または航空機の貸付け
実体基準	特定外国子会社等の本店所在地国にその主たる事業を行うに必要と認められる事務所、店舗、工場その他の固定施設を有していること
管理支配基準	特定外国子会社等がその本店所在地国においてその事業の管理、支配及び運営を自ら行っていること
非関連者基準 または 所在地国基準	特定外国子会社等の営む主たる事業の種類に応じ、次のいずれかに該当すること ・非関連者基準（卸売業、銀行業等の7業種） 　特定外国子会社等がその取引の50％超を非関連者との間で行っていること（ただし、主たる事業が卸売業である統括会社（物流統括会社）の場合、被統括会社は関連者に含まれない） ・所在地国基準（製造業等の上記非関連者基準に掲げる事業以外の業種） 　特定外国子会社等がその事業を主としてその本店所在地で行っていること

〔出所〕措法第66条の6第3項をもとに CaN International 作成

【各適用除外要件についての留意点】

→ 事業基準

　事業基準は、**図表2-8**に記載している特定の事業に関しては、日本国外で行うことの経済合理性が希薄であるとの立場から、これら特定事業に係る所得は日本で課税すべきであるとの考えによって設定された。なお、「主たる事業」に係る判断基準については、名古屋地裁平成26年9月4日判決にて、「特定外国子会社等の当該事業年度における事業活動の具体的かつ客観的な内容から判定するほかないのであって、特定外国子会社等が複数の事業を営んでいるときは、そのいずれが主たる事業であるかに関しては、当該外国子会社等におけるそれぞれの事業活動によって得られた収入金額または所得金額、それぞれの事業活動に要する使用人の数、事務所、店舗、工場その他の固定施設の状況等の具体的かつ客観的な事業活動の内容を総合的に勘案して判定するのが相当である」との考え方が示されている。

　また、平成22年度税制改正によって、特定外国子会社等の主たる事業が、「株式の保有」に該当する場合であっても、「統括会社」に該当する特定外国子会社等が、「被統括会社」に対して「統括業務」を行っているなど、一定の場合は、事業基準を満たすものとして取り扱われることとなった（措法66の6

③))。それぞれの用語の定義及び留意点については**図表2-9**を参照されたい。

図表2-9 統括会社に係る留意点

用　語	定義及び留意点
統括会社	「統括会社」とは、以下のすべての要件を満たすものである（措令39の17④）。 ①1つの内国法人によって、その発行済株式等の全部を、直接または間接に保有されている特定外国子会社等 ②2つ以上の被統括会社に対して、統括業務を行っていること ③所在地国に、統括業務に係る事務所・店舗・工場その他の固定施設、及び「統括業務に従事する者」を有すること （注）上記の「統括業務に従事する者」は、もっぱら統括業務に従事する者に限られ、特定外国子会社等の役員及びその親族等は該当しないこととされている。
被統括会社	「被統括会社」とは、次の①から③までに該当する法人で、被統括会社の発行済株式等のうち統括会社が有する株式等の数または金額の占める割合、及び被統括会社の議決権の総数のうち統括会社が有する議決権の数の占める割合のいずれもが25％（被統括会社が内国法人である場合50％）以上であり、かつ、その本店所在地国にその事業を行うに必要と認められる当該事業に従事する者を有するものである（措令39の17②）。 ①特定外国子会社等、当該特定外国子会社等の発行済株式等の10％以上を直接及び間接に有する内国法人及びその内国法人とその特定外国子会社等との間に株式等の所有を通じて介在する外国法人（判定株主等）に支配されている（発行済株式等の50％超を保有されている）法人（子会社） ②判定株主等及び子会社に支配されている法人（孫会社） ③判定株主等ならびに子会社及び孫会社に支配されている法人
統括業務	「統括業務」とは、統括会社が被統括会社との間における契約に基づき行う業務のうち当該被統括会社の事業の方針の決定または調整に係るもの（当該事業の遂行上欠くことのできないものに限る）であって、統括会社が2つ以上の被統括会社に係る当該業務を一括して行うことによりこれらの被統括会社の収益性の向上に資することとなると認められるものである（措令39の17①）。 「被統括会社の事業の方針の決定または調整に係るもの」とは、被統括会社の事業方針の策定及び指示ならびに業務執行の管理及び事業方針の調整の業務で、当該事業の遂行上欠くことのできないものをいう。たとえば、統括会社が被統括会社の事業方針の策定等のために補完的に行う広告宣伝、情報収集等の業務は、「被統括会社の事業の方針の決定または調整に係るもの」に該当しないことに留意する（措通66の6-17の4）。 なお、統括業務に関しては、当該業務の内容及びその存在を明らかにしておくためにも当事者間で契約書やその他文書を具備しておくことが望ましい。
書類整備	特定外国子会社等が統括会社に該当することによって、合算課税制度の適用除外要件の適用を受ける場合には、統括業務の内容を記載した書類を確定申告書に添付し、かつ、統括業務に係る書類の写しを保存しなければならない（措法66の6⑨）。

→ 実体基準

　実体基準は、特定外国子会社等が、その本店または主たる事務所の所在する国または地域において、その主たる事業を行うに必要と認められる事務所、店舗、工場その他の固定施設を有していることを適用除外の要件とするものである。

　固定施設を有しているというためには、特定外国子会社等が賃借権等の正当な権限に基づき固定施設を使用していれば足り、固定施設を自ら所有している必要はないものと解される。また、実体基準を満たすために必要となる固定施設の規模は、特定外国子会社等の行う主たる事業の業種や形態により異なると考えられるため、特定外国子会社等が使用している固定施設が必要な規模を満たしているか否かについては、特定外国子会社等の行う主たる事業の業種や形態に応じて判断されるべきである。

　また、事業持株会社については、平成23年度税制改正によって統括業務（図表2-9参照）を「主たる事業」として実体基準の判定を行うことが明確化されている（措法66の6③）。

　なお、後述するレンタルオフィススペース事件の事例も参考にされたい。

→ 管理支配基準

　管理支配基準は、特定外国子会社等が、その本店または主たる事務所の所在する国または地域において、事業の管理、支配及び運営を自ら行っていることを適用除外の要件とするものである。

　本基準は、機能的な側面から独立企業としての実態の有無を判断するものであるため、その前提として、事業を行うために必要な常勤役員及び従業員が存在していること、及び特定外国子会社等の業務執行に関する意思決定及びその決定に基づく具体的な業務の執行が親会社等から独立して行われていることを求めている。その判断にあたっては、特定外国子会社等の①株主総会及び取締役会の開催、②役員としての職務執行、③会計帳簿の作成及び保管等が行われている場所、④その他の状況を総合的に勘案して行われることとなる（措通66の6-16）。

　①の株主総会及び取締役会の開催に関して、テレビ会議システム等の情報通信機器を利用した場合の管理支配基準に係る取扱いについて、経済産業省が国

税庁に照会を行っている。国税庁の回答によると、株主総会及び取締役会の開催場所については、たとえ特定外国子会社等の株主や役員がテレビ会議システム等の情報通信機器を利用して出席したとしても、次に挙げる事項を満たしている場合、株主総会及び取締役会自体は当該国で開催されたものと認められるため、その開催場所が本店所在地国等である場合と同様に取り扱って、管理支配基準の判定を行って差し支えないとの考え方が示されている（経済産業省のWebサイトより）。

・開催案内の送付や議事録の作成等、株主総会及び取締役会に関連する業務はすべて特定外国子会社等が行っていること
・特定外国子会社等の本店所在地国に居住し、特定外国子会社等において一定の権限を有している専任役員が、株主総会及び取締役会において議長を務めていること
・上記の議長が特定外国子会社等の本店所在地国で開催された株主総会に出席していること
・上記の議長及び議長と同様のステータスを有する専任役員が、特定外国子会社等の本店所在地国で開催された取締役会に出席していること

テレビ会議システム等の情報通信機器を利用して株主総会及び取締役会に参加する事例は、昨今増加しているため参考にされたい。

なお、後述するレンタルオフィススペース事件の事例も参考にされたい。

→ 非関連者基準

非関連者基準は、特定外国子会社等の営む主たる事業が卸売業等の事業である場合に適用される基準であり、当該事業を主として関連者以外の者との間で行っていることを適用除外の要件とするものである。

本基準は、卸売業等の事業については、事業活動が必ずしも本店所在地国等に限定されるものではないため、当該事業の大半が関連者以外の者との取引である場合には、経済的合理性があるとの考えに基づく。

しかしながら、地域経済圏に展開するグループ企業の商流を合理化する、いわゆる物流統括社の活用が、グループ企業の収益の向上に寄与している実状

に鑑みれば、こうした物流統括会社にも経済合理性があるといえる。そのため、平成22年度税制改正によって、卸売業を主たる事業とする統括会社については、非関連者基準の判定にあたって、当該統括会社に係る被統括会社を関連者の範囲から除外することとなった（措令39の17⑩）。なお、この場合における統括会社及び被統括会社の定義は、事業基準で定められているものと同様である（図表2-9参照）。

➡ 所在地国基準

所在地国基準は、特定外国子会社等の営む主たる事業が卸売業等の事業以外の事業である場合に適用される基準であり、その事業を主として本店所在地国等において行っていることを適用除外の要件とするものである。

本基準は、本店所在地国等において資本を投下し、その地の経済と密接に関連した事業活動を行っている場合には、その地で事業を行うことについて十分な経済的合理性を推認し得るとの考えに基づく。たとえば、製造業、小売業、サービス業等については、その事業にとって本質的な行為の行われる物理的な場所が主としてその本店所在地国等であれば、当該基準を満たすと判定される。

また、事業持株会社については、平成23年度税制改正によって統括業務（図表2-9参照）を「主たる事業」として所在地国基準の判定を行うことが明確化されている（措法66の6③）。

事例

レンタルオフィススペース事件
【裁判所名、判決年月日、事件番号】
　東京地裁　平成24年10月11日判決（納税者勝訴）
　　　　　　平成22年（行ウ）第725号
　東京高裁　平成25年5月29日判決（納税者勝訴）
　　　　　　平成24年（行コ）第421号

1. 概要

　本件は、日本の居住者である原告がシンガポールに設立した子会社であり、東南アジアにおいて小規模な精密機械部品の卸売業を営むＡ社の所得について、日本の課税当局が原告に対して外国子会社合算税制の適用による課税を行ったことに係る訴訟事案である。

　同制度のなかで定められている適用除外基準のうち、実体基準及び管理支配基準の充足の有無が争点となった事案であり、最終的に両基準がともに充足されていると判示され、納税者が勝訴した。

2. ポイント

　本判決は、争点となった適用除外基準に関して、多くの具体的な判断基準が明らかになったという点において注目すべき事例である。以下では、それぞれの争点のなかで明らかとなった実務上の留意点について記載を行う。ただし、事件の概要を詳細に記載すると相当な分量になるため、特に重要であると考えられるポイントのみを取り上げた。

　なお、個別案件については各種状況を勘案して総合的に判断することとなるため、案件ごとにその都度、慎重に検討及び判断を行うべきである点については留意されたい。

■争点 (1) 実体基準の充足の有無

　措法第66条の６第３項は、特定外国子会社等が、その本店または主たる事務所の所在する国または地域において、その主たる事業を行うに必要と認められる事務所、店舗、工場その他の固定施設を有していること（実体基準）を適用除外要件としている。

①固定施設の充足要件

　本判決では、固定施設を有するための判断基準について「特定外国子会社等が賃借権等の正当な権限に基づき固定施設を使用していれば足り、固定施設を自ら所有している必要はないものと解される。また、実体基準を満たすために必要な固定施設の規模は、特定外国子会社等の行う主たる事業の業種や形態により異なると考えられるため、特定外国子会社等が使用している固定施設が必

要な規模を満たしているか否かについては、特定外国子会社等の行う主たる事業の業種や形態に応じて判断されるべきである」との考えが示された。

②固定施設の存在

①より、特定外国子会社等が賃借権等の正当な権限に基づき固定施設を使用していれば足り、固定施設を自ら所有している必要はないものと解されるが、本件にあたってはそのオフィススペースの賃貸借契約の存在について議論が生じた。A社は同社の現地居住の取締役がマネージングディレクターを務めるB社との間で業務委託契約書を締結していた。A社がB社内の一区画のオフィススペースを借り受けるという条項は、当初の2005年の業務委託契約書には設けられておらず、2007年の業務委託契約書において初めて設けられた。課税当局は、当該状況から、オフィススペースについての賃貸はなされておらず、会計上もB社への支払いはすべて業務委託料で計上されており、賃借料の支払いが計上されていなかったことから、A社はシンガポールに固定施設を有しているとは認められないと主張した。一方、東京地裁は、これについて事実関係を詳細に検討し、2005年及び2007年の業務委託契約書は、必ずしも本件業務委託契約の内容そのものが正確に記載されたものではない可能性が高いと判断した。そして、契約書の有無及び内容にかかわらず状況から総合的に判断した結果、2005年及び2006年において、A社とB社の間にはオフィススペースの賃貸に係る実態があったと結論づけた。

すなわち、当初の2005年の業務委託契約書のなかでオフィススペースの賃貸に関する条項が設けられていないことや、会計帳簿上に賃借料名目の支払いがないことをもって固定施設の賃貸借がなかったものと解されるわけではなく、事業実態で判断される結果となった。ただし、不要な争いを避けるためにも、第三者（課税当局）からみて賃貸内容が容易に判断できるように、業務契約書には、明確にオフィススペースの賃貸に関する条項を設け、会計上も賃借料であると判断できる勘定科目や補助科目を使用することによって記帳しておくことが望ましい。

③固定施設の規模

東京地裁は、A社が使用していたレンタルオフィススペース及び現地取締役の専用執務室、外部契約している倉庫スペースは、事務所及び倉庫として必要な規模と考えられ、A社は主たる事業である精密機械部品等の卸売業を行うために十分な固定施設を有していたものと認められるとの判断を行っている。

実体基準を満たすために必要な固定施設の規模は、特定外国子会社等の行う主たる事業の業種や形態により異なるため、実際に事業が行える程度の規模があり、その実態が説明できる状況であればよいものと解される。

■**争点 (2) 管理支配基準の充足の有無**

措法第66条の6第3項は、特定外国子会社等が、その本店または主たる事務所の所在する国または地域において、その事業の管理、支配及び運営を自ら行っていること（管理支配基準）を適用除外要件としている。

①管理支配基準の充足要件

本判決では、管理支配基準を充足するための要件として「事業を行うために必要な常勤役員及び従業員が存在していることが必要であり、かつ、特定外国子会社等の業務執行に関する意思決定及びその決定に基づく具体的な業務の執行が親会社等から独立して行われていると認められるか否かについては、特定外国子会社等の株主総会及び取締役会の開催、役員としての職務執行、会計帳簿の作成及び保管等が行われている場所等を総合的に勘案することが必要である」との考え方が示された。

②居住取締役及び従業員

東京地裁は、A社のシンガポールに在住する取締役と営業担当者の業務内容の実態についてそれぞれ明らかにすることによって、常勤の役員及び従業員が存在していなかったとはいえないとしている。なお、本判決では「常勤」の意義については特段明らかにされておらず、また、従業員についてもA社との直接の雇用関係を問題としていないことから、管理支配基準の趣旨に鑑み、「常勤」や「従業員」の意義については一般に考えられているものより広く判断されているものと考えられる。

東京地裁は、「シンガポール在住取締役として、Ａ社が法令・規制を遵守するために必要な各種届出等や税務申告を行い、Ａ社の経理及び銀行取引及び為替管理を含む資金管理、営業担当者に対する指揮監督、売掛債権の督促・回収等の業務を行っていたものと認められるから、Ａ社がその本店を置くシンガポールに取締役を置いていなかったものということはできない」として、Ａ社の居住取締役と非居住取締役との間における役割分担や権限分配、その運用における居住取締役のシンガポールにおける重要事項に関する裁量権と、実際の意思決定プロセスに着目し、他の複数法人の役員を兼務していることや、役員報酬を受領していないことをもって居住取締役の存在を否認することはしなかった。

　管理支配基準を充足するためには、経営上の重要事項についての意思決定が現地子会社の所在地国においてなされることが必要である。実務上は、現地法令における取締役会等の意思決定機関に関する規定や手続に留意し、居住取締役が重要な意思決定に実際に関与し、また、それを裏づける資料を作成しておくことが重要である点に留意されたい。

　また、東京地裁は、同様に、従業員については「特定外国子会社等が親会社等から独立して自ら事業を管理、支配しているといえるためには、居住取締役の指揮監督を受けて実際に日常業務を行う従業員が存在すれば足り、当該従業員について特定外国子会社等自らが直接雇用していることまでは必要ではなく、親会社等以外の第三者から従業員の派遣を受けている場合を含むと解すべきである」との考え方を示した。特に従業員が派遣社員である場合は、当該派遣社員が居住取締役の指揮監督下にあることを、課税当局に対して説明できるようにしておく必要がある。

③株主総会

　課税当局は、原告はＡ社の発行済株式総数の99.99％を保有しており、シンガポール会社法の定めによると、Ａ社の意思決定権を原告が掌握していることから、株主総会による意思決定は、原告の所在する場所で行われていたと主張した。これに対して東京地裁は、大株主（発行済株式総数の99.99％を保有）の所

在地と株主総会の開催地とを混同するものであるとの考えを述べ、課税当局の主張を排斥した。

招集及び開催手続が現地法に基づいて行われ、株主2名のうちの1名（発行済株式総数の0.01％を保有）が実際にシンガポールで参加し、その旨の株主総会議事録も作成されている場合、特定外国子会社等の株主総会は、その本社が所在する国において開催されたものと認められることが示された。

④取締役会

A社は取締役会を有していなかったが、本判決における管理支配基準の判定にあたって、これ自体は特段の問題とされていない。一方、②に記載のとおり、居住取締役としての役割や権限の事実認定に着目していることがわかる。

■争点(3) 外国子会社合算税制の適用除外要件の立証責任

東京高裁の判決において、外国子会社合算税制の適用除外要件の立証責任は国側にあるとされた。ただし、この点については平成29年度税制改正によって、納税者側に立証責任が生ずることとなったため、留意が必要である（下記(3)⑤〈経済活動基準の導入〉参照）。

③資産性所得の合算課税の概要

特定外国子会社等が適用除外基準を充足する場合であっても、当該特定外国子会社等が資産性所得を有する場合には、当該資産性所得は日本親会社の法人税の所得の計算上合算しなければならない（措法66の6④）。資産性所得の種類については図表2-10を参照されたい。

本税制は、わが国においても運用し得る資産を、軽課税国に設立した外国子会社で経済合理性なく運用することによって、当該資産に係る所得を実質的に海外に付け替えることを通じて企業グループの税額を軽減させる租税回避行為を防止するための規定であり、平成22年度税制改正によって設けられた。

図表 2-10	資産性所得の種類
①	剰余金の配当等（持株割合 10％未満）
②	債券の利子
③	債券の償還差益
④	株式等の譲渡益（持株割合 10％未満）
⑤	債券の譲渡益
⑥	特許権等の使用料
⑦	船舶または航空機の貸付料

(注)
1. 所得金額の計算にあたってはそれぞれ対価を得るために要した費用を集計して控除する。
2. ①から⑤に関しては、当該特定外国子会社等が行う事業（図表2-11の特定事業を除く）の性質上、重要で欠くことのできない業務から生じたものである場合、資産性所得の合算課税は適用されない（措法66の6④柱書）。
3. ⑥の特許権等とは、特許権、実用新案権、意匠権、商標権及び著作権（出版権及び著作隣接権を含む）のことである（措法66の6④六）。これらに関して、次のいずれかに該当する場合、資産性所得の合算課税は適用されない（措令39の17の2⑮一～三）。
    (ⅰ) 特許権等の使用料が、自ら創出した特許権等に係るもの（その特定外国子会社等がその研究開発を主として行った場合のその特許権等の使用料）である場合
    (ⅱ) 特定外国子会社等が、特許権等の取得につき対価を支払い、かつ、その特許権等をその事業（図表2-11の特定事業を除く）の用に供している場合
    (ⅲ) 特定外国子会社等が、特許権等の使用の許諾につき対価を支払い、かつ、その特許権等をその事業（図表2-11の特定事業を除く）の用に供している場合

〔出所〕措法第66条の6第4項をもとに CaN International 作成

図表 2-11	特定事業

・株式等もしくは債券の保有
・工業所有権その他の技術に関する権利、特別の技術による生産方式もしくはこれらに準ずるもの（これらの権利に関する使用権を含む）もしくは著作権（出版権及び著作隣接権その他これに準ずるものを含む）の提供
・船舶もしくは航空機の貸付け

〔出所〕措法第66条の6第3項をもとに CaN International 作成

なお、本税制には適用免除規定があり、次のいずれかに該当する事実がある場合には、資産性所得の合算課税は適用されない（措法66の6⑤）。

(ⅰ) 特定外国子会社等の部分適用対象金額に係る収入金額（図表2-10の①～⑦に係る収入の合計額）が1,000万円以下である場合
(ⅱ) 決算に基づく所得の金額に相当する金額のうちに部分適用対象金額の占める割合が5％以下である場合

(3) 平成29年度税制改正の概要

従来の外国子会社合算税制は、事業体単位で課税する、いわゆるエンティ

ティ・アプローチを基本とするなかで、その例外として、資産性所得の合算課税を採用することにより、所得の種類に着目する、いわゆるインカム・アプローチ的な要素を部分的に取り入れていた。そのため、外国子会社の税負担割合が20％以上であれば経済実体を伴わない所得であっても合算課税されない一方で、適用除外基準を満たさない特定外国子会社等は、実体のある経済活動を行っていても合算課税される可能性が残るといった問題点が指摘されていた。

平成29年度税制改正では、このような問題点に対応することに加え、BEPSプロジェクト最終報告書（(4)参照）の方向性も踏まえたうえで、現行制度の骨格は維持しつつも、大幅に全体の見直しがなされた。平成29年度税制改正による外国子会社合算税制の概要を**図表2－12**に、主要な改正点を**図表2－13**にまとめた。なお、両図表中の番号は本項における見出しと対応している。

前述したとおり、本改正に基づく新法は2018年4月1日以後に開始する外国関係会社の事業年度より適用され（改正法附則1、70①〜④）、また、外国関係会社の事業年度終了の日の翌日から2か月を経過する日を含む内国法人の事業年度において適用される（措法66の6①）。たとえば、内国法人が3月決算で外国子会社が12月決算の場合や、内国法人及び外国子会社がともに3月決算である場合には、本改正は株主等である内国法人の2020年3月期から適用されることになる。

図表2－12 平成29年度税制改正後の外国子会社合算税制の概要

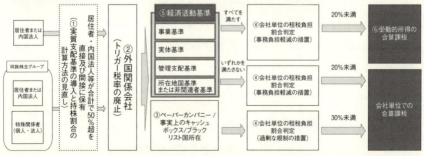

〔出所〕国税庁「平成29年度 法人税関係法令の改正の概要」をもとにCaN International作成

図表2-13　平成29年度税制改正における主要な改正点の内容

見直しの目的	内容
資本関係はないが、契約関係等により子会社を支配しているケースや間接支配への対応	実質支配基準の導入と持株割合の計算方法の見直し（①）
会社単位の税負担率が一定率（トリガー税率）以上であることのみを理由に、合算対象とされないことへの対応	トリガー税率を廃止し（②）、ペーパーカンパニー等の所得は、原則、会社単位で合算（③）
租税回避リスクに効果的に対応しつつ、現行制度と比較して過剰な事務負担が企業にかからないようにするため	事務負担軽減の措置として、対象外国関係会社の各事業年度の租税負担割合が「20％」以上の場合、特定外国関係会社の各事業年度の租税負担割合が「30％」以上の場合、会社単位での合算課税に関して適用免除基準を設定（④）
実体ある事業を行っている航空機リース会社や製造子会社の所得が合算されないよう対応	事業基準・所在地国基準の判定方法の見直し（⑤）
第三者を介在させることで、「非関連者基準」を形式的に満たすケースへの対応	非関連者基準の判定方法の見直し（⑤）
経済実体のない、いわゆる受動的所得は合算対象とするため	受動的所得の対象範囲の設定（配当、利子、無形資産の使用料等）（⑥）
外国関係会社の情報把握のため	内国法人の確定申告書に外国関係会社に係る財務諸表等の添付が義務づけられた（⑦）

〔出所〕財務省「第9回税制調査会説明資料」（平成29年1月27日）をもとに CaN International 作成

①実質支配基準の導入と持株割合の計算方法の見直し

➡ 実質支配基準の導入

　平成29年度税制改正によって、適用対象となる内国法人に、外国関係会社との間に「実質支配関係」がある内国法人が追加された（措法66の6①二）。同様に、外国関係会社には、居住者または内国法人（以下、「居住者等」という）と外国法人との間に「実質支配関係」がある外国法人が追加された（措法66の6②一ロ）。

　「実質支配関係」とは、居住者等が外国法人の残余財産のおおむね全部について分配を請求する権利を有していること、または居住者等が外国法人の財産の処分の方針をおおむね全部決定することができる旨の契約等が存在すること等の事実が存在する場合におけるその居住者等とその外国法人との間の関係をいう（措法66の6②五、措令39の16①）。

→ 持株割合の計算方法の見直し

本改正によって、外国関係会社の判定における株式等の間接保有割合の計算方法が、従来採用されていた掛け算方式から、連鎖方式に変更された（措法66の6②一イ、措令39の14の2②～④）。

具体的には、従来は**図表2-14**のような出資比率関係における孫会社の判定において、判定対象となる外国法人の保有割合は36％（60％×60％）であるとして、外国関係会社に該当しないことと取り扱われていたが、内国法人と50％超の株式の保有を通じた外国法人の持株割合が50％超であれば外国関係会社に含めることとなった。

外国関係会社の判定

〔前提条件〕
・内国法人は外国法人Aの株式を60％保有
・外国法人Aは判定対象となる外国法人Bの株式を60％保有
〔判定結果〕
・判定対象となる外国法人Bは外国関係会社に該当する

②合算対象となる外国法人の判定方法等の見直し

外国関係会社が特定外国子会社等に該当するか否かを判定する際のトリガー税率が廃止された。ただし、企業の事務負担が増加することに配慮して、最終段階における制度適用免除基準として新たに租税負担割合基準が設けられた（後記④参照）。

③特定外国関係会社の会社単位合算課税の創設

「特定外国関係会社」とは、本改正によって新たに導入された概念であり、外国関係会社のうち、**図表2-15**のいずれかに該当するものは、会社単位の合算課税の対象となることとなった（措法66の6②二）。ただし、租税負担割合が30％以上である場合（④参照）には、会社単位の合算課税の対象とはならない。

図表2-15　特定外国関係会社

会社区分	概　　要
ペーパーカンパニー (措法66の6②二イ)	次の要件のいずれも満たさない外国関係会社 ①実体基準：主たる事業を行うに必要と認められる事務所等の固定施設を有していること ②管理支配基準：本店所在地国においてその事業の管理、支配及び運営を自ら行っていること
キャッシュボックス (措法66の6②二ロ)	次のいずれも満たす外国関係会社 ①総資産の額に対して、受動的所得のうち図表2-17の①〜⑩に該当する所得の合計額が30％を超える ②総資産の額に対して、有価証券、貸付金及び無形固定資産等の合計額の割合が50％を超える （なお、外国金融子会社等についての規定は記載していない）
ブラックリスト国所在 (措法66の6②二ハ)	租税に関する情報の交換に非協力的な国または地域として財務大臣が指定する国または地域に本店等を有する外国関係会社

④適用免除規定を設定

　租税回避リスクに効果的に対応しつつ、現行制度と比較して過剰な事務負担が企業にかからないようにするため、事務負担軽減の措置として、特定外国関係会社の各事業年度の租税負担割合が30％以上である場合、または対象外国関係会社の各事業年度の租税負担割合が20％以上である場合には、会社単位の合算課税制度は適用しないことが定められた（措法66の6⑤）。

⑤経済活動基準の導入

　従来の「適用除外基準」は、実体や経済合理性のある外国関係会社が要件を満たすことができるように**図表2-16記載の見直しが行われたうえで「経済活動基準」**に改められた（措法66の6②三）。経済活動基準で定められている各基準のうちのいずれかを満たさない外国関係会社は、会社単位の合算課税の対象となる。

　ただし、外国関係会社の租税負担割合が20％以上である場合は、会社単位の合算課税の適用が免除される（上記④参照）。

　なお、国税当局の職員が内国法人にその外国関係会社が経済活動基準を満たすことを明らかにする書類等の提出を求めた場合において、期限までにその提出等がないときは、その外国関係会社は経済活動基準を満たさないものと推定することとなった（措法66の6③）。東京高裁平成25年5月29日判決では、

国側に適用除外基準の立証責任があるとされていたところ（前述したレンタルオフィススペース事件の事例参照）、本改正によって納税者側に立証責任が生ずることとなった点については留意されたい。

図表2-16　現行基準からの主要な見直し内容

基　準	概　要
事業基準 （措法66の6② 三イ、措令39の 14の3⑪）	航空機の貸付けを主たる事業とする外国関係会社のうち、本店所在地国においてその役員または使用人が航空機の貸付けを的確に遂行するために通常必要と認められる業務のすべてに従事していること等の要件を満たすものについては、事業基準を満たすものとする。
実体基準及び 管理支配基準 （措法66の6② 三ロ、措令39の 14の3⑫⑬）	保険業法に相当する本店所在地国の法令の規定による免許を受けて保険業を営む一定の外国関係会社（以下、「保険委託者」という）の実体基準及び管理支配基準の判定について、その外国関係会社のその免許の申請等の際にその保険業に関する業務を委託するものとして申請等をされた者で一定の要件を満たすもの（以下、「保険受託者」という）が実体基準または管理支配基準を満たしている場合には、その外国関係会社は実体基準または管理支配基準を満たすものとする。
所在地国基準 （措法66の6② 三ハ(2)、措令39 の14の3⑳）	製造業を主たる事業とする外国関係会社のうち、本店所在地国において製造における重要な業務を通じて製造に主体的に関与していると認められるものの所在地国基準の判定方法について、所要の整備を行う。
非関連者基準 （措法66の6② 三ハ(1)、措令39 の14の3⑮⑯⑱）	イ　非関連者との間で行う取引の対象となる資産、役務その他のものが、関連者に移転または提供されることがあらかじめ定まっている場合には、その非関連者との間の取引は、関連者との間で行われたものとみなして非関連者基準の判定を行うなどの見直しを行う。 ロ　保険業を主たる事業とする外国関係会社が保険受託者に該当する場合における非関連者基準の判定について、その外国関係会社が保険委託者との間で行う取引は関連者取引に該当しないものとする。 ハ　航空機の貸付けを主たる事業とする外国関係会社については、非関連者基準を適用することとする。

〔出所〕財務省「平成29年度税制改正の大綱資料等」をもとにCaN International作成

⑥部分対象外国関係会社の合算対象所得

外国関係会社が経済活動基準をすべて満たす場合であっても、租税負担割合が20％未満のとき（上記④参照）は、利子や配当、有価証券の譲渡益等の受動的所得は合算課税の対象となる（措法66の6⑥）。ただし、次のいずれかに該当する場合、本制度は適用されない（措法66の6⑩）。

・各事業年度における部分適用対象金額または金融子会社等部分適用対象金額が2,000万円以下であること（なお、現行の資産性所得課税の免除規定で

は1,000万円以下であった）
- 各事業年度の決算に基づく所得の金額に相当する金額のうちに部分適用対象金額または金融子会社等部分適用対象金額の占める割合が5％以下であること

受動的所得の対象を**図表2-17**に記載しているが、従来の資産性所得と比べて範囲が大幅に拡大されていることに留意されたい。なお、本書では外国金融子会社等の特例については記載していない。

図表2-17 部分対象外国関係会社（外国金融子会社等を除く）に係る受動的所得の種類

番号	所得の種類	除外項目等
①	配当等	・持分割合25％以上（資源投資法人は10％）等の要件を満たす法人から受ける配当等
②	利子	・グループファイナンスに係る金銭の貸付けによって得る利子 ・貸金業者が金銭の貸付けによって得る利子 ・事業に係る業務の通常の過程で得る預金利子
③	有価証券の貸付けの対価	―
④	有価証券の譲渡損益	・持分割合25％以上等の要件を満たす法人の株式等に係る譲渡損益
⑤	デリバティブ取引損益	・ヘッジ目的で行われることが明らかなデリバティブ取引等に係る損益 ・商品先物取引業またはこれに準ずる事業を業として行う場合において、当該事業から生じた商品先物取引等に係る損益
⑥	外国為替差損益	・外国関係会社が行う事業（外国為替相場の変動によって生ずる差額を得ることを目的とする事業を除く）に係る業務の通常の過程で生ずる外国為替差損益
⑦	上記①～⑥に掲げる所得を生ずべき資産から生ずるこれらの所得に類する所得	・ヘッジ目的で行われることが明らかな取引に係る損益
⑧	有形固定資産の貸付けの対価	・主として本店所在地国において使用に供される有形固定資産等の貸付けによる対価 ・リース事業による有形固定資産の貸付けによる対価
⑨	無形資産等の使用料	・自己開発した無形資産等及び相当の対価を支払って取得し、または使用許諾を得たうえで一定の事業の用に供している無形資産等に係る使用料

| ⑩ | 無形資産等の譲渡損益 | ・自己開発した無形資産等及び相当の対価を支払って取得し、または使用許諾を得たうえで一定の事業の用に供している無形資産等に係る譲渡損益 |
| ⑪ | 外国関係会社の当該事業年度の利益の額から上記①～⑩に掲げる所得種類の所得の金額及び所得控除額を控除した残額に相当する所得 | ・ここで定める所得控除額とは、外国関係会社の総資産の額、減価償却累計額及び人件費の額の合計額に50％を乗じて計算した金額とする |

〔出所〕措法第66条の6第2項・第6項・第7項をもとにCaN International作成

⑦外国関係会社に係る財務諸表等の添付

内国法人は、租税負担割合が20％未満である外国関係会社、租税負担割合が30％未満である特定外国関係会社の各事業年度の貸借対照表、損益計算書その他の書類を、確定申告書に添付することが義務づけられた（措法66の6⑪）。

(4) BEPSプロジェクト

BEPSプロジェクトのBEPS最終報告書では、行動計画3「外国子会社合算税制の強化」によって被支配外国法人（Controlled Foreign Company：CFC）ルールの強化が行われた。

CFCルールは、外国子会社に対して支配権を有する納税者が所得をCFCに移転することによって、自らの居住地国の課税ベースを、また、場合によっては他国の課税ベースを浸食するというリスクに対処するものである。

CFCルールを採用する国は増加しており、現在では、BEPSプロジェクトに参加する国のうち30か国がCFCルールを有している。また、他の多くの国も今後、同ルールを採用することに関心を示している。日本でも、(3)で解説した平成29年度税制改正は、行動計画3の内容に対応するものであり、また、今後の改正にも影響を与えるものであるため、最終報告書で議論されている内容については留意する必要がある。

行動計画3は、法人税収を減少させる目的によって、納税者が外国子会社に所得を移転することを効果的に阻止する指針として設計されている。そして、参加国が協働することによって、国際競争力に関する懸念を払拭し、平等な機会を提供することができると認識している。

最終報告書では、効果的なCFCルールの設計のために、以下の6つの構成要素が示された。

① CFCの定義

通常、CFCルールは親法人所在地国の株主によって「支配」されている外国子会社に適用される。最終報告書では、株主が外国子会社に対してどの程度の影響力を有する場合にCFCとするかといった点に加えて、法人事業体以外のパススルー事業体、非法人事業体、恒久的施設等に対しても税源浸食と利益移転に係る懸念を生じさせる場合、CFCの範囲に含むことを検討すべきであるとして、事業体を広範囲に定義することの勧告がなされている。

「支配」に関しては、法的支配及び経済的支配の両方の基準を適用すべきであるとし、実質基準を含めることも勧告されている。なお、外国法人の法的または経済的持分の50％以上を直接または間接に保有している場合には「支配」があるとみなすべきであるとされた。

② CFCルールの適用除外・足切り基準

各国の現行CFCルールは、税率による適用除外、租税回避防止要件、デ・ミニマス基準（CFCルールを適用しない最低金額の基準）等を適用した後にのみ適用されることが多い。最終報告書は、外国子会社に適用される実効税率が親法人所在地国で適用される税率に比して有意に低い場合にのみCFCルールが適用されると勧告している。

③ 所得の定義

最終報告書は、CFCルールに基づくCFC所得の定義について、各国が国内政策の枠組みと整合するように、柔軟性をもって設計することができるとの立場をとっている。

具体的には、CFC所得を定義する際には、カテゴリー分析（法的形式等に基づいて分類された所得）、実質分析（実質的な経済活動を伴わない所得）、超過利潤分析（低税率国にある外国子会社の所得のうち通常所得を超える部分である超過利潤に係る所得）を単独で用いるか組み合わせることを示唆している。

なお、CFC所得を定義するため、いずれの分析を用いるかにかかわらず、各国は、これらの分析について、CFCのすべての所得を親法人所在地国の株

主に合算すべき CFC 所得として取り扱う事業体アプローチ（Entity approach）を適用するか、特定の種類の所得のみを CFC 所得として取り扱う取引アプローチ（Income approach）を適用するかを決定することなどが勧告されている。

④所得の算定

　CFC 所得の算定にあたっては、親法人所在地国の法令が適用される。また、CFC の損失は、同一の CFC の所得または当該 CFC と同一国内にある他の CFC の所得とのみ相殺されるべきであることを勧告している。

⑤所得の合算

　最終報告書では、所得の合算基準は、支配基準と関連づけられるべきであること、及び、合算所得の金額は、所有権や影響力の割合を用いて計算されるべきであることが勧告された。

⑥二重課税の防止と解消

　効果的な CFC ルールを設計する際に考慮すべき基本的な政策論点のひとつが、二重課税をどのようにして回避するかという点である。この点について最終報告書では、二重課税の防止と排除の重要性を強調し、たとえば、CFC ルール導入国は、CFC ルール下での中間親法人に課された税を含め、実際に支払われた外国税に対する税額控除を認めることを勧告している。

　また、最終報告書は、CFC の所得が CFC ルールの下ですでに課税されている場合に、各国は CFC からの株式配当及び CFC の株式に係る譲渡益に関する二重課税の軽減を検討することも勧告している。

第 II 部

事業活動
親会社経理実務

　第Ⅱ部では、海外事業活動段階における親会社経理実務の観点から解説を行った。海外子会社の管理体制は、日本親会社と比較して脆弱であることや、連結グループの観点における最適な意思決定が行えるような体制になっていないことが多い。日本親会社の各種利害関係者に対するコンプライアンス遵守のための海外子会社の管理や、連結ベースの観点での経営判断及び業務指示を迅速に行うためには、日本親会社の海外子会社への関与は欠かせない。日本親会社が、海外事業管理を有効に行うため、以降に記載する内容を参考にしていただきたい。

　第3章では子会社管理の観点から、海外子会社の財務報告体制の構築、不正や外国公務員贈賄規制への対応、資金管理に係る各種手法について解説を行った。各国の実務慣行や子会社の重要性に応じて緩急をつけた対応が望まれる。

　第4章では、外貨建取引に係る会計・税務実務を取り上げている。日本親会社が外貨建取引を行った場合における決算上の取扱いのみでなく、海外支店、海外子会社の決算に係る日本親会社の決算への取込みに係る換算時の留意点も記載した。

　第5章では、海外事業活動において日本親会社側で必要となる国際税務実務を中心に記載した。そのため、いわゆるアウトバウンドに関連する税務論点を取り上げている。

　第6章では、移転価格税制を取り扱った。BEPSプロジェクトや平成28年度税制改正によって導入された新移転価格文書化制度の概要も解説している。

第3章

子会社管理

1. 海外子会社の財務報告体制

　海外子会社の管理部門責任者または経理責任者は、日本から派遣した駐在員に任せるケースと、現地で採用した幹部人材に任せるケースに分けられる。

　前者の場合、人事ローテーションによって一定の年数で駐在員が入れ替わることが多いことから、引継ぎが適切に行われない、後任駐在員が無責任になる、頻繁なローテーションにより現地従業員からの信頼を得られないといった問題が発生する恐れがある。そのため、ローテーションのタイミング、駐在員の選定は慎重に行う必要がある。

　一方、後者の場合、長年にわたって現地責任者のポジションを特定の人材が担当しているケースが多い。長期にわたって特定の人物に業務執行と管理権限が集中することによって、親会社からの管理が困難になったり、不正が発生する可能性が高まったりする事態に留意して、本社からの重点的なモニタリングや内部監査の実施等を検討する。

　また、新興国では転職に対するハードルが低いため従業員の離職が比較的頻繁に発生するが、退職時に新任者への引継ぎがなされず、業務が滞ってしまうことがある。たとえば、長年にわたって財務報告業務を一手に担当していた従業員の退職後、日本親会社に対して行う各種財務報告が、所定の手続やスケジュールどおりになされないこともある。離職者の穴を埋めるため、新規に人材を採用する場合であっても、外部専門家に業務を依頼する場合であっても、属人化することなく円滑な引継ぎが行えるよう準備しておく必要がある。その

ためには、あらかじめ日本親会社側が財務報告に関する海外子会社の役割と責任、関連業務に係る方針と手順をグループ統一のルールとして明確に定め、日本親会社に対する財務報告についても海外子会社の重要な職務のひとつであることを現地責任者に理解させることが重要である。

このような連結グループの方針や手順等を海外子会社に明示し、周知徹底するためには、日本親会社の経理部門の人材が海外子会社に直接赴いて現地担当者と面談し、説明の機会を持つことが有効である。

M&Aによって現地資本の企業が日系企業の海外子会社となった場合、現地の担当者は、従来実施していた財務・経理業務に加え、親会社の連結決算目的や、予算等の内部管理目的での財務報告業務が新たに求められることとなり、増加する業務にスムーズに対応できないことがある。

それに加えて、内部統制報告制度（J-SOX）、グループ内部監査、情報セキュリティ、環境やISO等の認証に関する対応等も発生する場合、現地での負担はさらに大きくなる。こうした業務が現地での通常業務として定着するためには、Post Merger Integrationの一環として、適切な人材配置や親会社によるサポートが不可欠である。なお、海外子会社側におけるJ-SOX対応については第9章5(2)〈内部統制報告制度（J-SOX）対応〉を参照されたい。

事例

海外子会社における連結決算対応

　ある日系企業のタイ子会社では、同社の経理部門で長年勤務してきた現地採用の人材が管理部門責任者として経理業務を統括していた。この責任者の退職後、親会社での連結決算の確定が大幅に遅れることとなった。

　原因は、後任として新たに採用された現地人材に対して連結決算業務の進め方を事前に十分習得させることができなかったことだった。新任の経理責任者がグループ会計処理マニュアルの存在を知らなかったため、連結パッケージの作成に際して、マニュアルの定めに従って処理すべき棚卸資産の評価や貸倒引当金の計上について、マニュアルとは異なる方法で処理していた。現地会計事務所による連結パッケージの監査においてこれらの処理が発見され、修正作

業が必要となった。

　さらに、当該グループ会計処理マニュアルでは、子会社が一定額以上の資産の評価損を計上する場合や、貸倒引当金を計上する場合、親会社への事前報告が必要であったにもかかわらず、新任の経理責任者が当該承認手続の必要性を理解していなかったことから、日本親会社は事後的に当該海外子会社の決算処理を再度確認することとなった。

2. 日本親会社の連結決算対応に係る実務上の留意点

　わが国の会計基準（以下、「日本基準」という）では連結財務諸表を作成する場合、同一環境下で行われた同一の性質の取引等について、親会社及び子会社が採用する会計処理の原則及び手続は、原則として統一しなければならないと定められている（連結財務諸表に関する会計基準17項）。

　ただし、海外子会社の財務諸表が国際財務報告基準（IFRS）または米国会計基準（US-GAAP）に準拠して作成されている場合には、当面の間、それらを日本親会社の連結決算手続上そのまま利用することができる（企業会計基準委員会・実務対応報告第18号「連結財務諸表作成における在外子会社等の会計処理に関する当面の取扱い」。以下、「実務対応報告18号」という）。

　なお、その場合であっても、図表3-1に示す調整4項目については、当該修正額に重要性が乏しい場合を除き、連結決算手続上、当期純利益が適切に計上されるよう当該海外子会社等の会計処理を修正しなければならない。なお、当該項目以外についても、明らかに合理的でないと認められる場合には、連結決算手続上で修正を行う必要があることに留意する。

図表3-1 調整4項目

項　　目	内　　容
のれんの償却	海外子会社において、のれんを償却していない場合には、連結決算手続上、その計上後20年以内の効果の及ぶ期間にわたって、定額法その他の合理的な方法により規則的に償却し、当該金額を当期の費用とするよう修正する。
退職給付会計における数理計算上の差異の費用処理	海外子会社において、退職給付会計における数理計算上の差異をその他の包括利益で認識し、その後費用処理を行わない場合には、連結決算手続上、当該金額を平均残存勤務期間以内の一定の年数で規則的に処理する方法により、当期の損益とするよう修正する。
研究開発費の支出時費用処理	海外子会社において「研究開発費等に係る会計基準」の対象となる研究開発費に該当する支出を資産に計上している場合には、連結決算手続上、当該金額を支出時の費用とするよう修正する。
投資不動産の時価評価及び固定資産の再評価	海外子会社において、投資不動産を時価評価している場合または固定資産を再評価している場合には、連結決算手続上、取得原価を基礎として、正規の減価償却によって算定された減価償却費を計上するよう修正する。

〔出所〕企業会計基準委員会・実務対応報告第18号「連結財務諸表作成における在外子会社等の会計処理に関する当面の取扱い」をもとにCaN International作成

　東南アジア各国の会計基準はIFRSを全面的に、あるいは一部を修正する形で導入することによって相当程度IFRSと同等のものになっていることが多い（第8章1〈東南アジア主要6か国における会計制度〉参照）。そのため、東南アジア各国に所在する海外子会社の財務数値を日本親会社が取り込む際には、実務上、現地の会計基準で作成された財務諸表に対して①IFRSへの組替えを行ったうえで、②実務対応報告18号が求める図表3-1の調整4項目への対応を行い、日本親会社が連結の取込み作業を実施していることが多い（図表3-2参照）。こうした一連の連結決算作業を円滑に進めるため、日本親会社は、連結ベースでのグループ会計方針マニュアル、海外子会社の財務諸表及び連結決算情報等の入力フォーマット（連結パッケージ）を海外子会社のために整備する必要がある。

図表3-2 海外子会社の実務対応報告18号への対応

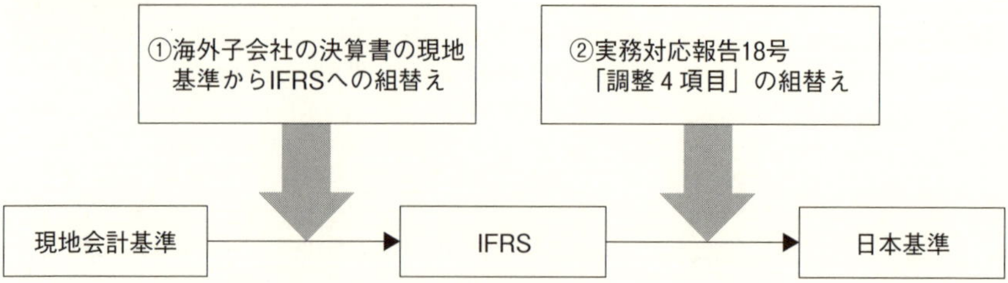

①海外子会社の決算書の現地基準からIFRSへの組替え

②実務対応報告18号「調整4項目」の組替え

現地会計基準 → IFRS → 日本基準

3. 不正対応

(1) アジア子会社で発生する不正の特徴

一般に、不正は「財務諸表不正」、「汚職（贈収賄等）」、「資産不正流用」の3つに分類されるといわれている（ACFE（公認不正検査士協会）「2016年度版職業上の不正と濫用に関する国民への報告書」）。

> ■不正の3分類
> ①財務諸表不正
> 　従業員による組織の財務情報の意図的な虚偽記載と不作為（例：収益の過大計上、経費の過少計上、資産の水増し計上）
> ②汚職（贈収賄等）
> 　直接的または間接的利益を得るために、従業員が雇用主に対する義務に反して商取引における自らの立場を悪用する不正（例：賄賂または利益相反を伴う不正）
> ③資産不正流用
> 　従業員による組織の資源の窃盗や悪用（例：現金窃盗、請求書不正、経費報告書の水増し）

アジア子会社における不正の特徴として、業績を良く見せるための財務諸表不正もさることながら、汚職や資産の不正流用を伴うものが多いことが挙げられる。たとえば、現地の経営者や従業員が、会社資産を自身の利益のために流

用したり、取引のなかでリベートを得たりといったことも散見される。こうした不正の背景には、現地の所得格差及び不正に対する問題意識の低さなどが挙げられる。

　不正に関してはそれを行った個人の責任を事後的に問うだけではなく、それを容易に行える組織風土や体制を放置している会社にも責任があると認識して不正リスクへの対応を行うことが重要である。

　以下では不正への対策として、(2)レポーティング体制の構築、(3)内部通報制度の運用、(4)外国公務員贈賄への対応について解説を行う。

(2) レポーティング体制の構築

　前述したとおり、日系企業による海外市場への注目と、海外事業活動の活発化から、海外子会社数も増加の一途をたどっている。その一方、人材やコスト面の制約から、従来行われていたような日本から派遣した駐在員が日本親会社と密に連携しながら海外子会社を管理するという方針が継続できず、日本人駐在員に代わって現地で採用された人材が管理部門の責任を担っている例も見受けられる。

　この場合、言葉の問題や日本親会社との距離感等の理由から、海外子会社で発生した不正や不適切な会計処理、現地の法規制の執行状況の変化等のリスク情報が的確かつ適時に日本親会社に伝わっていないことが多い。こうした海外子会社の不正や不祥事等の情報が適時に日本親会社に報告されないと、再発防止策の構築や親会社によるリスクマネジメント方針の見直し等が後手に回ってしまう。そのため、あらかじめレポーティング体制を明確に定めて周知しておく必要がある。

　報告ルートに関して、海外子会社を統括する事業部門や地域統括会社等の縦のラインに加えて、内部監査部門や監査役事務局など執行部門から独立した組織である横のラインに対する報告も、事後対策や牽制という観点から有効である。一方、この有効性を損なわない範囲でできる限り報告先及び階層を減らして速報性を重視すべきである点にも留意されたい。

　なお、このようなレポーティング体制を導入する際には、定められた事項が

規則に従って報告されているか否かを事後的に内部監査で確認するなど、制度の適切な運用にも留意すべきである。

> **事例**
>
> **グループレベルでのレポーティング体制の運用**
>
> アジア各国に子会社を有し広く事業を展開するA社では、ここ数年小規模ながら海外子会社で不正が頻発していた。しかし、これらの情報は必ずしもすべてが日本親会社に報告されているわけではなかった。また、事業部門ごとに管轄下の海外子会社からの情報収集の程度に差がみられた。
>
> そこで、海外子会社で発生した贈収賄や横領等の不正や不適切な会計処理は、金額の大小を問わず海外子会社から事業部門の管理責任者経由で日本親会社の管理本部に報告することをルール化した。これによって日本親会社の管理本部がリスクアセスメントを実施することが可能になった。また、海外での贈収賄に関しては、実際に賄賂を支払ってしまったというケースだけでなく、賄賂を要求されているケースも報告されるようになったことで、日本親会社から対応策を指示することなどを通して、不正行為の発生を未然に防止することにつながった。

(3) 内部通報制度の運用

ACFEが実施している調査によると、不正の発見経路として内部通報による割合が極めて高いことが明らかになっている。ホットライン等の内部通報制度の運用は日本国内にとどまり、海外子会社までは含んでいない企業グループも多いが、そのような場合、海外子会社における内部通報制度の運用も検討されたい。

> **事例**
>
> **内部通報制度の運用**
>
> 世界中に事業展開しているB社は、日本で内部通報用のホットラインの導入・運用を開始した。その後、海外での事業拡大に応じて、英語圏に所在する海外

子会社に導入し、アジア地域においても、子会社の規模等に応じて導入を順次進めていった。海外での運用においては、海外子会社内に通報窓口を設けると同時に、現地の法律事務所とも契約して通報窓口とした。また、現地で通報があった場合は、日本親会社の担当者に英語で報告される仕組みを構築した。

このようにグローバルで内部通報制度を運用したことが功を奏し、B社ではフィリピンにある子会社の経理担当者からの通報により、日本親会社から派遣された海外子会社の社長が仕入先から不正にリベートを受け取っていたことが発覚した。

(4) 外国公務員贈賄規制への対応

　トランスペアレンシー・インターナショナル（Transparency International：TI）が毎年公表している腐敗認識指数（Corruption Perceptions Index）という指標によると、アジア諸国ではいまなお腐敗度が高いことが明らかになっている（図表3-3参照）。

　一方、米国では近年、海外腐敗行為防止法（Foreign Corrupt Practices Act：FCPA）の執行を強化しており、域外適用の事例もみられるようになってきた。このような外国公務員に対する贈賄への懲罰強化の動きは、日本の不正競争防止法（外国公務員贈賄罪）や、アジア諸国の各種法規制においてもみられる。

　したがって、ひと昔前の感覚を引きずって、アジア諸国での事業活動のなかで公務員等に対して贈賄を行っている場合、懲罰を受けるリスクやレピュテーションリスクが昨今急速に高まっていることを認識し、コンプライアンス体制の整備・運用を早急に行う必要がある。

図表3-3　TIの腐敗認識指数（2016年）

順位	国　名	点数
1	デンマーク	90
1	ニュージーランド	90
3	フィンランド	89

⋮		
7	シンガポール	84
15	香港	77
20	日本	72
31	台湾	61
52	韓国	53
53	マレーシア	49
79	中国	40
79	インド	40
90	インドネシア	37
101	フィリピン	35
101	タイ	35
113	ベトナム	33
136	ミャンマー	28
⋮		
174	朝鮮民主主義人民共和国	12
176	ソマリア	10

〔出所〕TI「Corruption Perceptions Index 2016」をもとに CaN International 作成

事例

外国公務員賄賂規制に対するコンプライアンス体制の整備

　アジアでの事業展開を進めている C 社では、各種許認可管轄機関、通関、警察当局等からの賄賂要求にどのように対応すべきかという海外子会社からの問合せの増加を受けて、コンプライアンス体制の構築に着手した。

　贈賄の未然防止策として、①従業員に対する教育・研修の実施、②贈賄に該当する支出の有無をチェックするための内部監査手続の実施、③内部通報制度の運用、④贈賄行為に対する懲戒規定の明確化等を行った。

4. 資金管理

(1) 連結ベースでの資金管理

　海外子会社を含めた連結グループ全体での資金管理は、企業にとって重要な経営管理のひとつである。資金管理は、グループ全体の観点から、資金効率の向上、金融コストの低減、各社における資金繰りや支払業務からの解放、為替リスク等の各種財務リスクの低減等を目的として行われる。各拠点が独自で施策を打った場合、グループ全体でみると、余剰資金と借入金の両建てによる非効率や金利増大、不要な為替管理商品の購入による手数料やリスクの増大といった結果をもたらす可能性があるからである。

　そのような状況を回避するためには、まず、連結グループ全体で資金ポジション、為替ポジションを把握することが重要である。そのうえで、各社における資金需要、為替ポジションの偏向を把握し、必要な手段を検討することとなる。昨今では、グループ全体での資金を「見える化」するための取組みを行っている企業や、ガバナンスの観点から連結ベースで資金管理を行う企業も増えてきた。

　一方、海外子会社等を含めた資金管理においては、現地の為替規制やクロスボーダー規制等の存在によって、日本国内拠点間では発生しない論点が生ずるケースも多い。

　(2)～(4)では具体的な資金管理手法及びその留意点を、(5)では特に税務上の留意点について記載する。

(2) キャッシュ・マネジメント・システム(CMS)

　グループ内の資金を一元的に管理する方法として、金融機関が提供するキャッシュ・マネジメント・システム（CMS）の利用が考えられる。これは、システム導入及び維持に係るコストや精度といった観点から、自社でシステム構築する場合と比較して有利であることが多いためである。日本国内子会社を対象として実施する CMS と異なり、海外子会社を含めて CMS を行う場合、

欧米主要銀行を利用する例も多い。また、金融インフラが整備され、優遇税制も導入されているシンガポール等に地域金融統括会社を設立してCMSを導入している事例もみられる（シンガポールの金融統括センターについては第2章4(2)①〈優遇税制〉の**図表2-3**参照）。

CMSを導入する際には、付与すべき機能や、集約業務の範囲、業務上の負荷や、現地国の各種規制をもとに、参加する企業ごとに費用対効果を勘案して、その範囲等を決定することになる。CMSは、一般的に、①プーリング、②ネッティング、③支払代行、④定期性貸借といった機能を持つ。

①プーリング

プーリングとは、グループ企業から余剰資金を吸い上げ、資金不足の企業に配分することによって、資金の流動性の管理を行い、グループ会社間の資金の偏在を解消するものであり、CMSのなかで最も基本的な機能である。グループ会社の資金状況の可視化や、外部の金融機関からの借入金によって生ずる調達金利の低減が期待される。

プーリングには2つの方法がある。あらかじめ定めたルールに基づき、複数の口座間で自動的に資金移動を行う方法（ゼロバランス・プーリング方式）と、資金移動は行わずに、計算上各社の口座残高を集計して利息計算を行う方法（ノーショナル・プーリング方式）である。ゼロバランス方式の場合、海外送金やクロスボーダーの資金決済が規制されている国もあるため、各国の制度を確認する必要がある。ノーショナル方式の場合には、資金移動が名目上行われることになるため、国によっては計算される支払利息が税務上損金として認められない可能性がある点に留意が必要である。

②ネッティング

ネッティングとは、国内外のグループ会社間で債権・債務がある場合に、残高を相殺した後の差額を決済する方法のことである。これによって、グループ会社間の決済取引数や決済金額が減少するため、金融機関に対する送金手数料を削減することが可能になる。国際間の送金手数料は高額であるため、一定の効果が見込まれる。特に、グループ会社数やグループ内取引が多い場合にその効果が高い。

ネッティングの方法としては、グループ会社の2社間で行うバイラテラル・ネッティング方式と、親会社がグループ各社の間に入り、各社は親会社に対して相殺後の差額を決済するマルチ・ネッティング方式の2種類が考えられる。マルチ・ネッティング方式では、親会社を通して取引が行われるため、各社間で行う場合と比較して決済取引数や決済金額の減少が期待でき、スキームに参加する会社数が多いほどメリットも大きくなる。ただし、現地規制によってネッティングを認めていない国もあるため留意が必要である。

③支払代行

　支払代行とは、グループ会社の外部への支払いを特定の会社が代行することによって、個別企業での資金繰りや支払業務に係るオペレーションコスト及び銀行手数料の削減を達成するものである。CMSを通じて行う場合、CMSに参加しているグループ会社がシステム上で支払申請を行うことによって、親会社もしくは金融統括会社や支払代行会社等が支払情報を集約し、一括して支払処理を行うこととなる。

　ただし、支払代行を依頼する対象企業の選定や、支払先に係るコード登録、口座及び支払条件設定等が必要になるため留意する。

④定期性貸借

　CMSを用いることによって、金額・期間・金利等を個別に定める貸借取引についても一元管理することが可能になる。参加企業は、外部借入れと比較して有利な条件で、迅速に資金調達を行うことができる。

(3) 為替リスクの一元管理

　グループ内において、各社が個別に為替ヘッジ対策を講じた結果、グループ全体でみると過剰な手数料及び為替リスクを負担しているケースがある。そのため、外部の金融機関との対外的な為替ヘッジ手段の選択は金融統括会社等が行い、グループ各社は金融統括会社と為替予約等を行うことによって、グループ全体での為替リスク管理及び手数料の低減を図ることが期待できる。その場合、金融統括会社等は各社からキャッシュフロー計画等を入手し、将来の資金繰り及び為替ポジションの推移を検討したうえで、将来における為替リスクに

対応する最も適切な方法について金融機関と交渉することが重要である。

なお、次の(4)〈リインボイス〉も連結グループ内における為替リスク低減効果が期待できる手法として利用されている。

(4) リインボイス

リインボイスとは、生産国から輸出相手国へ直送する物流に関して発行されるインボイスを、香港やシンガポールに設置した金融・物流統括会社等の第三国を経由する商流に切り替えてインボイスを発行することである。その際、金融・物流統括会社と各社の取引通貨の選択、支払サイトの設定、債権債務の相殺を行うことによって、為替リスク、銀行金利、手数料の低減を行うことが可能になる。

リインボイスセンターの活用も実務ではみられる。グループ各社はグループ間取引をリインボイスセンターに集約した後、グループ各社はリインボイスセンターとの間で希望する通貨で決済を行うことによって為替リスクから解放され、リインボイスセンターが為替リスクを集中管理することになる。また、リインボイスセンターとグループ各社の支払条件を調整することによって、一定期間の支払猶予を与えることも可能である。加えて、(2)で解説したCMSのネッティングスキームを利用することによって送金手数料の削減メリットも期待できる。

リインボイスの留意点に関しては(5)①及び⑤を参照されたい。

(5) グローバルでの資金管理における税務上の留意点

グローバルでの資金管理におけるCMSやリインボイスの活用にあたっては、次の税務上の論点に留意する必要がある。

①移転価格税制

グループ間で資金を貸借する場合、通貨や期間、各社の信用リスク等に応じた金利を設定し、利息を徴収する必要がある。各社に対して一律の利率を使用している場合、各国において移転価格税制に基づく課税を受ける可能性がある。また、CMSの維持管理費用についても、参加者から適切な使用対価を回

収する必要がある。

なお、物流統括会社がリインボイスセンターとなる場合、当該物流統括会社側における貿易・代行回収等の各種事務手続といった機能面に加え、為替リスク等といった負担しているリスク面を勘案したマージン設定を行い、関連国の税務当局に対して十分な説明ができるようにしておくことが重要である。

②利子に係る源泉税

国際間における利息の支払時には支払地国において源泉税が課されることが一般的である。受取利息は貸付側において課税されるのが通常であるが、利息の支払地国で納付した源泉税部分については、貸付側の所在地国において外国税額控除制度がある場合、二重課税の状況を回避することが可能である。ただし、貸付側の所在地国において外国税額控除制度がない場合や、制度はあっても外国税額控除の控除限度額が不足する場合には、二重課税を完全に排除することができないことから、当該源泉税額の全部もしくは一部が追加コストとなる。

なお、源泉税の取扱いに関しては、借入側の現地国の税制のみでなく、関連者が所在する国の間で締結されている租税条約も参照しなければならない。特に、金融統括会社を設置する場合には、利子に係る源泉税に関して取引対象国との租税条約における取扱い等を考慮したうえで、最も有利になる国を選定する事例も多い。

③過少資本税制

過少資本税制とは、借入金による比率が一定割合を超える場合に、その超える部分に対応する支払利子の損金算入を認めない制度である。本制度は、関係会社間の資金調達において、出資に代えて多額の貸付けを行い、支払利子を損金算入させることにより税負担の軽減を図る行為を防止することをその目的としている。

現地国において本制度が存在する場合、出資元である日本親会社や地域統括会社からの貸付けが多額に上った結果、負債比率が高まることによって、海外子会社側で発生する支払利息の一部が損金算入できなくなる可能性があるため、注意が必要である。

④過大支払利子税制

　過大支払利子税制とは、支払利子が所得金額と比較して一定割合を超える場合に、その超過部分に対応する支払利子の損金算入を認めない制度である。過少資本税制同様、関係会社間の資金調達において、出資に代えて多額の貸付けを行い、支払利子を損金算入させることにより税負担の軽減を図る行為を防止することを目的としている。

　現地国において本制度が存在する場合、出資元である日本親会社や地域統括会社からの貸付けが多額になり、海外子会社側で支払利息が多額に計上された結果、当該支払利息の一部が損金算入できなくなる可能性があるため、注意が必要である。

⑤外国子会社合算税制

　海外に金融子会社を置く場合や、物流統括会社を設置してリインボイスを行う場合には、日本の外国子会社合算税制にも留意する必要がある（詳細は第2章6〈外国子会社合算税制〉参照）。

第4章

外貨建取引等に係る会計・税務

1. 外貨建取引の実務

　国際取引は、物品の輸出入取引のみならず、物流、金融、情報等のサービス提供、技術や特許、商標権等の無形資産の移転取引、海外企業への投資に係る資本取引など多岐にわたる。国際取引は外貨で行われることも多く、為替変動による業績への影響は無視できない。本章では、外貨建取引の特徴について、会計及び税務実務の観点から解説する。

(1) アジア各国の通貨

　アジア各国は、それぞれ自国の経済発展や金融システム等を勘案して為替管理制度を設計している。アジア主要国の通貨の概要は図表4-1のとおりである。なお、各国の為替管理制度は頻繁に変更されるため、留意が必要である。

図表4-1　アジア主要国の通貨及び為替管理制度の概要

国　名	通　貨	為替管理制度	実需原則*1
インド	インドルピー（INR）	管理フロート制*2	あり
インドネシア	インドネシアルピア（IDR）	管理フロート制	あり
シンガポール	シンガポールドル（SGD）	バンド付きペッグ制*3	なし
タイ	タイバーツ（THB）	管理フロート制	あり
フィリピン	フィリピンペソ（PHP）	管理フロート制	あり
ベトナム	ベトナムドン（VND）	バンド付きペッグ制	あり
マレーシア	マレーシアリンギット（MYR）	管理フロート制	あり
中国	中国元（CNY）	Crawl-like arrangement *4	あり

*1 実需原則とは、企業が為替の先物予約契約を締結する際、リスクをヘッジする対象である将来の輸出入取引等の実需取引が必要であるという規制のことである。
*2 管理フロート制とは、為替レートに関して事前に特定のターゲットを設定せずに、通貨当局が各種状況を勘案しつつ、必要に応じて外国為替市場に介入することによって、為替レートに影響を及ぼす制度のことである。
*3 バンド付きペッグ制とは、通貨レートを、6か月間2％のマージン内の範囲に維持する制度である。
*4 IMFによると中国の為替管理制度をCrawl-like arrangementに分類しており、本分類の定義を、「Crawl-like arrangementとは、為替相場は、6か月以上にわたって統計的に識別される傾向と比較して、2％のマージン内の範囲に維持されなければならないとする制度であり、これはフロート制とはみなされない。ただし、為替レートが十分に単調かつ連続的に上昇するならば、1％程度の年率換算レートでクロール的な取引となる」としている。実際の中国における為替管理はこのとおりではないが、本書ではこの詳細は取り扱わない。

〔出所〕IMF「Annual Report on Exchange Arrangements and Exchange Restrictions」等をもとにCaN International作成

(2) 国際取引での使用通貨

　国際取引で使用される通貨は取引の種類や取引先の属性等によって異なる。自国通貨の流通量が低い国では、外国との取引を国際決済通貨（後述）で行うことが多い。取引の種類ごとに一般的に使用される通貨を**図表4-2**にまとめた。

　アジアにおける国際取引では一般的に米ドルが使用される場合が多い。また、国内取引であっても外資系企業との取引では米ドル等の国際決済通貨が利用される例が実務上みられる。なお、日系企業が絡む取引では円建取引も多い。

　海外子会社との取引における使用通貨は、海外子会社の決算に係る機能通貨の判定にも影響を与えるため、第8章2(3)①〈機能通貨の検討〉を参照されたい。

図表4-2 使用通貨の特徴

分類	商品売買・サービス取引	金融取引
国内取引	自国通貨が多い	自国通貨が多い
国際取引	自国通貨、取引先国通貨もしくは国際決済通貨で行うことが多い。使用通貨は交渉によって決定されることはもちろんであるが、自国通貨の流通量が少なく、流動性が低い場合は国際決済通貨が使われることが一般的である	国際決済通貨（特に米ドル、ユーロ）で取引を行うことが多い

➡国際決済通貨とその種類

　国際決済通貨は、ハードカレンシーとも呼ばれ、世界の外国為替市場（国際市場）において、他国の通貨と自由に交換可能な通貨のことを指す。国際決済通貨に明確な基準はないが、国際的に信用があること、発行国が多様な財を産出していること、国際的な銀行における取引が可能なこと、あらゆる場所での

換金が可能なこと等の条件を満たす通貨を指す。現在、国際市場においては米ドル、ユーロ、英ポンド、円等が主要通貨として使用されている。基軸通貨として世界中で最も広く使用されているのは米ドルであり、次いでユーロとなっており、米ドルとユーロが世界２大通貨となっている。

(3)外貨建取引の特徴

　外貨建取引の結果、外貨建債権債務が発生することになるが、自国通貨と外国通貨の換算レートは日々変動しているため、債権債務の価値も変動する。外貨建取引は会計上、決済時に為替差損益が生ずるだけでなく、期末日における外貨建資産負債の換算によっても為替差損益が発生する。

　海外向けの製品販売量が好調に増加し、売上高が増加した一方で、為替レートの変動によって、当初見込んでいた利益を獲得できないといった事象が生ずる可能性がある。そのため、実務では為替変動による損益への影響を回避すべく、為替予約等のデリバティブ取引が活用されることがある。

2. 外貨建取引等の会計・税務

　外貨建取引に係る会計・税務上の留意点を解説する。

(1)輸出入取引の認識時点
①会計上の取扱い

　日本の会計基準では、企業会計原則の損益計算書原則に、「売上高は、実現主義の原則に従い、商品等の販売または役務の給付によって実現したものに限る」との定めがあるものの、収益認識に関する包括的な会計基準は現時点においていまだ整備されていない。なお、企業会計基準委員会（ASBJ）は、2017年7月20日に、新たな収益認識に関する会計基準案及び同適用指針案を公表しており、同年10月20日までコメントを募集しているところである。

　輸出取引に関して一般的に採用されることの多い収益認識基準は次のとおりである。

■一般的に採用されている収益認識基準

（ⅰ）出荷基準

　物品の出荷日に売上を認識する基準である。売手の工場・倉庫等から商製品を出荷した日に売上を計上する。

（ⅱ）通関基準

　通関日に売上を認識する基準である。税関が発行する輸出許可通知書記載の日付をもって、売上を計上する。

（ⅲ）船積日基準

　輸出貨物を本船に船積みした日に売上を認識する基準である。船荷証券（Bill of Lading）記載の日付をもって、売上を計上する。

（ⅳ）引渡基準

　取引の相手国において船荷が到着した日に売上を認識する基準である。

　国際貿易は、貨物が国を跨いで移動することから、国内取引と比較してさまざまなリスクを伴うため、当事者間のリスクの範囲や輸送料、輸送保険料、通関費用、関税等の費用分担などについて、国際的な貿易条件を定めたインコタームズ（Incoterms）に従った条件で取引が行われることが一般的である。インコタームズとは、国際商業会議所（International Chamber of Commerce）が輸出入取引に関して、定型的な取引条件、特に当事者間の費用と危険負担の範囲を定めたものであり、現在の最新版は2011年1月に発効した2010年版（インコタームズ2010）となっている（図表4-3参照）。なお、インコタームズでは11条件が示されているが、実務では一般的にFOB、CFR、CIFが利用されることが多い。

　会計上は、取引条件及びその実態をもとに、収益認識時点を決定することとなる。その際、危険負担の移転時点や費用負担についてはインコタームズの各条件を参照しつつ、契約で定められている所有権移転時期等も考慮する必要がある。ただし、個々の取引ごとに状況や条件は異なるため、自社の収益認識基準に関する会計方針をもとに会計監査人とも協議を行い、収益認識基準を決定することが望ましい。

なお、日本の上場企業では会計監査の厳格化により、物品の販売等に係る収益認識に関して、物品の所有に伴う重要なリスク及び経済価値の買手への移転のタイミングを厳密に判断する傾向や、海外子会社の業績数値との比較可能性の担保といった観点から、国際取引に関して、従来会計上の収益認識基準を出荷基準としていたものを取引条件等に鑑みて船積日基準に変更するなどの対応を行った企業も多い。

　また、輸入取引における仕入計上基準についても、収益認識同様、現行の日本の会計基準では具体的な規定はない。一般的には、財貨の引渡し時点で所有権が移転すると考えられるため、当該時点で仕入を計上している例が多い。輸出取引の場合と同様に、インコタームズの条件に基づいて、仕入計上基準を決定している例もみられる。

図表4-3　インコタームズに定められている各種取引条件

グループ	No	名称	条件	危険負担の移転時点
あらゆる輸送形態に適した規則	1	EXW (Ex Works)	出荷工場渡し	売主の敷地（工場）で買主に商品を引き渡した時点
	2	FCA (Free Carrier)	運送人渡し	売主が、指定された場所で、買主が手配した運送人に商品を引き渡した時点
	3	CPT (Carriage Paid To)	輸送費込み	売主が、指定された場所で、売主が指定した運送人に商品を引き渡した時点
	4	CIP (Carriage and Insurance Paid To)	輸送費・保険料込み	
	5	DAT (Delivered At Terminal)	ターミナル持込渡し	売主が、指定されたターミナル内で、船舶や飛行機等の輸送手段から荷降ろしされた商品を買主に引き渡した時点
	6	DAP (Delivered At Place)	仕向地持込渡し	売主が、指定された場所に到着した輸送手段（トラックや船舶等）上で、商品を買主に引き渡した時点
	7	DDP (Delivered Duty Paid)	関税込・仕向地持込渡し	売主が、指定された場所に到着した輸送手段（トラック等）上で、商品を買主に引き渡した時点
	8	FAS (Free Alongside Ship)	船側渡し	輸出国側の指定された船積港で、商品が買主が手配した本船に横付けされた時点

海上及び内陸水路輸送のための規則	9	FOB (Free On Board)	本船渡し	輸出国側の船積港で、買主が指定した本船上に売主が商品を置いた時点
	10	CFR (Cost and Freight)	運賃込み	
	11	CIF (Cost, Insurance and Freight)	運賃・保険料込み	

② 税務上の取扱い

　税務上の益金計上に係る認識時期は、棚卸資産の種類及び性質、その販売に係る契約の内容等に応じその引渡しの日として合理的であると認められる日のうち法人が継続してその収益計上を行うこととしている日、と定められている（法基通2-1-2）。通常、会計上の収益認識時点において、税務上の益金計上要件も充足していると考えられるため、実務上は会計と税務で売上認識のタイミングが異なることはまれである。

(2) 取引発生時における外貨建取引の換算

① 会計上の取扱い

　外貨建取引とは、売買価額その他取引価額が外国通貨で表示されている取引をいう（外貨建取引等会計処理基準注解1）。取引発生時の会計処理に使用する為替相場については、下表を参照されたい。

取引発生時の会計処理に使用する為替相場		例
原則的方法 （外貨建取引等会計処理基準一1、注解2）	a) 取引が発生した日における直物為替相場 または b) 合理的な基礎に基づいて算定された平均相場	a) 取引日の直物為替相場 b) ・取引日前月の平均為替相場 ・取引日前週の平均為替相場
例外的方法 （外貨建取引等会計処理基準注解2）	取引が発生した日の直近の一定の日における直物為替相場	・取引日前月末日の直物為替相場 ・取引日前週末日の直物為替相場 ・当月の月初の直物為替相場 ・当週の週初の直物為替相場

　なお、実務上は、前月の平均為替相場や前月末日の直物為替相場を用いる方

法が簡便であることから、使用されるケースが多い。

また、為替レートには、銀行が外貨を顧客に売る時のレートである電信売相場（以下、「TTS」という）、銀行が外貨を顧客から買う時のレートである電信買相場（以下、「TTB」という）、TTS と TTB の仲値である電信仲値相場（以下、「TTM」という）があるが、会計上は使用レートに係る基準はない。

②税務上の取扱い

税務上の外貨建取引の換算方法は、基本的に会計上の取扱いと同様である。ただし税務では会計と異なり、使用する為替レートの種類に関して定めがある。外貨建取引の換算は、原則として取引日における TTM を使用することとされ、継続適用を条件として、売上その他の収益については TTB の使用が、仕入その他の費用については TTS の使用が認められている（法法61の8①、法基通13の2-1-2）。

上記の円換算にあたっては、継続適用を条件として、外貨建取引の内容に応じてそれぞれ合理的と認められる、次のような外国為替の売買相場（為替相場）も使用することができる。

（ⅰ）次のいずれかの時点の TTS、TTB、もしくは TTM
　・取引日の属する月の前月末日
　・取引日の属する週の前週末日
　・取引日の属する当月の初日
　・取引日の属する当週の初日
（ⅱ）取引日の属する月の前月または前週の平均相場のように1か月以内の一定期間における TTM、TTB または TTS の平均値

(3)決算時における外貨建資産負債の換算

外貨建資産負債については取引発生日から決算日までの為替変動の影響を決算に反映するため、決算時において換算を行う必要がある。会計及び税務上で定められている各種外貨建資産負債に使用される換算レートは図表4-4のとおりである。

図表4-4 会計及び税務上の外貨建資産負債の期末換算方法

会計上の取扱い		税務上の取扱い		
外貨建資産及び負債の区分	換算レート	外貨建資産等の区分		法定換算方法
外国通貨	決算日の為替相場	外国通貨		期末時換算法
外貨預金	決算日の為替相場	外貨預金	短期*4	期末時換算法*5
			上記以外	発生時換算法*6
金銭債権債務*1 (売上債権、未収金、貸付金等)	決算日の為替相場*2	外貨建債権債務	短期*4	期末時換算法*5
			上記以外	発生時換算法*6
有価証券 売買目的有価証券	決算日の為替相場	売買目的有価証券		期末時換算法
満期保有目的債券	決算日の為替相場	売買目的外有価証券	償還期限及び償還金額の定めのあるもの	期末時換算法*5
その他有価証券	決算日の為替相場		上記以外	発生時換算法
子会社株式及び関連会社株式	取得時の為替相場*3			

*1 前渡金、前受金は、金銭債権債務に該当しないため金銭授受時の為替相場で換算し、決算時の評価替えを行わない（外貨建取引等の会計処理に関する実務指針25項）。
*2 外貨建転換社債型新株予約権付社債（新株予約権行使の可能性が低いと認められるものを除く）は取得時の為替相場で換算する。
*3 時価もしくは実質価額が著しく下落し、回復可能性が見込めない場合には、時価等×決算日レートで評価し、差額は評価損として計上する。
*4 短期とは、決済期限1年以内のものを指す。
*5 法定換算方法に代えて、届出をした場合、発生時換算法を選択することができる。
*6 法定換算方法に代えて、届出をした場合、期末時換算法を選択することができる。
〔出所〕外貨建取引等会計処理基準、外貨建取引等の会計処理に関する実務指針、法法第61条の9等をもとにCaN International作成

①会計上の換算方法

決算時の為替相場としては、決算日の直物為替相場のほか、決算日の前後一定期間の直物為替相場に基づいて算出された平均相場を用いることができる。ただし、決算時の為替相場としての平均相場の適用は、無条件に認められているわけではなく、決算日前後の為替相場の変動状況から判断して、決算日の直物為替相場が異常と認められる場合にのみ、その適用が認められる。なお、使用するレートについては、取引発生時の換算と同様、会計上では、TTS、TTBまたはTTMについての指定はない。

②税務上の換算方法

→ 換算方法

　図表4-4にあるとおり、税務上の法定換算方法には期末時換算法と発生時換算法があり、いずれかを選択する。ただし、外貨建資産等の区分によって一方が法定換算方法に定められていたり、一方が届出によって選択可能な評価方法に定められていたりするため、留意が必要である。

　期末時換算法とは、期末時の外国為替の売買相場により換算した金額をもって期末時の円換算額とする方法である。使用するレートについては、事業年度終了の日のTTMによる。ただし、継続適用を条件として、外国通貨の種類の異なるごとに当該外国通貨に係る外貨建資産等のすべてについて、外貨建資産についてはTTB、外貨建負債についてはTTSによることができる（法基通13の2-2-5）。

　発生時換算法とは、取引発生時に外貨建取引の円換算に用いた外国為替の売買相場により換算した金額をもって期末時の円換算額とする方法である。使用するレートについては、前記(2)②の外貨建取引の円換算方法に従うことになる（法基通13の2-1-2）。

→ 換算方法の選定及び変更手続

　換算方法の選定は、外国通貨の種類ごとに、かつ、次の区分ごとにすることとされており、選定方法を納税地の所轄税務署長に書面で届け出る必要がある。なお、届出書の提出期限は、その外貨建資産等を取得した日の属する事業年度の確定申告書の提出期限と同一である。

　また、すでに選定している外貨建資産等の期末換算の方法を変更する場合には、新たな換算の方法を採用する事業年度開始の日の前日までに、変更のための申請書を所轄税務署長に提出し、承認を受ける必要がある。

■換算方法の選定区分

（ⅰ）短期外貨建債権債務
（ⅱ）長期外貨建債権債務
（ⅲ）満期保有目的有価証券

(ⅳ) 償還有価証券
(ⅴ) 短期外貨預金
(ⅵ) 長期外貨預金

➡外国為替が著しく変動した場合の換算方法(15％ルール)

　事業年度終了時、個々の外貨建資産負債について、次の算式により計算される割合（為替レートの変動率と同一）がおおむね15％以上となる場合には、法定換算方法が発生時換算法となっている資産負債についても期末時換算法により評価することが認められている（法令122の3、法基通13の2-2-10）。

$$\frac{\text{当該外貨建資産等の額につき当該事業年度終了の日の為替相場により換算した円換算額} - \text{当該事業年度終了の日における当該外貨建資産等の帳簿価額}}{\text{当該外貨建資産等の額につき当該事業年度終了の日の為替相場により換算した円換算額}}$$

3. ヘッジ取引の会計・税務

(1) 外貨建取引の為替リスク

　外貨建取引は、1(3)〈外貨建取引の特徴〉に記載したとおり、常に為替変動の影響を受ける。

　たとえば、対米ドルにおける日本円の為替相場は、直近5年の期間（2012年8月14日～2017年8月14日の終値）で、最高値の1ドル＝125.62円（2015年6月5日）、最安値の1ドル＝77.49円（2012年9月13日）と、変動幅は48円、変動率は約60％にのぼる。このことからも、為替変動リスクが事業業績に与える影響が大きいことがわかる（**図表4-5参照**）。

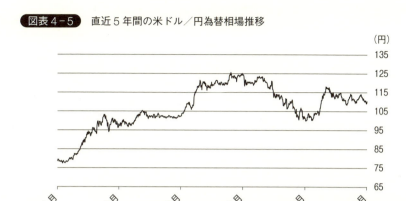

図表4-5 直近5年間の米ドル／円為替相場推移

(2)為替リスクのヘッジ方法

為替リスクを回避する方法は、デリバティブを使用しない方法と使用する方法に分けて考えることができる。デリバティブとは金融派生商品のことであり、代表的なものとして、為替予約、通貨オプション、通貨スワップがある（図表4-6参照）。これらのデリバティブのうち、為替リスク回避の手段として最も一般的に使用されているものが為替予約である。

図表4-6 為替リスクヘッジ手法

リスク回避方法		概　要	留意点
デリバティブを使用しない方法	円建取引	契約時に取引通貨を外貨ではなく円貨とする。為替変動リスクから完全に解放される。	取引先が円貨での契約に応じない可能性がある。また、取引先の為替リスクが取引価格に上乗せされる場合がある。
	マリー	輸出入取引を同時に行っている場合、輸出で得た外貨を同時に輸入で支払う外貨として利用する。	すべての取引において実行することは難しい場合がある。
	外貨建債権と債務の金額が近似するように管理する	外貨建債権・債務の金額が近似するように取引量及び通貨を管理することにより債権・債務から生ずる為替変動の影響を相殺させて、為替変動リスクから逃れる。	取引量の管理が難しい場合がある。特に連結ベースでこれを行う場合、各社で為替差損益が発生するため、個社単位には為替変動リスクが残る。
	為替予約	特定の通貨を、将来の一定の時期に一定の価格で受け渡すことを、現時	為替予約によって為替変動リスクからは解放されるが、通貨間の金

		点において約定する取引をいう。	利差等のほか、予約に係るコストは先物相場に織り込まれる。
デリバティブを使用する方法	通貨オプション	特定の通貨をあらかじめ定められた期間（権利行使期間）に、あらかじめ定められた価格（権利行使価格）で売買する権利を売買する取引	オプション料を支払う必要がある。
	通貨スワップ	異なる通貨のキャッシュフローを交換する取引	契約期間が長期の場合、為替の固定化によって事業リスクや解約手数料が高まる。

(3)会計処理

ここでは、為替変動リスクを回避する手法として、実務上利用されることが最も多い為替予約について、その会計処理を解説する。将来の価格変動リスクを固定化するための為替予約は、ヘッジ取引のひとつであり、会計処理方法は図表4-7のとおりである。

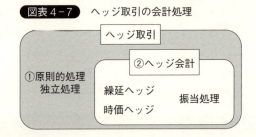

図表4-7　ヘッジ取引の会計処理

①原則的処理（独立処理）

為替予約は金融商品のひとつであるデリバティブであるため、原則として期末に時価評価し、評価差額は当期の損益として計上することになる（金融商品会計に関する実務指針167・168項）。

→ 独立処理の会計処理

〔前提条件〕

×1年3月10日に商品を100米ドルで販売した。その後の同年3月20日に、取引決済日において同額の米ドルを119円で売る為替予約取引を実行した。

〔為替レートの推移〕

レート	×1年3月10日 取引日	×1年3月20日 為替予約日	×1年3月31日 期末決算日	×1年4月30日 取引決済日
直物為替レート	@125円	@120円	@115円	@110円
先物為替レート	―	@119円	@114円	―

〔仕　訳〕

日付	ヘッジ対象の会計処理 借方	ヘッジ対象の会計処理 貸方	ヘッジ手段の会計処理 借方	ヘッジ手段の会計処理 貸方	(注)
3月10日	売上債権 12,500円	売上 12,500円	仕訳なし		―
3月20日	仕訳なし		仕訳なし		―
3月31日	為替差損益 1,000円	売上債権 1,000円	為替予約 500円	為替差損益 500円	*1
4月1日	売上債権 1,000円	為替差損益 1,000円	為替差損益 500円	為替予約 500円	―
4月30日	現金預金 11,000円 為替差損益 1,500円	売上債権 12,500円	現金預金 900円	為替差損益 900円	*2

(ヘッジ手段の会計処理の計算根拠)
*1　決算日の先物為替相場により時価評価し、評価差額は当期の損益とする
　　(119－114) 円×100ドル＝500円
*2　為替予約を決済する
　　(119－110) 円×100ドル＝900円

〔解　説〕

　決算日には、ヘッジ対象(外貨建売掛金)の換算替えを決算日レートで行い、ヘッジ手段を時価評価する。ヘッジ対象の換算及びヘッジ手段の評価に伴う差額は、いずれも為替差損益として処理することによって、為替変動の影響が一定程度相殺されることになる。

②ヘッジ会計

　①で解説したとおり、為替予約は原則として独立処理を適用することになるが、ヘッジ対象とする取引よりも前にヘッジ手段である為替予約を実行した場合など、ヘッジ対象取引とヘッジ手段であるデリバティブ取引の損益計上時期が異なる場合には、ヘッジ手段の損益が先に反映されてしまうことになり、デリバティブ取引の目的が正確に財務諸表に反映されないこととなる。

　そのため、一定の要件を満たした場合には、ヘッジ会計が認められている

（金融商品に関する会計基準 29 項）。ヘッジ会計によって、ヘッジ対象に係る損益とヘッジ手段に係る損益を同一の会計期間に認識し、ヘッジの効果を会計に反映させるための特殊な会計処理が可能になる。ヘッジ会計の要件は次の項目がすべて満たされた場合である（金融商品に関する会計基準 31 項、金融商品会計に関する実務指針 143 ～ 146 項）。

> ■ヘッジ会計の要件
> 【事前テスト】
> ヘッジ取引時において、ヘッジ取引が企業のリスク管理方針に従ったものであることが、次のいずれかによって客観的に認められること
> ・ヘッジ取引が企業のリスク管理方針に従ったものであることが文書により確認できること
> ・企業のリスク管理方針に関して明確な内部規程及び内部統制組織が存在し、ヘッジ取引がこれに従って処理されることが期待されること
> 【事後テスト】
> ヘッジ取引時以降において、ヘッジ対象とヘッジ手段の損益が高い程度で相殺される状態またはヘッジ対象のキャッシュフローが固定され、その変動が回避される状態が引き続き認められることによって、ヘッジ手段の効果が定期的に確認されていること

　ヘッジ会計は、原則として、時価評価されているヘッジ手段に係る損益または評価差額を、ヘッジ対象に係る損益が認識されるまで純資産の部において繰り延べる方法による（繰延ヘッジ）。ただし、ヘッジ対象である資産または負債に係る相場変動等を損益に反映させることにより、その損益とヘッジ手段に係る損益とを同一の会計期間に認識することもできる（時価ヘッジ）（金融商品に関する会計基準 32 項）。

　ただし、外貨建取引等会計処理基準注解 6 では、ヘッジ会計を適用する場合には、金融商品会計基準におけるヘッジ会計によることを原則としながらも、当分の間、特例として振当処理によることができることとされている。振当処理とは、為替予約等により固定されたキャッシュフローの円貨額により外貨建

金銭債権債務を換算し、直物為替相場による換算額との差額を、為替予約等の契約締結日から外貨建金銭債権債務の決済日までの期間にわたり配分する方法である。

これらヘッジ会計における各種会計処理方法を図表4-8にまとめた。

図表4-8　ヘッジ会計における各種会計処理方法

処理方法	内容	留意点
繰延ヘッジ（原則的処理）	時価評価されているヘッジ手段に係る損益をヘッジ対象に係る損益が認識されるまで純資産の部で繰り延べる方法	純資産の部に計上される繰延ヘッジ損益は、税効果会計の適用対象となる
時価ヘッジ	ヘッジ対象である資産または負債に係る相場変動等を損益に反映させることにより、その損益とヘッジ手段に係る損益とを同一の会計期間に認識する方法	適用対象は、ヘッジ対象の時価を貸借対照表価額とすることが認められているものに限定され、現時点ではその他有価証券のみであるとされている（金融商品会計に関する実務指針185項）
振当処理	為替予約等により固定されたキャッシュフローの円貨額により外貨建金銭債権債務を換算し、直物為替相場による換算額との差額を、為替予約等の契約締結日から外貨建金銭債権債務の決済日までの期間にわたり配分する方法	金融商品会計基準による原則的処理の採用を決定した後で振当処理へ変更することは、原則的な処理方法から特例的に認められた処理方法への変更であり認められない（外貨建取引等の会計処理に関する実務指針3項）

➡ 繰延ヘッジの会計処理

〔前提条件〕

×1年4月10日に商品を100米ドルで販売する契約を締結した。なお、×1年3月10日には、取引決済日において同額の米ドルを125円で売る為替予約取引を実行している。

〔為替レートの推移〕

レート	×1年3月10日 為替予約日	×1年3月31日 期末決算日	×1年4月10日 取引実行日	×1年4月30日 取引決済日
直物為替レート	―	@120円	@115円	@110円
先物為替レート	@125円	@119円	@114円	―

〔仕 訳〕

日 付	ヘッジ対象の会計処理		ヘッジ手段の会計処理		(注)
	借 方	貸 方	借 方	貸 方	
3月10日	仕訳なし		仕訳なし		―
3月31日	仕訳なし		為替予約 600円	繰延ヘッジ損益 600円	*1
4月1日	仕訳なし		繰延ヘッジ損益 600円	為替予約 600円	―
4月10日	売上債権 11,500円	売上 11,500円	為替予約 1,100円	繰延ヘッジ損益 1,100円	*2
			繰延ヘッジ損益 1,100円	売上 1,100円	*3
4月30日	現金預金 11,000円 為替差損益 500円	売上債権 11,500円	現金預金 1,500円	為替予約 1,100円 為替差損益 400円	*4

(ヘッジ手段の会計処理の計算根拠)
* 1 決算日の先物為替相場により時価評価し、評価差額を繰り延べる
　　(125－119) 円×100ドル＝600円
* 2 取引日の先物為替相場により時価評価する
　　(125－114) 円×100ドル＝1,100円
* 3 ヘッジ損益をヘッジ対象となった取引の損益 (売上) に振り替える
* 4 為替予約を決済する
　　現金預金：(125－110) 円×100ドル＝1,500円
　　為替予約：取引時の為替予約を取り崩す
* 5 なお、税効果は便宜上考慮していない

〔解 説〕

　ヘッジ対象は4月10日に取引が行われる予定であるため、決算時において仕訳は発生しない。一方、為替予約はすでに締結されているため、決算時に、ヘッジ手段を決算時の先物為替相場によって時価評価し、当該評価部分を繰延ヘッジ損益として純資産の部に計上することとなる。このように、繰延ヘッジにより処理した場合、為替予約の時価評価から生ずる損益を翌期に予定している取引に係る損益が認識されるまで繰り延べることができる。

→ 振当処理の会計処理

〔前提条件〕

　×1年2月25日に商品を100米ドルで販売した。その後、同年3月1日には、取引決済日において同額の米ドルを119円で売る為替予約取引を実行した。

レート	×1年2月25日 取引日	×1年3月1日 為替予約日	×1年3月31日 期末決算日	×1年4月30日 取引決済日
直物為替レート	@125円	@120円	@115円	@110円
先物為替レート	—	@119円	@114円	—

〔仕 訳〕

日付	借方	貸方	計算根拠
2月25日	売上債権 12,500円	売上 12,500円	売上は、100米ドル×125円＝12,500円
3月1日	為替差損益 500円 前払費用 100円	売上債権 600円	為替差損益 500円＝100米ドル×（125円－120円）←直々差額 前払費用 100円＝100米ドル×（120円－119円）←直先差額の認識
3月31日	為替差損益 50円	前払費用 50円	前払費用 50円＝100米ドル×（120円－119円）×1か月/2か月←直先差額の按分
4月30日	為替差損益 50円 現金預金 11,900円	前払費用 50円 売上債権 11,900円	前払費用 50円＝100米ドル×（120円－119円）×1か月/2か月←直先差額の按分

＊ なお、税効果は便宜上考慮していない

〔解 説〕

　外貨建金銭債権債務等に係る為替予約等の振当処理において、取引発生後に当該外貨建金銭債権債務に対して為替予約が行われた場合、当該金銭債権債務等の取得時または発生時の為替相場（決算時の為替相場を付した場合には当該決算時の為替相場）による円換算額と為替予約等による円貨額との差額のうち、予約等の締結時までに生じている為替相場の変動による額（直々差額）は予約日の属する期の損益として処理し、残額（直先差額）は予約日の属する期から決済日の属する期までの期間にわたって合理的な方法により配分し、各期の損益として処理するとされている（外貨建取引等の会計処理に関する実務指針8項）。

　なお、為替予約等の契約が外貨建取引の前に締結されている場合には、実務上の煩雑性を勘案し、外貨建取引及び金銭債権債務等に為替予約相場による円換算額を付すことが認められている。

(4) 税務上の留意点

　税務上も、為替予約等はデリバティブ取引の一種として取り扱われ（法法61の8②、法規27の7①、27の11①）、原則として、期末未決済の為替予約等は未決済デリバティブ取引として、時価評価の対象となる（法法61の5①）。

　ただし、会計上ヘッジ会計が認められる場合、一般的には税務上も同様の取扱いを行うことが認められている（法法61の6）。ただし、会計基準ではヘッジ有効性の判定を省略することが認められる場合について定めがある（金融商品会計実務指針158項）が、税務上はヘッジ有効性の判定を省略することは認められていない。

　また、税務上ヘッジ処理を適用するためには法定の記載事項を帳簿書類に記載しなければならない（法法61の6）。具体的には、ヘッジ手段となるデリバティブ取引等を行った日において、デリバティブ取引等がヘッジ対象資産等の損失額を減少させるために行われた旨、ヘッジ対象である金銭並びにそのデリバティブ取引等の種類、名称、金額、ヘッジ対象資産等損失額を減少させようとする期間、その他参考となるべき事項等を帳簿に記載する必要がある（法規27の8②）。

　振当処理についても、税務上の考え方は基本的に会計上のものと同様である（法法61の8②）。ただし、振当処理については、前述したとおり、会計では為替予約等の契約が外貨建取引の前に締結されている場合において、実務上の煩雑性を勘案し、外貨建取引及び金銭債権債務等に対して為替予約相場による円換算額を付すことが認められているが、税法ではこのような規定は存在しない。

　税務上は、先物外国為替契約によって取得または発生する資産及び負債の金額の円換算額を確定させ、為替予約締結日にその旨を帳簿書類に記載した場合には、その資産及び負債については、その確定させた円換算額で計上することができる（法法61の8②、法令122①）が、そこで発生した為替予約差額については期間配分する必要がある（法法61の10①、法令122の9）。なお、短期外貨建資産・負債（その決済日までの期限が当該事業年度終了の翌日から1年を経過した日の前日までに到来するもの）に関する為替予約差額については、その選択しようとする事業年度に係る確定申告書の提出期限までに、所轄の税務署長

に書面で届出を行えば、そのような期間配分をせずに、為替予約等を締結することによって円換算額を確定させた事業年度に一括して益金の額または損金の額に算入することも認められている（法法61の10③、法令122の10）。

4. 在外拠点の換算

　第2章で前述したとおり、海外に進出する際に採用する形態としては、駐在員事務所、支店、現地法人が考えられる。日本親会社の決算書は円建てで作成されることになるため、これら在外拠点の決算書等を日本の個別・連結財務諸表に取り込む際には、換算が生ずることになる。本節では、在外拠点の決算書等の換算方法について記載する。

(1) 駐在員事務所

　駐在員事務所では、売上は計上されず費用項目のみが発生することが一般的である。これら発生費用に関する外貨換算は外貨建取引等会計処理基準に従って処理することとなるため、原則として取引発生時の為替相場により記帳する。換算方法の詳細は2(2)〈取引発生時における外貨建取引の換算〉、(3)〈決算時における外貨建資産負債の換算〉を参照されたい。

(2) 在外支店

　海外支店における外貨建取引については原則として本店と同様の方法で処理する（外貨建取引等会計処理基準二）。すなわち取引発生時点において、外貨建取引等会計処理基準に準じて取引ごとに取引日の為替相場で換算することになる。ただし、外国通貨で表示されている海外支店の財務諸表に基づき本支店合併財務諸表を作成する場合には、海外支店の財務諸表に係る収益及び費用の換算については、収益性負債の収益化額及び費用性資産の費用化額を除き、期中平均相場によることができる（外貨建取引等会計処理基準二1〈収益及び費用の換算の特例〉）。また、本店と異なる方法により換算することによって生じた換算差額は、当期の為替差損益として処理する（外貨建取引等会計処理基準二3〈換

算差額の処理〉）。

これらの取扱いをまとめたものが図表4-9である。

図表4-9　海外支店の換算

	B/S			P/L	
決算時の為替相場	預金 売掛金 受取手形	買掛金 借入金 貸倒引当金	本店の支店勘定と同額 （換算替えは不要）	本店仕入	本店売上
取得時の為替相場*1	商品 固定資産	減価償却累計額	取引発生時の為替相場	売上原価*3 営業費用等*3	売上高*3
		前受金*2	取得時の為替相場	減価償却費	
本店の支店勘定と同額 （換算替えは不要）		本店	決算時の為替相場	貸倒引当金繰入	
	①貸借差額で計算	当期純利益 →		②貸借差額で計算 当期純利益	為替差損益

*1　商品評価損を計上する場合、外国通貨による時価または実質価額を決算時の相場で換算する（外貨建取引等会計処理基準二、同注解11）。
*2　前受金等の収益性負債の収益化額は取得日の相場で換算する。
*3　月または半期等を算定期間とする平均相場を使用することもできる（外貨建取引等会計処理基準二1〈収益及び費用の換算の特例〉、同注解12）。
〔出所〕外貨建取引等会計処理基準二をもとにCaN International作成

なお、当該財務諸表における非貨幣性資産の額に重要性がない場合には、本店勘定等を除くすべての貸借対照表項目について決算時の為替相場による円換算額を付する方法の適用が特例として認められている。この場合、損益項目についても決算時の為替相場によることを妨げない（外貨建取引等会計処理基準二2〈外貨表示財務諸表項目の換算の特例〉）。

当該特例を採用できるか否かの重要性は、非貨幣性資産を原則的な換算方法（取得時の為替相場）により換算した結果と特例処理による換算方法（決算時の為替相場）により換算した結果との差額の当期純損益及び利益剰余金に及ぼす影響に基づいて判断することとされている（外貨建取引等の会計処理に関する実務指針30項）。

在外支店の換算については税務上も上記の取扱いとほぼ同様となっており、会計上の数値を税務上も利用することとなる。

(3)在外子会社

　連結財務諸表の作成にあたって、海外子会社の外国通貨で表示されている財務諸表項目の換算は次の方法による。

　資産及び負債については、決算時の為替相場により換算する（外貨建取引等会計処理基準三1〈資産及び負債〉）。親会社による株式の取得時における資本に属する項目は株式取得時の為替相場、親会社による株式の取得後に生じた資本に属する項目は当該項目の発生時の為替相場により換算する（外貨建取引等会計処理基準三2〈資本〉）。収益及び費用については、原則として期中平均相場をもって換算するが、決算時の為替相場によることも認められている。なお、親会社との取引は親会社が換算に用いる為替相場を使用し、この場合に生ずる差額は当期の為替差損益として処理する（外貨建取引等会計処理基準三3〈収益及び費用〉）。

　貸借対照表項目の換算によって生じた換算差額については、為替換算調整勘定として純資産の部に記載する（外貨建取引等会計処理基準三4〈換算差額の処理〉）。

　これらの取扱いをまとめたものが図表4-10である。

図表4-10　海外子会社の換算

*1　親会社が株式を取得した時に利益剰余金があった場合、当該利益剰余金は取得時の為替相場で換算する。
*2　連結相殺仕訳で消去されるため、親会社の使用する為替相場を使用する。生ずる差額は為替差損益として処理する。
*3　原則は期中平均相場を使用するが、決算時の為替相場も認められる。
〔出所〕外貨建取引等会計処理基準三をもとにCaN International 作成

第5章

税務実務

1. 総　論

(1) 国際取引の特徴

　国際取引は、言語や通貨が異なることに加え、輸出入や送金取引等の貿易実務が複雑であることや、相手国の会計及び税務実務慣行への理解が必要になるなど、国内取引と比較して幅広い知識が必要となる。近年では、たとえば電子商取引（EC）のような、海外に拠点を置かずとも、無形のサービスをインターネットの利用によって、他国の消費者に対して容易に提供する形態の事業活動も活発化している。このような、事業実態や物理的拠点の把握が容易でない新しい形態の事業活動の出現によって、国際税務も複雑化が進んでいる。また、関係国間における課税権争いも生ずるため、国際税務を巡る論点はさらに難易度が高いものとなる。

　以下に、国際取引の特徴をまとめた。

■国際取引の特徴

・貿易取引やクロスボーダー取引で作成される書類は、外国語で記載されるため、内容の把握が難しい場合がある

・複数の通貨が介在する場合があり、為替予約や決済等に関して日本国内業務では発生しない実務が生ずる

・輸出入に係る取引アレンジ、保険契約、通関等といった貿易実務に関して高い専門性が求められたり、関連書類の作成・整備が煩雑になったりする

ことがある
- 取引先が外国に所在するため、反面調査や現物確認が困難であり、取引事実を裏づける書類の保管が重要となる
- 外国独自の制度、商慣習の理解が必要となる
- 日本の法人税法だけでなく、取引相手が所在する国との間で締結している租税条約や現地国内税法の知識が必要となる
- 取引相手が所在する国によっては、会計監査を受けていたとしても帳簿を信頼できない場合がある

(2)税務調査の傾向

近年、企業の事業、投資活動のグローバル化の進展に伴い、海外取引法人への税務調査件数も増加している。

国税庁が毎年公表している法人税等の調査事績の概要では、平成25事務年度から27事務年度の3年間で、海外取引法人等に対して毎年12,000～13,000件程度の実地調査を行ったことがわかる(**図表5-1参照**)。そのうち非違があった件数は3割程度の3,400件程度で推移し、海外取引等に係る申告漏れ所得金額は平成25事務年度から増加傾向にある。海外取引等に係る源泉所得税等の実地調査の状況でも非違件数は年々増加し、調査による追徴本税額も増加している。内訳では、非居住者や外国法人に対する工業所有権等の使用料が35％と最も多く、次いで不動産賃貸と給与等がそれぞれ16％、そして人的役務提供事業、不動産譲渡、利子・配当が11～12％と続き、さまざまな取引において非違が見受けられる。

国際税務は国境を跨ぐ取引を対象とするため税制自体が複雑になりがちであり、また、関連者も多数に及び複数の判断が介在する余地が大きいため、税務調査で見解が相違することも多い。上述した税務調査で指摘が多い項目を把握し、留意すべき事項を明確にしたうえで、日常業務のなかで準備しておく必要がある。

図表5-1　海外取引法人等に対する実地調査の状況

項　目	単位	平成25事務年度	平成26事務年度	平成27事務年度
海外取引等に係る実地調査の状況				
実地調査件数	件	12,277	12,957	13,044
非違件数	件	3,379	3,430	3,362
非違があった件数割合	%	28%	26%	26%
海外取引等に係る申告漏れ所得金額	億円	1,783	2,206	2,308
調査1件あたりの申告漏れ所得金額	千円	14,526	17,023	17,696
海外取引等に係る源泉所得税等実地調査の状況				
非違件数	件	1,317	1,493	1,527
調査による追徴本税額	億円	30	40	169
外国子会社合算税制に係る実地調査の状況				
非違件数	件	66	58	69
非違金額	億円	49	70	57
移転価格税制に係る実地調査の状況				
非違件数	件	170	240	218
非違金額	億円	537	178	137

〔出所〕国税庁「法人税等の調査事績の概要」(平成28年11月)をもとにCaN International作成

(3) 国際戦略トータルプラン

近年、企業活動の国際化がますます進むなか、いわゆる「パナマ文書」の公開やBEPS(税源浸食と利益移転)プロジェクトの進展等により、国際的な租税回避行為に対して、世界中で関心が高まっている。

2016年10月、国税庁は、国際課税への取組みを重要な課題と位置づけ、国際課税の取組みの現状と今後の方向を取りまとめた「国際戦略トータルプラン」を公表した。図表5-2にその概要を記載した。

図表5-2　国際戦略トータルプランの概要

項　目	概　要
情報リソースの充実(情報収集・活用の強化)	
国外送金等調書の活用	・100万円超の国外への送金及び国外からの受金の把握

国外財産調書の活用	・5,000万円超の国外財産（預金、有価証券や不動産等）の把握
財産債務調書の活用	・3億円以上の財産（預金、有価証券や不動産等）または1億円以上の有価証券等の把握（所得2,000万円超の者）
租税条約等に基づく情報交換	・取引の実態、配当や不動産所得等に関する情報の収集
CRS（共通報告基準）による金融口座情報の自動的交換	・海外の金融口座情報（預金残高等）の収集（2018年9月までに初回の交換）
多国籍企業情報の報告制度の創設	・多国籍企業のグループ情報の収集（2018年9月までに初回の交換）
調査マンパワーの充実（専門体制の整備・拡充）	
国税局統括国税実査官（国際担当）及び国際調査課	・国際的租税回避行為に係る資料の収集・分析、調査企画 ・複雑な海外取引に係る調査手法の研究・開発
国税局・税務署国際税務専門官	・国際的な課税上の問題がある事案の発掘、積極的な調査の実施
重点管理富裕層プロジェクトチーム（富裕層PT）の設置	・富裕層のうち特に高額な資産を有すると認められる者の管理及び調査企画
国際課税関係の体制整備（2017年度要求中）	・国際課税の司令塔（庁国際課税企画官）の設置等の要求 ・国際課税に係る専担者等の増員の要求
グローバルネットワークの強化（外国当局との協調等）	
租税条約等に基づく情報交換（再掲）	・取引の実態、配当や不動産所得等に関する情報の収集
CRSによる金融口座情報の自動的交換（再掲）	・海外の金融口座情報（預金残高等）の収集（2018年9月までに初回の交換）
国際的な枠組みへの参画	・BEPSや税の透明性に関する国際的な議論への対応
徴収共助制度の活用	・租税条約締約国にある財産についての相手国の税務当局への徴収の要請
相互協議の促進	・国際的な二重課税問題の解決

〔出所〕国税庁「国際戦略トータルプラン―国際課税の取組の現状と今後の方向―」（2016年10月25日）をもとにCaN International作成

(4) タックス・プランニングの義務的開示制度の潮流

　BEPSプロジェクト最終報告書の行動計画12「義務的開示制度」では、タックス・プランニングの開示制度について国内法による義務規定に関する勧告が行われた。

　義務的開示制度とは、「企業の活動に関する透明性向上」の観点から、会計

士や税理士等のプロモーター及び利用者が租税回避スキームを税務当局に報告する制度である。

最終報告書では、米国、英国、カナダ、アイルランド、イスラエル、韓国、ポルトガル、南アフリカにおいて、義務的開示制度が導入されていることから、これらの国々の知見を踏まえて勧告が作成された。本勧告は、開示義務者（プロモーター、利用者（納税者））、開示内容（守秘義務の伴うスキーム、成功報酬のあるスキーム、損出しスキーム等）、開示手続（開示のタイミング等）等の項目について複数の選択肢を用意し、各国が自国に最適な様式を選択することを認める形（モジュラー方式）の内容になっている。

行動計画12はベストプラクティス（導入義務はなく、各国にて任意に対応するレベルの規範性）の位置づけではあるが、日本でも当該勧告に鑑み、財務省と国税庁が企業や富裕層に租税回避策を指南する税理士に仕組みの開示を義務づけることを検討している。そこでは、成功報酬を受け取るなどした税理士や、租税回避のノウハウを提供する会計事務所やコンサルティング会社等を対象とし、一定の基準を満たした場合に租税回避策を開示させる仕組み等も検討されているといわれているため、今後の動向には注視が必要である。

2. 消費税

(1) 国際取引と消費税

消費税は、物品やサービス等の消費に対して課される税金であり、消費一般に広く課税されるものである。消費税の課税対象は、国内取引（国内において行う資産の譲渡等）と輸入取引（保税地域から引き取られる外国貨物）である。

国内の課税事業者が外国法人や非居住者に対して商品販売や役務提供を行うような「輸出取引」は、日本の消費税法上、国内取引に該当するが、免税措置の対象となる。

国際取引に係る消費税法上の基本的な取扱いとして、「輸出取引」は免税処置によって課される消費税の税率が0％となる一方、「輸入取引」は原則として消費税が課されるということを押さえておきたい。

(2)輸出取引

　前述したとおり、輸出取引は、日本の消費税法では国内取引に含まれる。消費税法において国外取引として扱われるものは、国外で行われる資産の譲渡等であり、国内の資産を海外に譲渡することを指す輸出取引は国外取引には該当しない。なお、消費税法では国外取引は不課税取引に該当し、課税の対象外である。

　国内取引は、課税対象取引と不課税取引に区分され、課税対象取引のうち輸出取引等に該当するものは消費税が免除される。消費税は国内において使用または消費される物品や提供される役務に対して課される租税であるため、輸出品に課税すると、日本の消費税を国外の消費者に負担させることとなるためである。なお、本項で解説する輸出取引に係る消費税の全体像は**図表5-3**のとおりである。

図表5-3　輸出取引に係る消費税の課税判断フローの全体像

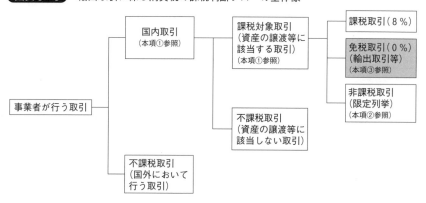

①国内取引

→ 課税の対象

　国内において行われる取引のうち、次の4つの要件をすべて満たしたものが課税の対象となる。つまり、この判定基準のいずれか1つでも満たしていない取引は、消費税の課税対象とはならない（不課税取引）。（ⅱ）から（ⅳ）は事業者が事業として行う取引であれば、論点となることは少ないと考えられるため、ここでは（ⅰ）の「内外判定」について解説を行う。

(ⅰ) 国内において行うものであること
(ⅱ) 事業者が事業として行うものであること
(ⅲ) 対価を得て行うものであること
(ⅳ) 資産の譲渡、資産の貸付け、役務の提供であること

→ 内外判定

前述したとおり、課税の対象判定の（ⅰ）「国内において行うものであること」は、一般的に「内外判定」といわれる。

消費税は国内取引に対して課税されるため、資産の譲渡等や役務の提供がどこで行われたかの判断が重要である。国内で行うものか、国外で行うものかは、取引の種類によって、図表5-4のように判定する（消法4③）。

図表5-4　内外判定

区　分	原　則	例　外
資産の譲渡または貸付け（消法4③一）	譲渡または貸付時の当該資産の所在場所	譲渡または貸付時の登録機関等の所在地等
役務の提供（消法4③二）	役務の提供が行われた場所	発送地または到着地、発信地または受信地等

資産の譲渡等が国内において行われたかどうかの内外判定は、資産の譲渡または貸付け、役務の提供、電気通信利用役務の提供（後述）の区分に応じ、それぞれに定める場所が国内にあるか否かによって行う（消法4③）。

また、例外規定も定められており、たとえば、特許権の譲渡または貸付けは登録機関の所在地（2か国以上の国で登録している場合には権利の譲渡または貸付けを行う者の所在地）で、金銭債権については金銭債権に係る債権者の譲渡に係る事務所の所在地で、それぞれ国内取引に該当するか否かを判定することとなる。

事例

①三国間取引

〔概　要〕

　日本企業A社は、中国企業B社から製品を仕入れ、これを国内に輸入することなく米国企業C社に販売した。

〔判　定〕

　課税資産の譲渡時においてその資産が所在していた場所により内外判定を行うことになる（消基通5-7-1）。A社はB社製品を日本に輸入することなくC社に販売しており、譲渡時の資産の所在場所は国外であるため、当該取引は国外取引（不課税取引）に該当することになり消費税の課税はない。

②ロイヤルティ取引

〔概　要〕

　日本企業A社が、日本でのみ登録されている特許権の使用を米国企業B社に許諾し、それに対するロイヤルティを受け取っている。

〔判　定〕

　日本でのみ登録されている特許権のため、登録機関の所在地による判定に基づき国内取引となる。なお、米国企業B社は非居住者であるため、当該ロイヤルティは輸出免税の対象となる（後記③〈免税取引〉参照）。

→ 電気通信利用役務の提供

　電子書籍・音楽・広告の配信等の電気通信回線（インターネット等）を介して行われる役務の提供（電気通信利用役務の提供）については、内外判定を役務の提供を受ける者の住所（個人の場合には住所または居所、法人の場合には本店または主たる事務所の所在地）で行う（消法4③三）。

　この取扱いは、BEPSプロジェクトの行動計画1「電子経済の課税上の課題への対処」への対応として、平成27年度税制改正によって定められた。改正前の内外判定では、国内事業者が行う電気通信利用役務の提供は国内取引として消費税が課税される一方、国外事業者が行うものは国外取引として不課税の

取扱いを受けることによって消費税が課税されず、国内事業者が相対的に不利な立場に置かれていたことが指摘されていたためである。以下の**事例①及び②**で改正前後の取扱いを記載しているため参照されたい。なお、改正によって導入されたリバースチャージ方式についても**事例②**のなかで紹介する。

事例

①国内事業者の行う電気通信利用役務の提供

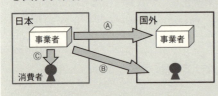

取引	改正前	改正後
Ⓐ	国内取引：課税	国外取引：不課税
Ⓑ	国内取引：課税	国外取引：不課税
Ⓒ	国内取引：課税	国内取引：課税

　国内事業者が、国外に本店または主たる事務所の所在地を置く法人（Ⓐの場合）、もしくは国外に住所または居所を置く個人（Ⓑの場合）に対して電気通信利用役務の提供を行う場合は、国外取引として、消費税が課税されない。
　一方、国内の消費者（Ⓒの場合）に対して役務の提供を行う場合には、消費税が課されることとなる。

②国外事業者の行う電気通信利用役務の提供

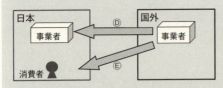

取引	改正前	改正後
Ⓓ	国外取引：不課税	国内取引：課税
Ⓔ	国外取引：不課税	国内取引：課税

　国外事業者が、国内に本店または主たる事務所の所在地を置く法人（Ⓓの場合）、もしくは国内に住所または居所を置く個人（Ⓔの場合）に対して電気通信利用役務の提供を行う場合は、国内取引として、消費税が課税される。

【リバースチャージ方式の導入】
　本改正に伴い、Ⓓの取引のように、国外事業者が国内事業者向けに電気通信利用役務の提供を行った場合、当該役務提供を受けた国内事業者に申告納税義務が課されるようになった（リバースチャージ方式）。なお、上記取引に係るリ

> バースチャージ方式は、経過措置によって、当分の間は、当該課税期間について課税売上割合が95％未満である事業者にのみ適用される。
>
> ただし、事業者以外も申込みを行えるようなクラウドサービス等は、事業者向けには該当しないため、国内事業者は申告納税義務を負わない。

②非課税取引

①の国内取引で課税対象と判定された取引のうち、消費税の性格上課税することになじまないものや、社会政策的な配慮の観点に基づくものなど、一定の取引に対しては課税しないことが定められている。

そのなかでも、国際取引に関連するものとしては、下記の2つが挙げられる。

> ■非課税取引に該当する主な国際取引
> （ⅰ）有価証券（ゴルフ会員権、船荷証券等を除く）の譲渡、支払手段の譲渡
> 　　単なる資本の移転ないしは振替であり、物を消費する行為とは性格を異にすることから、非課税取引とされている。
> （ⅱ）金融取引（利子・保証料・保険料等を対価とする取引）
> 　　金融取引は、物を消費する行為ではなく、国際的にも付加価値税を課税しないという慣行にも鑑み、非課税取引とされている。なお、非居住者に対する利子を対価とする金銭の貸付けに関しては③の輸出免税として取り扱う。

③免税取引

①の課税対象取引として判定され、②の非課税取引にも該当しない取引のうち、輸出取引等に該当する場合、消費税が免除される。

具体的には、事業者による課税資産の国外への輸出販売や、非居住者に対する役務の提供のように、効果が国外において生ずるものが免税取引に該当する。当該措置の趣旨は、日本の消費税を国外の輸入者に負担させないため、また輸出品に消費税が課されることで本邦製品の国際競争力が低下することを防ぐためである。

消費税が免除される輸出取引等には、以下のものが挙げられる（消法7、消令17）。

■消費税が免除される輸出取引等
（ⅰ）　輸出として行われる資産の譲渡または貸付け
（ⅱ）　外国貨物の譲渡または貸付け
（ⅲ）　外国貨物の荷役・運送等の役務の提供
（ⅳ）　旅客もしくは貨物の輸送または国際通信、国際郵便
（ⅴ）　外航船舶等の譲渡もしくは貸付けまたは修理
（ⅵ）　外航船舶等の水先、誘導等の役務の提供
（ⅶ）　非居住者に対する無形固定資産等の譲渡または貸付け
（ⅷ）　非居住者に対して行われる役務の提供（ただし、国内に所在する資産に係る運送や保管や国内における飲食または宿泊、その他国内において直接便益を有するものを除く）
（ⅸ）　非居住者に対する利子を対価とする金銭の貸付け
（ⅹ）　その他

　なお、輸出免税の適用を受けるためには、法令で定める証明書類を7年間保存することによって、当該資産の譲渡等が輸出免税取引に該当するものであることを証明しなければならない（消法7②、消規5①）。

事例

①海外子会社との取引

〔概　要〕

　日本企業A社は、海外子会社B社に対して商品を販売した。なお、商品は日本から出荷している。

　また、B社の経理業務はA社が代行し、役務提供の対価としてB社からA社に報酬が支払われている。

〔判　定〕

　A社のB社に対する商品の輸出販売は、非居住者に対する課税資産の譲渡に該当するため、輸出免税の適用を受ける。

　同様に、非居住者に対して行う経理業務等の役務提供は、原則として国内に

おいて直接便益はないものとして輸出免税となる。

②金銭の貸付け

〔概　要〕
　日本企業Ａ社は、中国子会社Ｂ社に資金を貸し付けており、利息を受け取っている。

〔判　定〕
　非居住者に対する利子を対価とする金銭の貸付けは、輸出免税となる。

→ 免税売上に対応する消費税の仕入税額控除

　消費税の納付税額は、課税期間中の課税売上等に係る消費税額からその課税期間中の課税仕入等に係る消費税額（仕入控除税額）を控除して計算する（消法2、30、消基通11-1-1～3）。この際、仕入控除税額の計算にあたっては、簡易課税制度を採用している場合を除き、免税売上に対応する課税仕入等に係る消費税額は、通常、仕入控除税額に含まれる（消法7、30、消令17、消規5）。そのため、輸出比率の高い企業の場合、仕入控除税額のうち、課税売上等に係る消費税額から控除しきれない部分の金額が生ずることによって、消費税額が還付ポジションになることも多い。

(3) 輸入取引

①輸入取引における課税対象

　輸入取引の課税対象は、保税地域（輸出入手続を行い、外国貨物を貯蔵、加工、製造、展示等をすることができる特定の場所）から引き取られる外国貨物である（消法4②）。当該外国貨物、いわゆる輸入品には、原則として消費税が課される。なお、輸入取引においては、国内取引のような要件はなく、対価の支払いのない場合や、課税事業者でない消費者が輸入する場合であっても、課税の対象となる。

②非課税となる輸入取引

　外国貨物のうち、以下のようなものは非課税とされている（消法別表2）。このような取扱いが定められている趣旨は、資産の譲渡等の国内取引における非

課税取引と同様に取り扱うべきであることによる。

> 有価証券等、郵便切手類、印紙、証紙、物品切手等、身体障害者用物品、教科用図書

③免税となる輸入取引

外国貨物の輸入について関税が免除される一定のものについては、消費税が免除される。詳細については「輸入品に対する内国消費税の徴収等に関する法律」に規定されているため、必要に応じて参照されたい。

(4) 海外取引における現地での付加価値税等

日本企業が国外のサプライヤー等から役務提供を受ける場合、当該取引に対して、付加価値税（Value Added Tax：VAT）や物品サービス税（Goods and Services Tax：GST）等が課される可能性がある。このため、当該取引が現地における付加価値税等の課税対象に該当するかを事前に把握しておくことが重要である。現地で付加価値税等が課される場合、日本で消費税の仕入税額控除の対象とはならないため、当初から取引コストとして見込んでおく必要がある。

一般的に、各国においてVATやGSTは仕向地主義（Destination Principle）が採用されていることが多く、付加価値税等は、製品やサービスを消費する国で課税される仕組みとなっている。国際取引において二重課税を防ぐため、輸出品の課税を免除する一方で輸入品に課税するというのが仕向地主義の基本的な考え方である。

現地サプライヤー等からみると、国外企業への役務提供は、サービスの輸出に該当するため、仕向地主義の考え方からすると現地での付加価値税等の課税は免除される。しかし、現地サプライヤー等からすると、非居住者企業への役務提供の対価から付加価値税等を徴収していないことに起因する現地の税務当局との争いを避けるため、実務上、非居住者企業に対しては一律に付加価値税等の請求を行っているケースも散見される。

3. PE（恒久的施設）

(1) 概　要

　恒久的施設とは、Permanent Establishment（以下、「PE」という）とも呼ばれ、事業を行う一定の場所であって企業がその事業の全部または一部を行っている場所を指す（OECDモデル租税条約5①）。事業所得課税については、「PEなければ課税なし」という考え方が国際的なルールとなっており、PEの有無は、企業が海外で事業を行う際に、その活動から生ずる所得の課税関係を決めるうえで重要な事項である。

　租税条約では通常、日本企業が進出国で稼得する事業所得について、当該進出国が課税することができる条件を「PEを有する場合」に限定している。また、PEを有する場合であっても、課税対象となる事業所得は当該日本企業が得た所得のうち、PEに帰属するものに限ることが一般的である。なお、日本と租税条約を締結していない国においても現地の国内法でPEの範囲が定められていることが多い。

　本節では、日本企業の海外におけるPE課税リスクといった観点から記載しており、いわゆるアウトバウンドを想定している。

(2) PEの範囲

　PEの範囲は、基本的に当事者国の国内法及び当事者国間が締結する租税条約によって決まる。たとえば、日本企業が海外で事業を行う際、当該国が日本と租税条約を締結している場合には租税条約の規定を参照し、締結していない場合には進出国の国内法を参照することとなる。

　日本がアジアを含む外国と締結している租税条約におけるPEの定義は、基本的にOECDモデル租税条約を参照して規定されている。なお、OECDモデル租税条約では、PEの具体的内容を次のように定めている。

■ OECD モデル租税条約における PE の定義

第2項 「恒久的施設」には、特に、a) 事業の管理の場所 b) 支店 c) 事務所 d) 工場 e) 作業場、及び f) 鉱山、石油または天然ガスの抗井、採石場その他天然資源を採取する場所、を含む。

第3項 建設工事現場または建設もしくは据付工事は、12か月を超える期間存続する場合に限り、恒久的施設を構成するものとする。

第5項 企業に代わって行動する者（仲立人、問屋等の独立の地位を有する代理人を除く）が、一方の締約国内において、当該企業の名において契約を締結する権限を有し、かつ、この権限を反復して行使する場合には、当該企業は、そのものが当該企業のために行うすべての活動について、当該一方の国内に恒久的施設を有するものとされる。

〔出所〕OECD モデル租税条約第5条の各項をもとに CaN International 作成

締結国によって、租税条約における PE の定義は異なるため、留意が必要である。たとえば、建設工事現場が PE とみなされる場合における最低期間や、コンサルティング契約や役務提供が PE に含まれるか否か、PE に含まれないもの等が相違することが多い。

(3) PE 認定に係る留意点

国内法もしくは租税条約における PE の規定にかかわらず、実際の課税の執行状況は各国でばらつきがあり、PE 認定の課税リスクがきわめて低い国から、中国、インド等のように積極的に PE 認定を行う国もある。なお、一般的に、新興国では、自国の課税権の拡大を目的に、PE の範囲を拡大解釈する傾向がある。

PE に認定されると、PE に帰属する事業所得が現地で課税対象となるが、このような課税は、それが租税条約に適合するものでない場合、わが国の外国税額控除の適用を受けることができない。相互協議を申請するという方法も考えられるが、結果として税務当局同士の合意が得られず二重課税が排除できない可能性もある。

そのため、現地でのPE認定リスクを把握するとともに、現地税務当局から指摘を受けることによって想定外の課税が発生することがないように事実関係の整理や文書の整備を行っておく必要がある。

(4) 駐在員事務所に対するPE認定

駐在員事務所は、日本企業が現地で今後事業活動を本格的に行うための情報収集等を行う拠点であり、収益を伴う直接的な営業活動は認められていないため、一般的にはPEに該当しない。しかし、駐在員事務所が営業活動を行っていると税務当局から指摘を受け、PE認定されると、現地での課税リスクが生ずる。したがって、現地で売買契約書の締結等を行わないことはもちろんであるが、営業活動を行っていると判断される外観を作らないことも重要である。

なお、中国では、駐在員事務所は従来「原則免税、営業活動があれば課税」とされてきたが、2010年に発出された通達（国税発［2010］18号）によって「原則課税、免税は別途申請」に変更された。その結果、地方自治体や独立行政法人の駐在員事務所までもが原則として課税されることとなり、免税措置を受けるための申請が必要になった。

また、下記事例のとおり、インドでは駐在員事務所に対して積極的にPE認定が行われる傾向がある。

> **事例**
>
> **インド**
> 　駐在員事務所は、現地において営業活動を行っていなかった。しかし、課税当局から、従業員数が多いとの理由から、実質的に営業活動を行っているとみなされ、日本親会社のPEであると認定された。

(5) 海外子会社等に対するPE認定

海外子会社は、稼得した利益が現地の国内法に基づき課税される。一方で、海外子会社が日本法人のPEと認定されることによって、当該子会社とは別に日本法人が現地で課税されるリスクがある。現地の子会社が日本法人のPEと

認定される場合には、下記の2つが考えられる。

(i) 海外子会社が日本親会社の事業を行っているとみなされる場合

日本親会社が、自身の拠点として海外子会社のオフィスの一部を借りて現地で日本親会社の事業を行っている場合、海外子会社のオフィスの一部がPE認定される可能性がある。

(ii) 海外子会社が日本親会社の代理人として活動しているとみなされる場合

海外子会社が日本親会社の代理人としてPE認定される可能性がある。代理人の定義は、各国間で締結している租税条約で異なる点はあるものの、一般的には、海外子会社が日本親会社のために、日本親会社の名において契約を締結する権限を有し、その権限を常習的に行使しているなど、海外子会社が日本親会社に従属しているとみなされる場合である。業務遂行者の日本親会社からの独立性についての判断は各国においてばらつきがあるため、現地専門家に相談することが望ましい。

事例

インド

インド子会社は、日本親会社から独立して業務を行っており、また、特段の業務変更等はなかった。しかし、インド税務当局から、「当該子会社は何のリスク負担もせず、親会社の取次ぎを行っているにすぎない」という指摘を受け、親会社のPEであると認定された。

(6) 役務提供に対するPE認定

現地への出張者や出向者の事業活動が、日本親会社のPEであるとして認定されることもある。

出張者の現地滞在日数や、滞在先、活動内容に留意し、PE認定されないように状況を整理し、また資料を準備しておくことが重要である。

また、現地子会社に出向者を派遣する場合にも、出向者と現地子会社との間で雇用契約を締結するなど、その取引内容を契約書で明確化しておく必要がある。

事例

中　国
①出張者に対するPE認定

　日中租税条約では、中国国内において役務提供を行ったとしても、12か月間に連続または累計で6か月を超えない場合、PE認定されないことが定められている。しかし、6か月基準の定義が曖昧であることから、1か月に1日ずつ滞在し、それが6か月を超えるような場合にまでPE認定された。その結果、PEのみなし利益率に基づいて計算された課税所得に対して企業所得税が、PEに帰属するものとみなされた収入に対して増値税がそれぞれ課税された。

　また、日中租税条約では、出張者の給与が中国におけるPEによって負担されていないことが個人所得税免除の適用要件となっている。PE認定によって、当該PEが出張者の給与を負担しているものとして取り扱われることとなり、日中租税条約の条件を満たさなくなったことから、出張者に対して個人所得税が課された。

②出向者に対するPE認定

　日本親会社は、中国への出向者に対して、日本と中国の給与水準の差額である較差補てん金を日本で支払っていた。中国課税当局は当該状況から、日本本社のPEが中国国内にあると認定した。その結果、PEのみなし利益率に基づいて計算された課税所得に対して企業所得税が、PEに帰属するものとみなされた収入に対して増値税が、それぞれ課税された。

(7) 電子商取引における留意点

　電子商取引（以下、「EC」という）とは、インターネット等のネットワーク上で契約や決済といった商取引を行うことをいう。特に、国境を越えて行われる越境ECでは、従来の商取引と異なり、海外に物理的な営業事務所等を設置することなく、各国の消費者に対して容易に販売活動やサービスの提供を行うことができる。こうした越境ECの特殊性から、従来のPE概念や所得分類の

考え方では対応できない状況が発生している。そのため、本項では越境ECの税務上の取扱いに関してOECDの考え方等も参考にしつつ解説を行う。なお、消費税の取扱いについては2(2)①の〈電気通信利用役務の提供〉を参照されたい。

→ PEについての考え方

前述したとおり「PEなければ課税なし」というのが国際課税のルールであるが、従来のPEの概念ではECに対して適切な課税を行うことが難しい状況が明らかとなってきた。このような状況に対応するため、OECDは、PEの概念をECに適用する際の考え方をコメンタリーに追加した。そのなかで、ECに関しては、サーバーのようなコンピューター機器が置かれている場所で遂行される活動が、企業の全体としての事業活動の本質的または中核的な部分を構成する場合にPEになり得るとしている。具体的には、図表5-5のサーバーの設置場所及び活動内容が双方ともにPEになり得る場合を満たすと、現地でPE認定されることになる。

サーバーを自ら所有または賃借することによって事業運営を自由に行える企業は、ウェブサイトを通じての事業活動が企業全体としての事業活動において本質的または中核的な部分であると判断され得るか否かに留意しつつ、サーバーを通じた事業活動の範囲を明確化しておくことが望まれる。

図表5-5　ECに係るPE判定表

項　目	PEになり得る場合	PEになり得ない場合
事業を行うために利用する企業の自由になる一定の場所	・ウェブサイトを通じて事業を行っている企業が、自己所有またはリースによって自身が自由に使用できるサーバーを有し、ウェブサイトを格納したそのサーバーを運営している場合 ・特定の場所に一定期間以上設置されている場合。なお、職員の存在は必要ない	・ウェブサイトはそれ自体ではPEとならない ・第三者であるインターネット・サービス・プロバイダーのサーバーに置かれたウェブサイトを通じてECを行う場合

活動内容	【本質的または中核的な活動】 ・インターネット・サービス・プロバイダーのように、顧客にサービスを提供するために自己のサーバーを運営している場合 ・EC において、顧客との販売契約の締結、代金決済、配送処理が機器を通じて自動的に実行される場合	【準備的または補助的な活動】 ・ウェブサイトを通じた事業活動が、情報提供や広告など企業の準備的もしくは補助的な活動である場合

➔ 所得の分類についての考え方

　EC に係る所得分類においては、事業所得と著作権の使用または使用の権利の対価である使用料の区別が重要である。なぜなら、事業所得に該当した場合には「PE なければ課税なし」との国際課税上のルールに基づき、原則として費消地における課税は生じないが、使用料であれば現地において源泉税が発生するためである。

　OECD 租税条約コメンタリー 12-5-3-11「デジタル製品の対価」では、所得の分類にあたって、対価の内容が重要であると定められている。たとえば、譲受者が、自ら使用もしくは楽しむために画像、音楽または文書等のデジタル製品を電子データでダウンロードする場合、その対価の支払いは、本質的には、デジタル・シグナルの形態で転送されたデータを取得するための支払いであるとされている。譲受者が許可された範囲でデジタル・シグナルを取り込み、保存するために著作権を使用することは、この取引において付随的部分である。そのため、OECD の考え方に基づけば、このようなデジタル製品の対価は、使用料ではなく事業所得または譲渡所得に該当することとなる。ただし、対価の本質的な部分がデジタル製品の著作権を使用する権利を取得するものである場合には、使用料に該当することになる。

　なお、BEPS プロジェクト最終報告の行動計画 1「電子経済の課税上の課題への対処」では、電子経済の発達により国内に物理的施設を設けずに事業活動が行われるといった、税源浸食と利益移転を超えるより幅広い課税上の課題について、従来の PE 概念に代わる概念の導入等の複数のオプションが検討されたが、現在の電子経済の状況を前提にすれば、他の行動計画の勧告内容を実施することにより部分的に対応可能であることもあり、国際課税原則の大幅な見

直しは現時点で不要とされた（内閣府「第24回 税制調査会（2015年10月23日）資料一覧 BEPSプロジェクトについて（詳細）」）。

4．外国税額控除

(1) 制度概要

　日本法人が稼得した所得は、全世界所得に対して日本で課税される。海外での事業活動の結果、進出国で課税対象となる所得が日本法人に生じた場合、同一の所得に対して日本と進出国で二重に課税されることになる。たとえば、日本親会社が海外子会社からロイヤルティ等を受領する場合、一般に当該ロイヤルティは現地国において源泉徴収の方法により課税されることが多く、日本親会社においても当該収益は課税所得を構成する。

　このような国際的二重課税を排除する方法としては、以下の(ⅰ)外国税額控除方式と(ⅱ)国外所得免除方式の2種類がある。それぞれの計算例は、**図表5－6**を参照されたい。

> （ⅰ）外国税額控除方式
> 　日本及び外国の双方で二重に所得税が課税される場合に、外国で納付した外国税額を一定の範囲で日本の所得税の額から控除する方法である。
> （ⅱ）国外所得免除方式
> 　国外で稼得し現地で課税された所得を、居住地国において課税対象としないことによって二重課税を回避する方法である。

　日本では基本的に、外国税額控除方式を採用しており、外国子会社からの配当金等、一部の所得においてのみ、国外所得免除方式を採用している（外国子会社配当益金不算入制度については、5参照）。外国税額控除方式によって二重課税が排除されることとなるが、本制度の適用によっても、国際的二重課税を完全に排除することが困難な場合がある点には留意が必要である（(4)④〈外国税額控除限度額の計算〉参照）。

図表5-6 外国税額控除方式と国外所得免除方式

(ⅰ) 外国税額控除方式
X国で納付した税金20を日本の税額から控除

X国		
X国支店の所得	100	
合計	100	
税率	20 %	
税額	20	

日本	
日本本社の所得	200
X国支店の所得	100
合計	300
税率	30 %
税額	90
外国税額控除	△20
納付税額	70

● X国及び日本での合計納付税額は90(20+70)となる

(ⅱ) 国外所得免除方式
X国支店の所得について日本で課税しない

X国		
X国支店の所得	100	
合計	100	
税率	20 %	
税額	20	

日本	
日本本社の所得	200
X国支店の所得	100
X国支店の所得免除	△100
合計	200
税率	30 %
税額	60
納付税額	60

● X国及び日本での合計納付税額は80(20+60)となる

(2) 外国税額控除方式の適用判断

外国税額控除方式の適用の要否は法人が選択する。適用しない場合、外国法人税を日本法人の課税所得の計算において損金処理する(以下、この方式を「損金算入方式」という)ことになるが、一般的には損金算入方式より外国税額控除方式を適用するほうが、国内での納付税額が少なくなるため有利になる(図表5-7参照)。

図表5-7 外国税額控除方式と損金算入方式の比較

〔前提条件〕全世界所得金額:300、日本の税率:30%、国外所得金額:100、外国法人税額:20
また、外国法人税額はその全額が日本の法人税額から控除できるものとする

項目	外国税額控除方式	損金算入方式	差額
外国法人税額	20	20	—

| 日本での法人税等の納付額 | 70(= 300 × 30% − 20) | 84(=(300 − 20) × 30%) | 14 |
| 納付税額合計 | 90(= 20 + 70) | 104(= 20 + 84) | 14 |

(注) 外国税額控除方式は、外国法人税額の全額が日本の法人税額から控除できる場合、外国法人税額×(1 −日本の実効税率)の分だけ、損金算入方式と比較して納付税額の合計が少なくなる(本ケースでは 20 ×(1 − 0.3)= 14)

　一方、損金算入方式が有利となるケースは、日本法人全体の赤字が数年にわたって続き日本で納税額が発生しないと予測される場合等である。外国税額控除方式では、外国法人税額の控除余裕額等を将来3年間にわたって繰り越すことができるが(後記(4)⑤参照)、損金算入方式によって当該損失を繰越欠損金とした場合、将来9年間(2018年4月1日以後に開始する事業年度においては10年間)にわたって繰り越すことが可能である。

　なお、外国税額控除方式を適用する際には、同一事業年度の外国税額についてはその処理方式を統一する必要があることに加え、過去に外国税額控除方式を選択していた法人が損金算入方式を選択した場合、過去に発生した控除余裕額または控除限度超過額のすべてが切り捨てられることに留意されたい(法令144②、145②)。したがって、どちらの方式を採用するかについては、控除余裕額等の3年間の繰越期間も考慮しながら、将来の所得金額予測を踏まえた検討が必要になる。

(3)国外源泉所得の概要

　現地法人が日本の法人等に支払う利子や配当、使用料等といった日本法人にとって国外源泉所得に該当するものについては、現地国で源泉徴収対象となることが一般的である。

①内国法人の国外源泉所得

　法法第69条第1項では、内国法人に係る外国税額控除の対象は「国外源泉所得」に該当するものであることが定められている。**図表5-8**に国外源泉所得の種類を記載したが、これらは進出国において国内源泉所得として現地で課税されることが一般的である。なお、源泉税率については現地国の国内法及び双方国の間で締結されている租税条約の定めによることとなる。

図表5-8　国外源泉所得の種類

1	内国法人が国外事業所等を通じて事業を行う場合において、当該国外事業所等が当該内国法人から独立して事業を行う事業者であるとしたならば、当該国外事業所等が果たす機能、当該国外事業所等において使用する資産、当該国外事業所等と当該内国法人の本店等との間の内部取引、その他の状況を勘案して、当該国外事業所等に帰せられるべき所得（国外事業所等帰属所得）
2	国外にある資産の運用または保有により生ずる所得
3	国外にある資産の譲渡により生ずる所得として政令で定めるもの
4	国外において人的役務の提供を主たる内容とする事業で、政令に定めるものを行う法人が受ける当該人的役務の提供に係る対価
5	国外にある不動産、国外にある不動産の上に存する権利もしくは国外における採石権の貸付け（地上権または採石権の設定その他他人に不動産、不動産の上に存する権利または採石権を使用させる一切の行為を含む）、国外における租鉱権の設定または所得税法第2条第1項第5号（定義）に規定する非居住者もしくは外国法人に対する船舶もしくは航空機の貸付けによる対価
6	所得税法第23条第1項（利子所得）に規定する利子等及びこれに相当するもののうち次に掲げるもの イ　外国の国債もしくは地方債または外国法人の発行する債券の利子 ロ　国外にある営業所、事務所その他これらに準ずるもの（以下、「営業所」という）に預け入れられた預貯金の利子 ハ　国外にある営業所に信託された合同運用信託もしくはこれに相当する信託、公社債投資信託または公募公社債等運用投資信託もしくはこれに相当する信託の収益の分配
7	所得税法第24条第1項（配当所得）に規定する配当等及びこれに相当するもののうち次に掲げるもの イ　外国法人から受ける所得税法第24条第1項に規定する剰余金の配当、利益の配当もしくは剰余金の分配または同項に規定する金銭の分配もしくは基金利息に相当するもの ロ　国外にある営業所に信託された所得税法第2条第1項第12号の2に規定する投資信託（ただし、一定の信託は除く）または特定受益証券発行信託等の収益の分配
8	国外において業務を行う者に対する貸付金で当該業務に係るものの利子
9	国外において業務を行う者から受ける次に掲げる使用料または対価で当該業務に係るもの イ　工業所有権その他の技術に関する権利、特別の技術による生産方式もしくはこれらに準ずるものの使用料またはその譲渡による対価 ロ　著作権（出版権及び著作隣接権その他これに準ずるものを含む）の使用料またはその譲渡による対価 ハ　機械、装置その他政令で定める用具の使用料
10	国外において行う事業の広告宣伝のための賞金として政令で定めるもの
11	国外にある営業所または国外において契約の締結の代理をする者を通じて締結した保険業法第2条第6項（定義）に規定する外国保険業者の締結する保険契約その他の年金に係る契約で政令で定めるものに基づいて受ける年金（年金の支払いの開始の日以後に当該年金に係る契約に基づき分配を受ける剰余金または割戻しを受ける割戻金及び当該契約に基づき年金に代えて支給される一時金を含む）
	次に掲げる給付補てん金、利息、利益または差益

12	イ 所得税法第174条第3号（内国法人に係る所得税の課税標準）に掲げる給付補てん金のうち国外にある営業所が受け入れた定期積金に係るもの ロ 所得税法第174条第4号に掲げる給付補てん金に相当するもののうち国外にある営業所が受け入れた同号に規定する掛金に相当するものに係るもの ハ 所得税法第174条第5号に掲げる利息に相当するもののうち国外にある営業所を通じて締結された同号に規定する契約に相当するものに係るもの ニ 所得税法第174条第6号に掲げる利益のうち国外にある営業所を通じて締結された同号に規定する契約に係るもの ホ 所得税法第174条第7号に掲げる差益のうち国外にある営業所が受け入れた預貯金に係るもの ヘ 所得税法第174条第8号に掲げる差益に相当するもののうち国外にある営業所または国外において契約の締結の代理をする者を通じて締結された同号に規定する契約に相当するものに係るもの
13	国外において事業を行う者に対する出資につき、匿名組合契約等に基づいて受ける利益の分配
14	国内及び国外にわたって船舶または航空機による運送の事業を行うことにより生ずる所得のうち国外において行う業務につき生ずべき所得として政令で定めるもの
15	第139条第1項に規定する租税条約の規定により当該租税条約のわが国以外の締約国または締約者において租税を課すことができることとされる所得のうち政令で定めるもの
16	前各号に掲げるもののほかその源泉が国外にある所得として政令で定めるもの

〔出所〕法法第69条第4項をもとにCaN International作成

②ロイヤルティ（使用料）に係る留意点

→ 無形資産を貸与する場合

　無形資産を有する法人が、無形資産を他の法人に使用させる場合、当該法人から使用料を収受する必要がある。無形資産の使用許諾が国境を跨いで行われる場合、使用料を支払う法人の所在地国によっては、一定の源泉所得税が課されることがある。

　図表5-9では、無形資産の保有地国としてよく利用される香港、シンガポール、タイ、マレーシア、ベトナム及びインドネシアに所在する法人に対し、アジア諸国に所在する関連会社が使用料を支払う際の支払地国における源泉所得税の取扱いを記載し、無形資産保有地国における取扱い（法人税率、二重課税の排除方法）についても併せて記載した。いずれの国においても、国内法に定められる税率と租税条約に定められる税率が異なる場合、いずれか低いほうの税率を適用することとしているため、低いほうの税率を記載している。

　なお、現地の実務において税務当局や現地会計事務所の方針や運用によっては租税条約に定める運用がなされていない場合があるため、留意されたい。

図表 5−9 使用料に係る各国源泉税率及び無形資産保有地国での課税関係（単位：％）

使用料を支払う法人の所在地国における源泉所得税率

無形資産 保有地国	香港	シンガポール	タイ	マレーシア	ベトナム	インドネシア	日本	フィリピン	インド	中国	台湾	現地法 人税率	二重課税 排除方法
香港	−	10	5/10/15*3	8	7/10*6	5	5	30	10	5/7*13	20	16.5	国外所得免除
シンガポール	4.95	−	5/8/10*4	8	5/15*7	15	10	15/25*8	10	10*14	15	17	外国税額控除
タイ	4.95	5/8/10*1	−	0/10*5	10	15	15	15/25*9	10	10	10	20	外国税額控除
マレーシア	4.95	8	15	−	10	10	10	15/25*10	10	10	10	24	国外所得免除
ベトナム	4.95	5/15*2	15	10	−	15	15	15	10	10	15	20	外国税額控除
インドネシア	4.95	10	15	10	10	−	−	15/25*11	10	10	10	25	外国税額控除
日本	4.95	10	15	10	10	10	−	10/15*12	10	10	10	29.97/ 29.74*15	外国税額控除

* 1 文学上、美術上もしくは学術上の著作物（映画フィルム及びラジオ放送用またはテレビジョン放送用のフィルムまたはテープを含む）の著作権の使用もしくは使用の権利または使用上の対価に関する使用料に対しては 5％、特許権、意匠、商標権、模型、図面、秘密方式もしくは秘密工程の使用もしくは使用の権利または産業上、商業上、学術上の設備の使用もしくは使用の権利から生ずる使用料に対しては 8％、その他の使用料に対しては 10％
* 2 特許権、意匠、商標権、模型、図面、秘密方式もしくは秘密工程の使用もしくは使用の権利に対しては 5％、その他の使用料に対しては 15％
* 3 文学上、美術上もしくは学術上の著作物の使用もしくは使用の権利から生ずる使用料に対しては 5％、特許権、意匠、模型、図面、秘密方式もしくは秘密工程の使用もしくは使用の権利または経験に関する情報の対価としてもしくは使用の権利の対価としての使用料に対しては 10％、その他の使用料に対しては 15％
* 4 文学上、美術上もしくは学術上の著作物（映画フィルム及びラジオ放送用またはテレビジョン放送用のフィルムまたはテープを含む）の著作権の使用もしくは使用の権利から生ずる使用料に対しては 5％、特許権、意匠、模型、図面、秘密方式もしくは秘密工程の使用もしくは使用の権利または産業上、商業上、学術上の設備の使用もしくは使用の権利から生ずる使用料に対しては 8％、その他の使用料に対しては 10％
* 5 製造業等の一定の事業からのロイヤリティは免税、その他の使用料に対しては 10％
* 6 特許権、意匠、商標権、模型、図面、秘密方式もしくは秘密工程の使用もしくは使用の権利に対しては 7％、その他の使用料に対しては 10％
* 7 特許権、意匠、商標権、模型、図面、秘密方式もしくは秘密工程の使用もしくは使用の権利または産業上、商業上、学術上の設備の使用もしくは使用の権利または経験に関する情報の対価としての使用料に対しては 15％、その他の使用料に対しては 5％
* 8・*9・*10・*11 フィリピン BOI に登録され、一定分野の活動に従事する事業からのロイヤリティに対しては 15％、その他の使用料に対しては 25％
* 12 映画フィルムの使用権利及びテレビジョン放送用またはテープ放送用のフィルムまたはテープの使用または経験に関する情報の対価としては 15％、その他の使用料に対しては 10％
* 13 航空機リースに係るものに対しては 5％、その他の使用料に対しては 7％
* 14 権利の利用に係るものについては、使用料総額の 60％に対し課税
* 15 2016 年 4 月 1 日以降は 29.97％、2018 年 4 月 1 日以降は 29.74％

→ 無形資産を日本から移転（譲渡）する場合

日本との租税条約において、無形資産の譲渡対価を使用料として取り扱う条項を定めている国がある。これらの国の国内法及び日本との租税条約において使用料に課税する旨が定められている場合、日本から当該国に無形資産を譲渡した際の譲渡対価に源泉所得税が課される。

たとえば、シンガポール、タイ、マレーシア、ベトナムについては、それぞれ日本との租税条約において、著作権、特許権、秘密方式、秘密工程等の無形資産の譲渡対価を使用料に含めることとされており、これらの国の国内法及び日本との租税条約では使用料に課税する旨が定められているため、源泉所得税が課されることになる。

一方、香港及びインドネシアについては、いずれも日本との租税条約に、無形資産の譲渡対価を使用料に含める条項がなく、かつ、無形資産の譲渡所得については譲渡者の居住地国のみで課税することとしているため、香港及びインドネシアでの課税は生じない。

(4) 外国税額控除額の計算

外国税額控除は、国際的二重課税を回避するための制度であるが、外国において課税される外国法人税をそのまま全額控除できるわけではなく、その計算にあたっては一定の方法が定められている（**図表5-10参照**）。

本項では外国税額控除額を計算するうえで、特に重要である点に絞って概要を解説する。実際の計算にあたっては、税制に細かい定めもあるため、条文等を確認しつつ、必要に応じて専門家のアドバイスを得ながら申告実務を進めることをおすすめする。

図表5-10 外国税額控除額の算定フロー

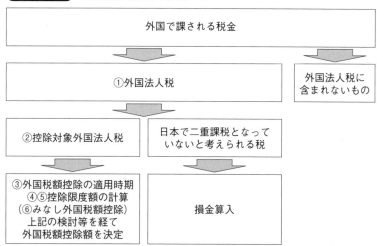

＊図中における番号は、本項における見出しと対応している。

①外国法人税の特定

本制度の対象となる外国法人税とは、外国の法令により課される法人税に該当する税（法法69①）であるため、この範囲を把握することが重要である。

外国法人税の範囲は図表5-11のとおりである。

図表5-11 外国法人税の範囲

種　類	具体例
外国の法令に基づき、外国またはその地方公共団体により法人の所得を課税標準として課される税	日本の法人税に相当する税等
超過利潤税その他法人の所得の特定の部分を課税標準として課される税	米国の留保利益税（Accumulated earnings tax）等
法人の所得またはその特定の部分を課税標準として課される税の附加税	米国の代替ミニマム税（Alternative minimum tax）等
法人の所得を課税標準として課される税と同一の税目に属する税で、法人の特定の所得につき、徴税上の便宜のため、所得に代えて収入金額その他これに準ずるものを課税標準として課されるもの	利子、配当、使用料等の源泉所得税等
法人の特定の所得につき、所得を課税標準とする税に代え、法人の収入金額その他これに準ずるものを課税標準として課される税	東南アジア諸国の農産物税、石油会社税等

〔出所〕法令第141条第1項、第2項をもとにCaN International作成

一方、以下の税は外国法人税に含まれないとされる。これらは主に、実質的な税負担がないものや、日本では課税対象とならないものである。

■外国法人税に含まれないもの
（ⅰ）納税者が、税の納付後、任意にその金額の全部または一部の還付を請求することができる税
（ⅱ）納税猶予期間を、納税者が任意に定めることができる税
（ⅲ）複数の税率のなかから納税者と海外の税務当局等との合意により税率が決定された税（当該複数の税率のうち最も低い税率を上回る部分に限る）
（ⅳ）外国法人税の附帯税その他これに類する税

〔出所〕法令第141条第3項をもとに CaN International 作成

②控除対象外国法人税の額の特定

①に該当する外国法人税であっても、日本で二重課税となっていない場合には外国税額控除の対象とはならない。①の外国法人税から、次に記載した外国法人税を除いたものが外国税額控除の対象である「控除対象外国法人税の額」となる。

■控除対象外国法人税から除かれるもの
（ⅰ）所得に対する負担が高率な部分の金額
　　外国法人税額のうち、その課税所得の35％を超える金額（金融業等には特例あり）
（ⅱ）通常行われる取引と認められない取引に起因して生じた所得に対して課された外国法人税の額
　　日本法人が金銭の借入れをしている法人と特殊関係（同一の株主に支配されている関係等）にある法人に対して、当該借入額から貸付けをする取引（当該貸付けに係る利率等の条件が、借入れに係る利率等の条件と比較して特に有利な条件であると認められる場合に限る）に起因して生じた所得に対して課された外国法人税等の額等
（ⅲ）内国法人の法人税に関する法令の規定により法人税が課されないことと

なる金額を課税標準として課される外国法人税の額

　みなし配当に係る外国法人税の額や外国子会社配当益金不算入制度の対象となる配当に係る外国源泉税、日本の法人税法では課税対象とされない課税標準に対して課された外国法人税の額等

(ⅳ) その他政令で定める外国法人税の額

　外国子会社合算税制の対象となる特定外国子会社等から受ける剰余金の配当（外国子会社配当益金不算入制度の適用を受けるもの）に課された外国法人税の額等

〔出所〕法法第69条第1項、法令第142条の2第1項・第5項・第7項・第8項をもとにCaN International作成

③外国税額控除の適用時期の確認

　源泉税は利子、配当、使用料等の支払時に徴収され、海外支店は進出国の税制に基づいて稼得した所得に対する税金を納付することになる。この場合、日本法人において税額控除を受ける時期は以下のとおりである。

　原則として、源泉による外国法人税の場合には日本法人が対価を受領した時、申告による外国法人税の場合には税額が確定した時に税額控除を受けることになる。支店の場合、税額が確定する時とは、申告納税方式（納税者が自ら税額を計算し申告した時に税額が確定する制度）では申告時、賦課課税方式（所得申告は納税者が行うものの、納税額は申告をもとに税務当局が決定し、納税者に通知する制度）では賦課決定の通知のあった日にそれぞれ確定することになる。その結果、通常、会計上で税金費用として見積り計上を行う時期と税額控除の適用時期は必ずしも一致しないこととなる。

　ただし、合理的な基準として認められる場合には、継続適用を要件として費用計上日の属する事業年度に税額控除を受けることもできる（法基通16-3-5）。

④外国税額控除限度額の計算

　当該事業年度の所得に対する法人税額から控除できる外国税額控除額は、「控除限度額」を限度としている（法法69①）。控除限度額は以下の計算式で求める（法令142①）。

$$\text{控除限度額} = \text{内国法人の各事業年度の所得に対する法人税の額}\overset{(A)}{} \times \frac{\text{(C) 当該事業年度の調整国外所得金額}}{\text{(B) 当該事業年度の全世界所得金額}}$$

以下に、計算式の3つの要素について、それぞれの算出方法を説明する。

(A) 内国法人の各事業年度の所得に対する法人税の額

控除限度額の計算で使用される日本法人が納税する法人税額は、特定の規定を適用しないで計算した場合の法人税額で、附帯税の額を除いたものである（法令142①）。ここでいう特定の規定には、特定同族会社の特別税率及び各種税額控除（法法67〜70）等が含まれる。

(B) 当該事業年度の全世界所得金額

控除限度額の計算で使用される当該事業年度の日本法人の全世界所得の額は、特定の規定を適用しないで計算した場合の当該事業年度の所得である（法令142②）。ここでいう特定の規定には、青色申告書を提出した事業年度の欠損金の繰越し（法法57）、青色申告書を提出しなかった事業年度の災害による損失金の繰越し（法法58）等が含まれる。

(C) 当該事業年度の調整国外所得金額

調整国外所得金額とは、国外所得金額から非課税国外所得金額（国外所得金額のうち外国法人税が課されない国外源泉所得に係る所得金額）を控除した金額である（法令142③）。ただし、全世界所得の90％以内と定められている。

$$\boxed{\text{調整国外所得金額 ＝ 国外所得金額 － 非課税国外所得金額}}$$

ここでいう国外所得金額とは、内国法人の各事業年度の国外源泉所得（図表5-8参照）に係る所得の金額の合計額（ただし合計額がマイナスの場合はゼロとする）であるとされている（法法69①、法令141の2）。

具体的な調整国外所得金額の計算過程は、次のとおりである。国外源泉所得から、その国外事業所等に係る直接利子及び共通利子の配賦分、販売費及び一般管理費等の費用のうち国外事業のみに係る直接費用及び共通費用の配賦分を

除外する。その他必要な加算（交際費等の損金不算入額等）及び減算を行い、国外所得金額を算出し、外国法人税が課されない国外源泉所得金額（非課税国外所得金額）を控除して、調整国外所得金額を算出する。

非課税国外所得金額には、現地国や租税条約の規定において課税されていない配当・利子・使用料等がある。ただし、租税条約にみなし外国税額控除制度が規定されている場合（後記⑥参照）は、非課税国外源泉所得には含まれない。

なお、平成26年度税制改正により、国外所得金額の計算における国外事業所等帰属所得が定義されたことで（図表5-8の1参照）、本店等との間の内部取引の認識など追加の調整が必要となることに留意されたい。

→ 地方税について

法人税の外国税額控除の計算において、控除対象外国法人税の全額を控除できなかった場合、地方税である道府県民税や市町村民税からも控除が可能である。

控除限度額は、法人税の控除限度額×標準税率（都道府県は3.2％、市町村は9.7％）によって算出される。ただし、標準税率を超える税率が適用される法人の場合には、いずれも超過税率に基づき計算する。

なお、地方税のうち事業税については、そもそも事業税の課税標準に国外事業所等の国外所得は含まれていないため、外国税額控除の対象とならない。

⑤繰越控除制度

③に記載のとおり、外国税額控除は、海外支店の場合は原則としてその外国法人税等が確定した日の属する事業年度において、その年分の法人税等から一定額を差し引くものであるが、国外所得が生じた年度と外国法人税等が確定した年度が一致するとは限らない。このような不一致を調整するため、控除対象外国法人税の額と、その年度の外国税額控除限度額との差額のうち一定額を繰り越すことが可能である。

控除対象外国法人税の額が外国税額控除限度額を下回る場合の余裕額（以下、「控除余裕額」という）、控除対象外国法人税の額が外国税額控除限度額を上回る場合の超過額（以下、「控除限度超過額」という）は、それぞれ3年間にわたって繰り越すことができる。事業年度において控除限度超過額が発生した

場合、前3年内事業年度に発生した控除余裕額を充当することができ、控除余裕額が発生した場合には、前3年内事業年度に発生した控除限度超過額を充当することができる(法法69②③)。

ただし、(2)で前述したとおり、過去に外国税額控除方式を選択していた法人が、損金算入方式を採用した場合、過年度に発生して繰り越してきた控除余裕額及び控除限度超過額のすべてが切り捨てられる(法令144②、145②)。

➡ 地方税について

④に記載のとおり、地方税のうち道府県民税・市町村民税についても外国税額控除の適用が可能であるが、控除余裕額に関しても法人税と同様に3年間にわたって繰り越すことができる。

⑥ みなし外国税額控除制度

みなし外国税額控除制度(Tax Sparing Credit)とは、日本と現地国で結ばれる租税条約において、現地国で軽減・免除された税額がある場合に、その所得源泉地国で減免された税金について本来の課税がなされたとみなして、日本において外国税額控除を認めるという制度である。

新興国等が外資系企業の自国への投資を促進するために外資系企業の法人所得税等が現地において軽減・免除されていることがある。本制度は、当該軽減・免除された部分に対して日本で課税されると、現地国の法人所得税等の優遇措置の効果を得ることができなくなってしまうことへの対応策として定められたものである。

本制度は租税条約において定められるものであるため、進出国と日本の間の租税条約において、みなし外国税額控除の取扱いが定められていなければ適用できない。現在、日本が締結している租税条約において、みなし外国税額控除が認められている国は、スリランカ、中国、タイ、バングラデシュ、フィリピン(2018年まで)、ブラジル、ザンビアである。

なお、みなし外国税額控除制度に関しては、租税条約が改定されるたびに、廃止または縮小される傾向にあるため、適用可能かどうかについては、最新の租税条約や現地法令を確認する必要がある。

(5) 必要書類

外国税額控除の適用を受ける場合には、申告書への記載に加え、外国税額控除の計算に関する明細書等を添付し、外国法人税の納税を証明する一定の書類を保存する。

また、平成26年度税制改正において、外国税額控除の適用を受ける場合、内国法人は、国外事業所等帰属外部取引（図表5-8の1参照）についてはその内容に係る書類（法法69⑱、法規30の2）を、また、本店等と国外事業所等との間の内部取引に関してはその内容に係る書類（法法69⑲、法規30の3）を作成することが義務づけられ、税務当局から要求があった場合には遅滞なく提示または提出しなければならなくなった（法規22の10の3⑤）。

5. 外国子会社配当益金不算入制度

(1) 制度概要

外国子会社配当益金不算入制度は、平成21年度税制改正において導入された制度であり、日本親会社が外国子会社から受け取る配当について、その配当額の95％が益金に算入されないことを規定している（法法23の2①、法令22の4②）。

本制度の導入前は、外国子会社からの配当は他の国外源泉所得と同様に、内国法人の課税所得として課税したうえで、外国で課された源泉徴収税額等を外国税額控除の対象として、日本の法人税額から控除していた。そのため改正前の課税方式では、外国子会社から配当による資金還流を行うと、諸外国と比較し一般に高税率である日本の法人税が課されるため、外国子会社を有する日本企業は、外国子会社が稼得した利益を海外で留保する傾向が強かった。

こうした海外子会社からの配当による資金還流に係る税制上の障害を取り除き、海外市場で獲得した利益を機動的に日本親会社に還流し、有効活用できるようにするため、本制度は導入された。

(2) 外国子会社の範囲

外国子会社配当益金不算入制度は外国子会社からの配当を対象としている。ここでいう「外国子会社」とは、次に示す①または②のいずれかが25％以上、かつ、その状態が配当等の支払義務が確定する日以前6か月以上継続している外国法人をいう（法法23の2①、法令22の4①）。

> ①外国法人の発行済株式等（自己株式を除く）の総数のうち、内国法人が保有している株式等の数の占める割合
> ②外国法人の発行済株式等で議決権のあるもののうち、内国法人が保有している議決権のある株式等の数の占める割合

ただし、保有割合及び保有期間の判定にあたって、次の場合には特例が定められている。

> **■保有割合及び保有期間の特例**
> （ⅰ）新設法人の場合
> 　　内国法人が新設法人の場合、外国子会社の設立後6か月以内に行われる配当についても、設立の日から支払義務確定の日まで継続して保有していれば、保有期間の要件を満たすことになる（法令22の4①）。
> （ⅱ）適格組織再編を行った場合
> 　　内国法人が適格合併等の適格組織再編により、被合併法人等が保有する外国法人の25％以上の株式等の移転を受けたときは、その被合併法人等が所有していた期間を含めてその内国法人の所有期間を計算する（法令22の4⑥）。
> （ⅲ）租税条約に別途の取扱いが定められている場合
> 　　日本と外国子会社が所在している現地国との間で租税条約が締結されており、当該租税条約で海外子会社の株式の保有要件が25％未満とする旨が定められている場合がある。たとえば、アメリカ、オーストラリア、ブラジル等の一部の国が該当する。
> （ⅳ）内国法人が連結納税制度を採用している場合

内国法人との間に連結完全支配関係がある連結法人が保有する外国子会社の株式等も含めて保有割合を判定することとなる（法令22の4①一・二）。

なお、要件を満たさない会社からの配当は、他の所得と同様に日本親会社の課税所得に算入され、二重課税を排除するためには、現地で配当に課された源泉税について外国税額控除の適用を受ける必要がある。

(3) 配当の範囲

外国子会社配当益金不算入制度の適用対象となる配当等の額は、株式または出資に係る剰余金の配当や持分会社における利益の配当、相互会社における剰余金の分配等が含まれる（法法23①一、23の2①）。ここでいう剰余金の配当等の額には、いわゆるみなし配当の額も含まれる。

みなし配当とは、法人の株主である内国法人が合併、分割型分割、資本の払戻し、自己の株式または出資の取得等の一定の事由により、金銭その他の資産の交付を受けた場合に、その金銭の額及び金銭以外の資産の価額の合計額がその法人の資本金等の額等のうちその交付の基因となったその法人の株式等に対応する部分の金額を超えるときのその超える部分の金額をいう（法法24①）。

(4) 外国源泉税の取扱い

外国子会社配当益金不算入制度の適用を受けた場合において、外国子会社からの配当に対して現地で課された源泉税の額は、日本親会社の課税所得の計算上、損金の額に算入されない（法法39の2）。また、外国税額控除の対象にもならないことに留意する必要がある（法令142の2⑦三）。

(5) 益金不算入額
①計算方法

外国子会社配当益金不算入制度では、前述したとおり、外国子会社からの配当のうち、95％は益金不算入として課税所得に含まれないが、5％部分は益金

に算入され、課税対象となる。図表5-12に計算例を記載した。日本の法人実効税率を30％と仮定した場合、配当の額に1.5％（5％×30％）を乗じた金額が日本親会社で負担する税務コストとなる。計算例では800×1.5％の12が当該数値となる。

また、外国子会社が日本親会社に配当を送金する際に現地で源泉税が課されることが多いが、(4)で前述したとおり、当該源泉税は、日本親会社において損金の額に算入されず、外国税額控除の対象にもならない。そのため、日本親会社では現地で源泉徴収された外国源泉税分だけ手取額が減少することになる。その結果、配当額から税務コスト総額である配当額×（現地配当源泉税率＋1.5％）を差し引いた金額が日本親会社で使用できる資金となる。同様に図表5-11の計算例において、外国子会社からの配当に係る日本親会社の税務コストの合計は800×（10％＋1.5％）＝（80＋12）の92となり、実質の手取額は800－92の708となる。

図表5-12 外国子会社配当益金不算入制度による税額計算イメージ

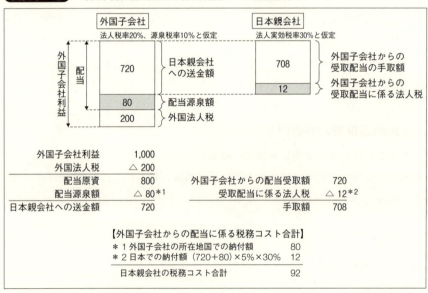

②平成27年度税制改正の内容

外国子会社配当益金不算入制度は、BEPS 行動計画 2「ハイブリッド・ミスマッチ取極めの効果の無効化」の勧告を踏まえ、国際的二重非課税に対処するため、平成 27 度税制改正において一部改正された。

本改正によって、外国子会社の支払う配当等が、その外国子会社の現地における課税所得の計算上、損金の額に算入されている場合には、その配当等の額は本制度の適用対象外とされた（法法 23 の 2 ②一）。たとえば、オーストラリアにおける償還優先株式に係る配当や、ブラジルでの利子配当等が該当する。

本改正の結果、外国子会社において損金算入された配当が、受取側である日本親会社で益金不算入の対象となる結果、国際的な二重非課税が生ずるという問題点が解消されることとなった。

本改正は 2016 年 4 月 1 日以後に開始する事業年度において日本親会社が外国子会社から受ける配当等の額について適用される（改正法附則 24 ①）。ただし、2016 年 4 月 1 日において有する外国子会社の株式に係る配当を、2016 年 4 月 1 日から 2018 年 3 月 31 日までの間に開始する各事業年度において受ける場合には、従前どおりに益金不算入の対象となる経過措置が設けられている（改正法附則 24 ②）。

(6) 必要書類

外国子会社配当益金不算入制度の適用を受けるためには、確定申告書に益金不算入となる配当等の額及びその計算に関する明細を記載した書類を添付したうえ、図表 5－13 の書類を保存する必要がある。

図表5-13　外国子会社配当益金不算入制度の適用要件に係る必要保存書類

必要書類	内容	具体的な書類
外国子会社に該当することを証明する書類	内国法人の持株割合が25％以上であること及び保有期間が6か月以上であることを証明する書類	配当通知書、資本の払込みを証明する書類
外国子会社の決算書	外国子会社の益金不算入とされる剰余金の配当等の額に係る事業年度の決算書	貸借対照表、損益計算書及び株主資本等変動計算書その他これらに類する書類
外国源泉税がある場合、それを証明する書類	外国源泉税が課された申告書の写しや納付済みである場合には納付を証明する書類	源泉徴収票、納付書、賦課決定通知書等

〔出所〕法法第23条の2第5項、法規第8条の5をもとにCaN International作成

(7) 会計上の留意点

　海外子会社へ投資を行った時点では、日本親会社における投資の連結貸借対照表上の価額（子会社資本の親会社持分額と資産の部に計上されたのれんとの合計額）は、付随費用の額を除き、個別貸借対照表上の簿価と一致しており、付随費用に係る部分以外については、子会社への投資に係る一時差異は存在しない。

　しかし、投資後に発生した海外子会社の留保利益は、海外子会社への投資の連結貸借対照表上の価額と日本親会社の個別貸借対照表上の簿価との間に差異をもたらし、その結果、投資に係る一時差異が発生する（連結財務諸表における税効果会計に関する実務指針（以下、「連結税効果実務指針」という）53項）。

　当該一時差異は、会計上の将来加算一時差異に該当し、当該海外子会社株式の売却や海外子会社からの配当が見込まれる場合には、繰延税金負債を計上する（連結税効果実務指針34項）。

　ただし、日本親会社が当該子会社の利益を配当しない方針をとっている場合や、子会社の利益を配当しないという他の株主等との合意がある場合等、配当に係る課税関係が生じない可能性が高い場合、繰延税金負債として計上する必要はない（連結税効果実務指針35項）。

　配当送金に対する追加見積税金額は、税務上益金不算入として取り扱われない部分（配当の額の5％）に親会社における実効税率を乗じた金額と海外子会社が配当等を行う際に現地で課される源泉税等の額を合算したものである。具

体的なイメージは**図表5-14**に記載したとおり、日本の実効税率を30％、外国子会社の源泉税率を10％とした場合、11.5％（5％×30％＋配当源泉税率10％）が配当に関する追加税負担率と計算されるため、海外子会社の留保利益から確実に配当しないと見込まれる金額を除いた金額を子会社の決算日レートで換算し、追加税負担率を乗じて繰延税金負債を計算する。

図表5-14　海外子会社留保利益に対する税効果

〔前提条件〕
・日本親会社は海外子会社の株式を100％保有
・外国子会社配当益金不算入制度が適用される外国子会社に該当
・海外子会社留保利益：$10、配当源泉税率：10％、子会社決算日の為替レート：100円/$
・日本親会社の法人実効税率：30％
・日本親会社による子会社の利益を配当しない方針や、子会社の利益を配当しないという他の株主等との合意はない

海外子会社		日本親会社における税負担	（単位：円）
資産	負債	日本親会社	
	留保利益 $10	留保利益　　　　　1,000　（＝$10×100）	
		益金不算入額　　△950　（＝1,000×95％）	
		課税所得　　　　　　50	
		法人実効税率　　　30％	
		①日本での納付額　　15　（＝50×30％）	
		②外国源泉税　　　　100　（＝1,000×10％）	
		③税負担合計（①+②）115　（＝1,000×11.5％）	

〔算定結果〕
日本親会社における連結財務諸表に計上される繰延税金負債は115となる。

6. 海外駐在員の給与実務

　海外展開している日本企業では、日本親会社から海外子会社に駐在員を派遣していることが多い。駐在時には、駐在員の出国前後の給与の支払方法や、各種税目の納付方法等の確認が必要になる。また、一般的に、駐在員に対してさまざまな手当を支給する場合も多く、このような手当の設定方法や日本及び海外での税務上の取扱い等、日本親会社が検討しなければならないことは多岐にわたる。

(1) 居住者と非居住者における課税所得の範囲

①居住者と非居住者

日本の所得税法上、個人の納税義務者は、居住者及び非居住者に区分され、さらに居住者については永住者と非永住者に分類される（図表5-15参照）。それぞれの区分ごとに課税される所得の範囲が異なるため（下記②参照）、居住者・非居住者の判定が実務上、重要になる。

通常の場合、国外に赴任する駐在員は、税務上のステータスが永住者から非居住者に変わることになる。

図表5-15 居住者・非居住者の分類

区分		定義
居住者	永住者	国内に住所を有し、または現在まで引き続いて1年以上居所を有する個人のうち、非永住者以外の個人
	非永住者	国内に住所を有し、または現在まで引き続いて1年以上居所を有する個人のうち、日本国籍を有しておらず、かつ、過去10年以内において国内に住所または居所を有していた期間の合計が5年以下である個人
非居住者		居住者以外の個人

〔出所〕所法第2条第1項第3〜5号をもとにCaN International作成

②課税所得の範囲

日本の所得税法では、居住者、非居住者等の区分に応じて課税所得の範囲が異なる（図表5-16参照）。永住者は、国内源泉所得及び国外源泉所得のすべて、いわゆる全世界所得に対して課税され、非永住者は国内源泉所得と一部の国外源泉所得に対して、非居住者は、国内源泉所得に対してのみ課税される。

図表5-16 個人納税者の区分と課税所得の範囲

所得区分			永住者	非永住者	非居住者
国内源泉所得			課税	課税	課税
国外源泉所得	国内払い		課税	課税	非課税
	国外払い	日本国内への送金あり	課税	課税	非課税
		日本国内への送金なし	課税	非課税	非課税

〔出所〕所法第5条第1項・第2項第1号、第7条第1項第1〜3号、所令第17条をもとにCaN International作成

(2) 駐在員の給与等の税務上の取扱い

駐在員は通常、非居住者に該当するため、(1)②で述べたとおり、日本の国内源泉所得以外には課税がなされない。ただし、駐在員が従業員である場合と、日本親会社の役員である場合とで、国内源泉所得の考え方に差異があるため、下記①及び②を参考に税務上の取扱いに注意する必要がある。

①駐在員が日本親会社の従業員（使用人）である場合

日本の所得税法上、従業員が受け取る給与等が国内源泉所得または国外源泉所得のいずれに該当するかは、当該給与等を受領する者の勤務がどこで行われたかによって判断する（所法161①十二イ）。すなわち、日本国内での勤務に基づき受領した給与等は国内源泉所得となり、国外での勤務に基づき受領した給与等は国外源泉所得となる。

なお、日本親会社が駐在員に支払った給与が、国内源泉所得に該当する場合、給与支払時に源泉徴収を行う必要がある。その場合、非居住者に対する給与の源泉徴収税率は一律、支給額の20.42％となる（所法213①、復興特措法8②、28①②）。

②駐在員が日本親会社の役員である場合

駐在員が日本親会社の役員の場合には、従業員の場合とは異なる取扱いが定められている。役員は、その勤務が国外で行われた場合であっても、国内において行われた勤務とされる（所法161①十二イ、所令285①一）。このため、日本親会社の役員の立場として受領する役員報酬や役員賞与は、全額が日本国内源泉所得として取り扱われることになる。ただし、駐在員が日本法人の使用人兼務役員であるような場合、たとえば日本法人取締役兼シンガポール支店長等の肩書で、その者が現地において従業員として常時勤務しているなど、一定の場合には勤務地を源泉地国として考え、当該役員に対する給与の全額を国外源泉所得として取り扱う（所基通161－42、43）。

なお、海外子会社の役員として現地で支給されている役員報酬は、国外源泉所得となり、日本での課税対象とならない。

(3) 出国時の給与実務

①所得税

海外赴任時の所得税の処理について、下記のケースを用いて解説を行う。本ケースでは、8月5日に出国することとなった従業員を想定している。

〔ケーススケジュール〕

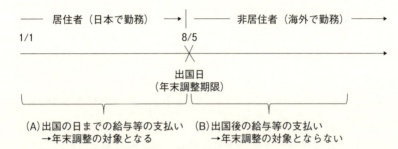

(A) 出国の日までの給与等の支払い

従業員等が海外赴任により非居住者となる場合には、その非居住者となる時、すなわち出国の日までに給与等の支払者が年末調整を行うことになる（所基通190-1(2)）。年末調整の対象となる給与は、出国する日までの給与であるため、出国日以降の給与支払いは年末調整の対象とならない。

調整における所得計算で加味される配偶者控除、扶養控除等の人的控除は、出国の日の現況により、それらの適用を判定する。また、社会保険料控除、生命保険料控除、地震保険料控除等の各種保険料控除は、居住者であった期間、すなわち1月1日から出国の日までの間に支払われたもののみが控除の対象となる。

(B) 出国後の給与等の支払い

(ⅰ) 7月1日から7月31日を支給対象期間とする給与が出国後の8月10日に支払われた場合

非居住者に対して国内源泉所得に該当する給与を支払う場合には、当該支払時に20.42％の源泉徴収を行う必要がある。

(ⅱ) 8月1日から8月31日を支給対象期間とする給与が出国後の8月10日に支払われた場合

給与等の計算期間の中途において居住者から非居住者となった者に支払うもので、その非居住者となった日以後に支給期の到来する当該計算期間の給与等のうち、当該計算期間が1か月以下であるものについては、その給与等の全額がその者の国内において行った勤務に対応するものである場合を除き、その総額を国内源泉所得に該当しないものとして差し支えないこととされている（所基通212－5）。したがって、本ケースで従業員に支払われる給与は、全額が非居住者に対して支払われた国外源泉所得として取り扱われることとなるため、支給時に源泉徴収を行う必要はない。

(ⅲ) 4月1日から9月30日を支給対象期間とする賞与100万円が出国後の12月10日に支払われた場合

賞与のなかには、4月1日から8月5日までの国内勤務に対応する部分（127日）と8月6日から9月30日までの国外勤務に対応する部分が含まれている。そのため、下記のような按分計算により、国内源泉所得に該当する金額を計算し、当該金額に対して20.42％の源泉徴収を行う必要がある（所基通161－41）。

（計算式）

国内源泉所得	＝	賞与支給額	×	国内勤務日数	／	賞与の支給対象期間
693,989円	＝	1,000,000円	×	127日	／	183日
源泉徴収額	＝	国内源泉所得の金額	×	源泉税率		
141,712円	＝	693,989円	×	20.42％		

②住民税

住民税とは、道府県民税と市町村民税を合わせたものをいい、1月1日に都道府県及び市区町村に住所を有する者に対して、前年1年間の所得をもとに課税されるものである。そのため、年末年始をはさんだ出国では、年明けではなく年末に出国するほうが税務上、有利になる。

給与所得者に係る住民税は、通常、前年度の所得をもとに算出された税額を、毎年6月から翌年5月にかけて、毎月の給与から12分の1ずつ天引きして徴収する特別徴収という方法で納付される。特別徴収によらない場合には、納付書をもとに納税者が自ら納付する普通徴収という方法で住民税を納付する

こととなる。海外赴任に伴って日本での給与の支給がなくなると、特別徴収が継続できなくなるため、給与の支払いを受けなくなった後の未徴収額について、会社が給与等から一括徴収を行ったうえで納付するか、納税者が普通徴収によって納税管理人を通して納付するかを選択することとなる。

(4)海外赴任中の給与実務

①較差補てん

　日本の法人税法上、出向元法人が出向先法人との給与較差を補てんするために出向者に対して支給する給与の額は、出向元法人の損金の額に算入される（法基通9-2-47）。このような較差補てんに見合う額は、本給としてのほか、海外手当、留守宅手当等さまざまな名称の手当で支給されることが多い。

　ただし、較差補てんとして合理的な額を超える金額を会社が負担していると日本の税務当局から判断された場合、出向先の海外子会社に対する寄附金として取り扱われる。そのため、較差補てんの金額については、雇用契約の内容や海外子会社の業績、出向先国の現地給与水準等を総合的に勘案して、決定する必要がある。

　昨今、給与水準の上昇が著しいアジア地域では、較差補てん金額の全部もしくは一部について日本の税務当局から寄附金として認定される事例が増加している（下記事例参照）。たとえば、中国やタイ等の現地企業における管理者の給与水準は、すでに日本の同水準の職位のものより高い例も見受けられる。このような現地の管理者クラスの給与水準の高騰及びそれに関連する日本での寄附金認定リスクに加えて、現地で発生した費用は現地で回収すべきとの原則的な考え方に基づく日本親会社の方針から、近年では原則として駐在員の給与はすべて海外子会社が負担するという企業も増加している。

事例

タイ出向者に対する較差補てん金の寄附金認定
　日本親会社は、タイ子会社への出向者に対して、長年にわたって日本とタイの給与水準の差額部分を較差補てん金として負担していた。しかし、日本の税

> 務当局から、タイ子会社内の現地従業員で出向者と同職位である管理者の給与水準に鑑み、日本親会社が支給している較差補てん金は過大であるとして、タイ子会社への寄附金と認定された。その結果、寄附金認定された金額は日本親会社において損金算入が認められないこととなり、法人税の追徴課税が発生した。

②留守宅手当

　役員や従業員が海外赴任することとなる場合、海外駐在期間中の日本での住宅ローン返済やクレジットカード利用額の銀行引落し、残留家族がいる場合の生活費等に充てるため、会社は海外赴任手当、留守宅手当等の形で海外駐在の期間中も赴任者に対して日本において給与の一部の支払いを継続することがある。このような給与は、たとえそれが日本において支払われるものであっても、国外の勤務に基づき支払われるものであることから、非居住者に対する国外源泉所得に該当する。よって、当該給与の支払いに際して源泉徴収を行う必要はない。

　ただし、このような日本払いの給与については、駐在先国において、原則として個人所得税の課税対象となるため、申告、納付の方法等も含めて現地税制を確認して対応する必要がある（第8章5〈駐在員の個人所得税の申告〉参照）。

　なお、留守宅手当は日本の税務上、基本的に較差補てん金に該当するため、上記①の留意点も参照されたい。

③その他の留意点

　駐在員に対しては企業によってさまざまな手当が支給されることがあるが、本人が負担すべき各種費用を会社が負担した場合、現地での取扱いはその従業員に対する給与となることが多い。たとえば、赴任先での家賃補助や所得税等の会社負担額は、現地で税務上駐在員の給与として取り扱われることが一般的であるため、申告漏れが生じないように注意する必要がある。

　また、駐在員の赴任支度金など、海外子会社でも負担すべきと考えられる費用を日本親会社が全額負担するような場合、親会社から当該海外子会社への寄附金とみなされる可能性もあるため、注意が必要である。

(5) 駐在員の帰国時の給与実務

駐在員が海外赴任から日本に帰任した場合、入国の翌日から日本の居住者となり、国内源泉所得及び国外源泉所得のすべてが日本の所得税の課税対象となる。そのため、帰国後に支給を受ける給与は、対応する勤務地や対象期間にかかわらず全額が日本の所得税の課税対象となる。

(6) その他の論点
①海外赴任期間の変更

事業戦略の見直し等によって、赴任中に駐在員の赴任期間が変更になるケースも多いが、駐在員が日本の居住者に該当するか非居住者に該当するかは、その者の出国時における駐在予定期間があらかじめ1年以上となる業務に従事するか否かによって判断することとなる（所令15）。

そのため、数年間の赴任を予定して出国した者が、1年未満で帰国することになった場合であっても、その海外駐在期間中は当初の予定に従って非居住者として取り扱われる。

一方、赴任時には1年未満を想定していた者の海外勤務期間が延長になり、出国時から1年以上の期間にわたり海外に駐在することとなった場合は、その事実が明らかになった日以降、日本国内に住所を有しないものと推定され、非居住者として取り扱われることとなる。

②短期滞在者免税

租税条約を締結している国との間には、条約において定められた一定の要件を満たせば、所得の源泉地国における所得税が免除される、いわゆる短期滞在者免税の規定が置かれていることが多い。適用にあたっては、租税条約における免税要件である一定の要件の内容を確認する必要がある。

なお、OECDモデル租税条約では、短期滞在者免税の要件として次の3つが定められている。

（ⅰ）課税年度内に開始または終了する 12 か月の期間を通じて、報酬の受領者の源泉地国での滞在が 183 日を超えないこと
（ⅱ）報酬を支払う雇用者が源泉地国の居住者でないこと
（ⅲ）雇用者の恒久的施設が報酬を負担しないこと

第II部 事業活動 親会社経理実務

第6章 移転価格税制

1. 制度概要と総論

　日本企業の活動がグローバル化するなかで、グループ企業内における国境を跨ぐ取引も活発になっている。こうした企業グループ間の取引では、企業グループ内で獲得した利益をどこの国で認識するかが問題となる。各国の法人税率の差異によって、グループ全体における実効税率及びキャッシュフローは大きく影響を受けるためである。たとえば、グループ企業間の取引における価格を調整することによって、低税率国に所在する海外子会社に利益を移転させた場合、低税率国への所得の移転を通じて企業グループの税引後キャッシュフローが向上することとなる。

　移転価格税制とは、このような問題に対応するものであり、日本に所在する法人と海外関連者とのクロスボーダー取引における取引価格の操作を通じた所得の不当な海外移転を防止するための制度である。本税制では、日本法人と国外関連者との間において合理性のない取引価格による取引が行われた場合、当該取引は独立企業間価格（グループ企業ではない第三者との取引価格）によって行われたものとみなされ、日本国において追徴課税が行われることになる。

　具体的には、措法第66条の4第1項において、以下のように定められている。

> 法人が、「国外関連者」と「国外関連取引」を行った場合、当該取引につき、国外関連者からの対価の額が独立企業間価格に満たないとき、または国外関連者に支払う対価の額が独立企業間価格を超えるときは、法人税の課税所得計算上、当該国外関連取引は、「独立企業間価格」で行われたものとみなす。

　上記からわかるように、移転価格税制への対応にあたっては「国外関連者」、「国外関連取引」、「独立企業間価格」のそれぞれの概念に対する理解が重要になるため、2～4でこれらの概要を解説した。

　また、本税制には、移転価格に係る算定方針、算定方法など所定の内容に関する文書の作成・保管が要請される、いわゆる「移転価格の文書化義務」が含まれるが、その整備状況は各国においてばらつきがあるのが現状である。近年は、後述するBEPSプロジェクトの影響もあり、それに則った資料の作成や保管を義務づける国も出てきている。本章ではこの流れを受けて5でBEPSプロジェクトの概要、6で日本の移転価格の文書化義務について解説を行った。なお、海外子会社側での現地における移転価格税制の文書化に係る留意点については、第7章5(1)〈移転価格税制〉を参照されたい。

　さらに、7、8で実際に移転価格課税が行われたときの対応及び事前確認制度を紹介し、9で移転価格税制の論点が生ずる典型的な取引について形態別に解説を行った。

　最後に10で、昨今、重要性が高まっている無形資産取引に関する近年の移転価格税制における動向と、典型的な取引事例を取り上げた。

　なお、本章では必要に応じて、一部条文及び通達を要約するなどの編集を行っている。

2. 国外関連者と国外関連取引

(1)国外関連者

　1で述べたとおり、移転価格税制とは、企業グループ内のクロスボーダー取

引における取引価格の操作を通じた所得の不当な海外移転を防止するための制度である。こうした関連企業間の取引価格をあえて移転価格と呼び移転価格税制によって規制対象とするのは、関連企業間における商品の販売等は、関連企業全体をひとつのグループとしてみれば、一種の内部取引であり、自身の裁量によって容易に所得を海外に移転することが可能であるからである。そのような趣旨に鑑み、日本の移転価格税制では本税制の対象となる取引の当事者である国外関連者の範囲を定めている。

国外関連者とは、外国法人で、法人との間にいずれか一方の法人が他方の法人の発行済株式または出資の総数または総額の100分の50以上の数または金額の株式または出資を直接または間接に保有する関係、その他の政令で定める特殊の関係のあるものをいう（措法66の4①）。具体的な判断指針は、措令第39条の12第1～4項に規定されているが、まとめると次のように「持株関係」と「実質的支配関係」に分かれる。

■国外関連者の判定基準

持株関係（措令39の12①一・二等）

親子関係：発行済株式総数または出資金額の50％以上を直接または間接に保有する関係

兄弟関係：同一の者（個人を含む）によって発行済株式等の50％以上を直接または間接に保有される関係

実質的支配関係（措令39の12①三、措通66の4(1)-3等）

上記の持株関係に該当しない場合であっても、役員関係、取引依存関係、資金関係、その他特定の事実関係があることによって、法人が他方の法人の事業の全部または一部につき実質的に決定できる関係

持株関係と実質的支配関係の連鎖型（措令39の12①四・五等）

上記の持株関係と、実質的支配関係が連鎖する関係

なお、税務調査において、国外関連者に該当するか否かについては、アニュアルレポート、有価証券報告書、資本関係図、役員名簿や出向辞令、借入れ等に係る契約書、稟議書等の書類によって事実確認が行われることになる点に留

意されたい。

(2)国外関連取引及びみなし国外関連取引

国外関連取引とは、法人がその国外関連者との間で行う資産の販売、資産の購入、役務の提供、その他の取引をいう。

ただし、法人がその国外関連者との取引を他の者(非関連者)を通じて行う一定の場合、たとえば、契約等によって国外関連者に販売等されることがあらかじめ定まっている場合で、かつ、対価の額が法人と国外関連者との間で実質的に決定されていると認められる場合等には、法人と当該他の者との間の取引は国外関連取引とみなされる。

なお、税務調査において、みなし国外関連取引に該当するか否かについては、製品の売買契約書や契約締結過程で作成される稟議書等の書類、関係部署へのヒアリング等によって検討されることとなる点に留意されたい。

3. 独立企業間価格の算定方法

「独立企業間価格」とは、国外関連取引の内容及び当事者が果たす機能その他の事情を勘案して、当該取引が独立の事業者間で通常の取引条件に従って行われるとした場合に、支払われるべき対価に関して、最も適切な方法により算定した金額をいう(措法66の4②)。なお、海外では、Arm's Length Priceといわれている。

独立企業間価格の算定方法は、措法第66条の4第2項において、基本三法といわれる「独立価格比準法」、「再販売価格基準法」、「原価基準法」が定められている。また、措令第39条の12第8項において「取引単位営業利益法」、「比較利益分割法」、「寄与度利益分割法」、「残余利益分割法」が定められている。本節では各算定方法について概要を解説する。

なお、具体的な算定方法の内容や留意点の詳細については、本節でも参照した資料として国税庁から「移転価格税制の適用に当たっての参考事例集」、「移転価格ガイドブック~自発的な税務コンプライアンスの維持・向上に向けて

～」(2017年6月)等が公表されているため、参考にされたい。

(1) 独立価格比準法
(Comparable Uncontrolled Price Method：CUP法)

独立価格比準法とは、特殊の関係にない売手と買手が、国外関連取引に係る棚卸資産と同種の棚卸資産を当該国外関連取引と取引段階、取引数量その他が同様の状況の下で売買した取引の対価の額に相当する金額をもって当該国外関連取引の対価の額とする方法である（措法66の4②一イ）。本算定方法は、比較対象取引から取引価格自体を入手する方法であるため、直接的に価格情報を比較するといった点において、最も信頼性が高い。

ただし、その適用においては、資産または役務の内容についての厳格な同種性が求められるが、資産の性状、構造、機能等の違いについては、価格に影響を及ぼすことが客観的に明らかな場合が多く、かつ、こうした差異を調整することは一般的に困難である。

また、取引の当事者が果たす機能の差異が価格に影響を及ぼす場合の調整も容易ではない。このため、独立価格比準法の適用においては、公開情報から比較対象取引を見出せない場合が多い。

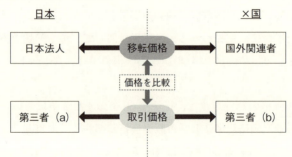

(2) 再販売価格基準法（Resale Price Method：RP法）
　　及び原価基準法（Cost Plus Method：CP法）

再販売価格基準法及び原価基準法は、国外関連取引に係る売上総利益の水準と比較対象取引に係る売上総利益の水準を比較する方法であるが、販売価格が

売上総利益と原価により構成され、売上総利益が価格と近接した関係にあることを考慮すると、独立価格比準法に次いで独立企業間価格を算定する直接的な方法である。

売上総利益の水準については、資産または役務それ自体の差異の影響を受けにくい一方で、取引の当事者が果たす機能の差異の影響を受けやすく、公開情報から比較対象取引を見出せない場合が多い。

①再販売価格基準法

再販売価格基準法とは、国外関連取引に係る棚卸資産の買手が特殊の関係にない者に対して当該棚卸資産を販売した対価の額（再販売価格）から通常の利潤の額を控除して計算した金額をもって国外関連取引の独立企業間価格とする方法である（措法66の4②一ロ）。主として、日本法人または国外関連者の販売機能に着目した評価手法である（下記図表では国外関連者）。

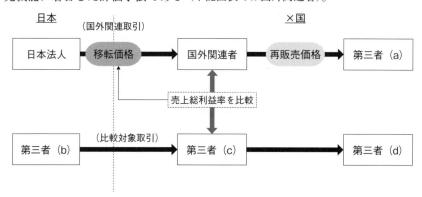

②原価基準法

原価基準法とは、国外関連取引に係る棚卸資産の売手の購入、製造その他の行為による取得の原価の額に通常の利潤の額を加算して計算した金額をもって国外関連取引の独立企業間価格とする方法である（措法66の4②一ハ）。主として、日本法人または国外関連者の製造機能に着目した評価手法である（下記図表では国外関連者）。

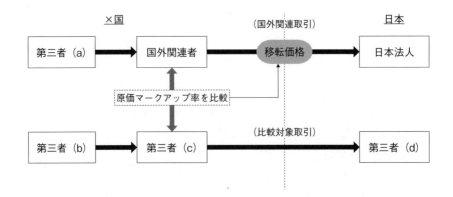

(3) 取引単位営業利益法
(Transactional Net Margin Method：TNMM)

　取引単位営業利益法は、国外関連取引に係る営業利益の水準と比較対象取引に係る営業利益の水準を比較する方法である（措令39の12⑧二～五）。営業利益の水準に関しては、売上高営業利益率、総費用営業利益率（平成25年度税制改正で導入、ベリー比とも呼ばれる）、営業費用売上総利益率の3つの利益指標から最も適切なものを選択する。

　基本三法と比較して比較対象取引の抽出や入手が容易であることから、実務では利用されることが多い。ただし、営業利益は売上総利益と比較して価格と近接した関係にはなく、独立企業間価格の算定は基本三法と比較して間接的なものとなる点には留意が必要である。

　事業のなかで遂行される機能の差異は、一般的に機能の遂行に伴い支出される販売費及び一般管理費の水準差として反映され、売上総利益の水準では大きな差があっても営業利益の水準では一定程度均衡すると考えられる。したがって、本算定方法は、基本三法よりも機能の差異の影響を受けにくい方法ということができ、また、一般的に公開情報から比較対象取引を見出すことができる場合が多いといった点が特徴である。このため、国外関連取引と非関連者間取引との間に利益指標の算定に影響を及ぼすことが客観的に明らかである差異が認められない限り、その非関連者間取引は本算定方法を適用するうえでの比較対象取引として有力な選択肢のひとつとなる。

また、このような特徴から、本算定方法の適用においては、企業単位の事業において非関連者が果たす機能と国外関連取引の当事者が果たす機能との類似性が高く、利益指標の算定に影響を及ぼすことが客観的に明らかな機能の差異が認められない場合には、当該事業を当該国外関連取引に対応する一の取引とみなして比較対象取引の選定を行える場合もある。

　なお、本算定方法の適用を検討する場合、価格や売上総利益の水準よりも営業利益の水準に対して影響を及ぼす可能性のある要因（経営の効率性に係る差異等）の有無についても留意する必要がある。

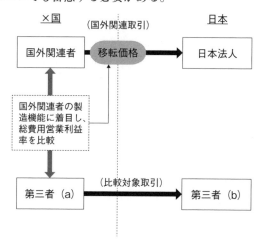

(4) 利益分割法（Profit Split Method: PS法）

　利益分割法は、下記の①から③に掲げるいずれかの方法によって、国外関連取引に係る棚卸資産の販売等により法人及び国外関連者に生じた所得を当該法人及び国外関連者に配分することにより独立企業間価格を算定する方法である（措通66の4(5)-1）。

　比較対象取引を見出せない場合等に有用な方法であるが、分割対象利益等の計算や分割要因を特定するために必要な財務情報等を入手できない場合には適用できない。利益分割法には、①比較利益分割法、②寄与度利益分割法及び③残余利益分割法の3つの類型があり、特徴はそれぞれ次のとおりである。

①比較利益分割法

　比較利益分割法は、国外関連取引と類似の状況の下で行われた非関連者間取引に係る非関連者間の分割対象利益等に相当する利益の配分割合を用いて、当該国外関連取引に係る分割対象利益等を法人及び国外関連者に配分することにより独立企業間価格を算定する方法である（措令39の12⑧一イ）。

②寄与度利益分割法

　寄与度利益分割法は、国外関連取引に係る分割対象利益等を、その発生に寄与した程度を推測するに足りる国外関連取引の当事者に係る要因に応じてこれらの者に配分することにより独立企業間価格を算定する方法である（措令39の12⑧一ロ）。比較対象となる非関連者間取引を見出す必要がないことから、国外関連取引が高度に統合されているような場合において、比較利益分割法よりも適用可能性は高まる。

③残余利益分割法

　残余利益分割法は、国外関連取引の両当事者が独自の機能を果たすことにより（たとえば、国外関連取引の両当事者が無形資産を使用して独自の機能を果たしている場合）、当該国外関連取引においてこれらの者による独自の価値ある寄与が認められる場合において、分割対象利益等のうち基本的利益を国外関連取引の両当事者にそれぞれ配分し、当該分割対象利益等と当該配分をした基本的利益の合計額との差額である残余利益等（独自の価値ある寄与により発生した部分）を、残余利益等の発生に寄与した程度を推測するに足りる要因に応じてこれらの者に配分し、独立企業間価格を算定する方法である（措令39の12⑧一ハ）。

　この方法では、分割対象利益等を基本的利益と残余利益等とに分けて2段階の配分を行うことになるが、残余利益等に係る分割要因を測定することが困難な場合がある。なお、国外関連取引の一方の当事者が単純な機能のみを果たしている場合には、通常は、残余利益分割法よりも当該一方の当事者を検証対象とする基本三法や取引単位営業利益法を選定するほうが適切である。

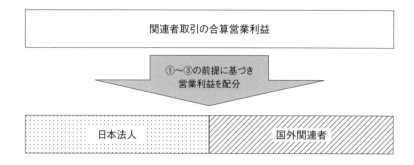

➡ 取引単位に関する検討

　多国籍企業においては、海外の販売拠点や製造拠点等の国外関連者との間で同一の製品グループにおける複数の製品を販売し、あるいは、製品を販売するのと同時に役務提供を行うなど、複数の国外関連取引を行っているケースも多くみられる。たとえば、アジアに複数の拠点を置くような日系企業では、同一製品グループに属する多品種の製品を販売していたり、販売製品に関連する製造ノウハウの提供が行われていたりする例がみられる。

　このような場合、移転価格税制の適用上、個別の国外関連取引ごとに独立企業間価格を算定するか、あるいは、複数の国外関連取引を一の取引として一体で独立企業間価格を算定するかについて論点となることがある。

　独立企業間価格の算定は、原則として、個別の取引ごとに行うが、たとえば、次のような場合には、これらの取引を一の取引として独立企業間価格を算定することができる（措通66の4(4)-1）。

■一の取引として独立企業間価格の算定が認められる場合
（ⅰ）国外関連取引について、同一の製品グループに属する取引、同一の事業セグメントに属する取引等を考慮して価格設定が行われており、独立企業間価格についてもこれらの単位で算定することが合理的であると認められる場合
（ⅱ）国外関連取引について、生産用部品の販売取引と当該生産用部品に係る製造ノウハウの使用許諾取引等が一体として行われており、独立企業間

> 価格についても一体として算定することが合理的であると認められる場合

4. 算定方法の選定

3では複数の独立企業間価格に係る算定方法を解説したが、実務では、どの算定方法を使用すべきかについて判断に迷うようなケースも多い。そこで、措法第66条の4第2項では、使用すべき算定方法について以下のように定めている。

> 独立企業間価格とは、「国外関連取引の内容及び国外関連取引の当事者が果たす機能その他の事情を勘案して」、国外関連取引が独立の事業者の間で通常の取引の条件に従って行われるとした場合に国外関連取引につき支払われるべき対価の額を算定するための「最も適切な方法」により算定した金額をいう。

(1) ベストメソッドルールの導入

「最も適切な方法」は、平成23年度税制改正によって導入されたものであり「ベストメソッドルール」ともいわれる。本改正以前は独立企業間価格の算定にあたっては、基本三法（独立価格比準法、再販売価格基準法及び原価基準法）を優先的に適用し、基本三法が適用できない場合に限って、基本三法に準ずる方法（取引単位営業利益法、利益分割法）を用いることができるとされていた。本改正はOECD移転価格ガイドラインがベストメソッドルールを採用したことへの対応の一環として、事案に応じて最適な方法を選択できる仕組みとすることを目的として行われたものである。

(2) 留意点

上述したとおり、「最も適切な方法」は、「国外関連取引の内容及び国外関連取引の当事者が果たす機能その他の事情を勘案して」行われることとなる。租

税特別措置法関係通達において、その具体的内容が下記のように定められている。

■**最も適切な方法の判断基準**（措通66の4(2)-1）
「最も適切な方法」の選定にあたり、「国外関連取引の内容及び国外関連取引の当事者が果たす機能その他の事情を勘案して」とは、次に掲げる点を勘案することに留意する。
(1) 独立企業間価格の算定方法の長所及び短所
(2) 国外関連取引の内容及び国外関連取引の当事者の果たす機能等に対する独立企業間価格の算定方法の適合性
(3) 独立企業間価格の算定方法を適用するために必要な情報の入手可能性
(4) 国外関連取引と非関連者間取引との類似性の程度（なお、その判断は下記記載の措通66の4(3)-3による）

■**国外関連取引と非関連者間取引に係る情報**（措通66の4(3)-3）
比較対象取引に該当するか否かにつき国外関連取引と非関連者間取引との類似性の程度を判断する場合には、たとえば、法人、国外関連者及び非関連の事業の内容等ならびに次に掲げる諸要素の類似性を勘案することに留意する。
(1) 棚卸資産の種類、役務の内容等
(2) 売手または買手の果たす機能
(3) 契約条件
(4) 市場の状況
(5) 売手または買手の事業戦略

以下に算定方法の選定に係る留意点を記載する。なお、「独立企業間価格を算定するために必要と認められる書類（ローカルファイル）作成に当たっての例示集」、「移転価格ガイドブック ～自発的な税務コンプライアンスの維持・向上に向けて～」（2017年6月）（共に国税庁）等を参考にしている。

→ 機能・リスクに関する検討

移転価格税制への対応にあたっては、日本法人及び国外関連者が果たす機能及び負担するリスクの分析が重要になる。なぜなら、機能・リスク分析の結果

は、独立企業間価格の算定方法の選択、比較対象取引の選定等、移転価格税制の適用における多くの論点に影響するためである。なお、一般的には、高い機能を果たす法人は、高い付加価値を生み出し、高い利益を得ることが期待される。

機能・リスクに関する検討においては、国外関連取引に係る日本法人及び国外関連者の果たす機能や負担するリスク、さらには使用する無形資産を検討し、果たしている機能等の経済的重要性等の確認、検討等を行うこととなる。

機能・リスク分析における「機能」とは、たとえば設計、製造、組立、研究開発、役務の提供、購入、販売、市場開拓、宣伝、輸送、資金管理及び経営など、日本法人及び国外関連者が果たす役割等を指す。また、「リスク」には、マーケットリスク（経済事情の変化等）、資産、工場及び設備への投資や使用に伴う損失のリスク、研究開発への投資のリスク、為替相場や金利の変動等に起因する金融上のリスク及び信用リスク等が挙げられる。

なお、国外関連取引の内容及び国外関連取引の当事者が果たす機能等に対する各算定方法の適合性に係る留意点について**図表6-1**にまとめた。

図表6-1 国外関連取引に関する各算定方法の適合性

評価手法	各算定方法の適合性に係る留意点
独立価格比準法	・国外関連取引に係る資産または役務と同種の非関連者間取引に係る資産または役務を見出す必要がある
再販売価格基準法、原価基準法、取引単位営業利益法	・資産や役務の類似性と比較して、国外関連取引の当事者が果たす機能の類似性が重要になる ・日本法人及び国外関連者のうち、検証対象となる当事者を決定する必要があるが、比較可能性が十分である非関連者間取引といった観点からは、機能分析に基づき、より単純な機能を果たすと認められる当事者を検証対象とすることが望ましい
利益分割法	・日本法人及び国外関連者が、たとえば、無形資産を有することによって、国外関連取引において基本的な活動のみを行う法人と比較して高い利益を獲得している場合、その無形資産の個別性や独自性から、比較対象取引が得られないことが考えられ、その結果、このような高い利益は当該無形資産の寄与の程度に応じて、当該法人及び国外関連者に配分することが適切であることがある ・取引が連鎖することによって複数の関連者が国外関連取引に関わる場合、利益分割法を適用するうえで分割対象利益等の配分の対象となる当事者の範囲を適切に定める必要がある

〔出所〕国税庁「移転価格税制の適用にあたっての参考事例集」の〔事例1〕（参考2）(2)等をもとにCaN International 作成

→ 各算定方法を適用するために必要な情報の入手可能性

各算定方法を適用するために必要となる非関連者間取引等の情報の入手可能性について、図表6-2のとおり留意点をまとめた。

図表6-2　非関連者間取引等の情報の入手可能性

評価手法	必要な情報の入手可能性に係る留意点
独立価格比準法	・国外関連取引の対象資産または役務と同種の資産または役務に係る非関連者間取引情報が入手できるかどうか ・国外関連取引の取引条件等と非関連者間取引の取引条件等との間に、価格に影響を及ぼすことが客観的に明らかな差異が認められる場合において、当該差異によって生ずる対価の額の差を調整するために必要となる情報を入手できるかどうか
再販売価格基準法、 原価基準法、 取引単位営業利益法	・国外関連取引の対象資産または役務と同種または類似の資産または役務に係る非関連者間取引のうち、検証対象の当事者の果たす機能と類似の機能を果たす非関連者の非関連者間取引における売上総利益または営業利益に係る情報を入手できるかどうか ・検証対象の当事者の果たす機能等と非関連者が果たす機能等との間に、売上総利益または営業利益の水準に影響を及ぼすことが客観的に明らかな差異が認められる場合、当該差異によって生ずる売上総利益または営業利益の水準の差を調整するために必要となる情報を入手できるかどうか ・国外関連取引に係る検証対象の当事者の財務情報が入手できるかどうか
利益分割法	・分割対象利益等の計算や分割要因を特定するために必要となる財務情報等を入手できるかどうか

〔出所〕国税庁「移転価格税制の適用にあたっての参考事例集」の〔事例1〕(参考2)(3)等をもとにCaN International作成

→ 比較対象取引に関する検討

独立企業間価格の算定にあたっては、国外関連取引が非関連者との間で通常の取引の条件に従って行われるとした場合に受け取るべきまたは支払われるべき対価の額を算定する必要があり、このときに国外関連取引と比較することが可能である第三者が関与する取引のことを比較対象取引という。

比較対象取引の選定については、比較対象取引の候補となる内部比較対象取引または外部比較対象取引があるか否かについて、企業グループの内部情報のほか外部の公開情報をもとに検討することとなる。

また、比較対象取引の候補となる取引については、比較を行うための諸要素（棚卸資産の種類、取引当事者の果たす機能、市場の状況等）に基づいて類似性の程度を検討し、類似性が高い取引を比較対象取引として選定する。

なお、独立企業間価格を算定するにあたって、比較可能性が十分な非関連者間取引（比較対象取引）が複数存在する結果、独立企業間価格が一定の幅を有する場合があり得る。このような場合、平成23年度税制改正によって、当該幅のなかに国外関連取引の対価の額があるときは、当該国外関連取引については移転価格課税の対象とはならないことが定められた（措通66の4(3)-4）。

→ 差異の調整に関する検討

独立企業間価格の算定にあたって、国外関連取引と比較対象取引との間に、たとえば取引段階や取引規模等の差異が存在する場合がある。この場合、当該差異は調整を行うこととなるが、その目的は、比較対象取引として選定された非関連者間取引について、比較対象としての合理性を確保することにある。そのため、すべての差異が調整の対象となるのではなく、当該差異が国外関連取引の対価の額に影響を及ぼすことが客観的に明らかである場合に当該差異の調整を行うこととなる。

また、国外関連取引と比較対象取引の差異が、価格や利益率等に及ぼす影響を無視できず、かつ、差異による具体的影響額を算定できない場合には、比較可能性自体に問題があると考えられる。

なお、差異を調整する方法には、たとえば、①貿易条件の差異調整、②決済条件の差異調整、③値引き・割戻し等の差異調整、④機能またはリスクに係る差異調整等がある（移転価格事務運営要領4-3）。

(3) 文書化

算定方法の選定は、企業を取り巻く状況に応じて企業が適切に判断しなければならないため、企業グループ内はもちろん税務当局への説明という観点からも、その選定理由をしっかりと文書化しておくことが求められる。

なお、同時文書化義務のある会社に対しては、文書化が必要な書類として、措規第22条の10第1項第2号に規定する「国外関連取引に係る独立企業間価格を算定するための書類」のなかに、「法人が選定した独立企業間価格算定の方法及びその選定の理由を記載した書類その他当該法人が独立企業間価格を算定するにあたり作成した書類」が含まれている点に留意されたい（詳細は6参照）。

5. BEPS（Base Erosion and Profit Shifting）プロジェクト

(1) 概　要

　日本の移転価格文書化制度の概要を解説する前に、昨今国際課税の世界で注目されているBEPSプロジェクトの概要を説明する。平成28年度税制改正による移転価格税制に係る文書化制度の整備は、このBEPSプロジェクトの勧告を踏まえたものであり、国際課税の潮流を知るためにはBEPSプロジェクトの理解が欠かせないためである。

　BEPSプロジェクトとは、公正な競争条件（Level Playing Field）の確立という理念の下、多国籍企業が国際課税のルールと世界経済及び活動実態とのずれを利用して課税所得を人為的に操作し、課税逃れを行うことがないよう、多国籍企業の透明性を高めるとともに各国の税制や国際課税ルールを現代のグローバルなビジネスモデルに適合するように再構築する取組みである。

　当該プロジェクトが発足することとなった背景には、経済活動がグローバル化するなか、GoogleやStarbucks、Apple等の一部の多国籍企業が各国の課税制度の違いを巧みに利用して低税率国に多くの所得を移転させ、過度の節税を行っていたことが明らかとなったことが挙げられる。このような一部の多国籍企業が行っている過度の節税策は、不公平感からくる世論の批判が生ずるだけではなく、先進国をはじめとした主要各国では税収の減少を通じて財政赤字が拡大するなど、各国の課税所得を侵食しているとして国際課税上の問題を深刻化させた。

　こうした現状は、BEPS（Base Erosion and Profit Shifting）「税源浸食と利益移転」と呼ばれ、このようなBEPS問題を解決するため、2012年6月、OECD租税委員会はG20を中心とする各国政府の協力を得ながらプロジェクトを立ち上げた（**図表6-3参照**）。プロジェクトでは、旧来の租税ルールの見直しが進められ、BEPS行動計画が策定されることになった。

　この議論の総括として、OECDは2015年に「BEPS最終報告書」を発表し、G20の承認を受けた。この最終報告書自体は法的拘束力を持たないもの

の、今後は、各国の国内租税法の改正、租税条約の改定、OECD 移転価格ガイドラインの改訂を通じて（(2)参照）、最終報告書の提言内容が実行されることとなる（図表6-4）。

図表6-3　BEPS プロジェクト関連年表

年　月	概　要
2012年6月	OECD 租税委員会が BEPS 対抗プロジェクトを立ち上げ、BEPS 対抗プロジェクトの検討を開始
2013年2月	BEPS に関する初期的報告書（Addressing Base Erosion and Profit Shifting）を公表
2013年7月	BEPS 行動計画を公表
2013年9月	20か国財務大臣・中央銀行総裁会議（G20 サミット）で BEPS 行動計画を報告
2014年9月	BEPS 報告書（第1弾）を公表
2014年11月	G20 サミットで報告
2015年10月	BEPS 最終報告書を公表
2015年11月	G20 首脳会議において正式承認

図表6-4　BEPS 行動計画と検討事項

	行動計画		検討事項
行動計画1	Addressing the Tax Challenges of the Digital Economy	電子経済の課税上の課題への対処	電子商取引等の電子経済に対する直接税・間接税の課税上の課題への対応を検討
行動計画2	Neutralising the Effects of Hybrid Mismatch Arrangements	ハイブリッド・ミスマッチ取極めの効果の無効化	金融商品や事業体に関する複数国間における税務上の取扱いの差異（ハイブリッド・ミスマッチ）の効果を無効化するため、国内法上・租税条約上の措置を検討
行動計画3	Designing Effective Controlled Foreign Company Rules	外国子会社合算税制の強化	軽課税国等に設立された外国子会社を使った BEPS を有効に防止するため、適切な外国子会社合算税制を設計
行動計画4	Limiting Base Erosion Involving Interest Deductions and Other Financial Payments	利子控除制限ルール	相対的に税負担の軽い国外関連会社に過大に支払われた利子について損金算入を制限するルールを検討
行動計画5	Countering Harmful Tax Practices More Effectively,	有害税制への対抗	各国優遇税制の有害性を経済活動の実質性から判定するための新基準及

	Taking into Account Transparency and Substance		び制度の透明性を高めるための新基準を検討
行動計画 6	Preventing the Granting of Treaty Benefits in Inappropriate Circumstances	租税条約の濫用防止	条約漁り（第三国の居住者が不当に条約の特典を得ようとする行為）をはじめとした租税条約の濫用を防止するため、OECDモデル租税条約の改定及び国内法の設計を検討
行動計画 7	Preventing the Artificial Avoidance of Permanent Establishment Status	恒久的施設（PE）認定の人為的回避の防止	PE認定の人為的な回避に対処するためOECDモデル租税条約のPEの定義について修正を検討
行動計画 8-10	Aligning Transfer Pricing Outcomes with Value Creation	移転価格税制と価値創造の一致	以下の対応策を講じるため、OECD移転価格ガイドラインの改訂等を検討
			行動8：適正な移転価格の算定が困難である無形資産を用いたBEPSへの対応策
			行動9：グループ内企業に対するリスクの移転、過度な資本の配分等によって生じるBEPSの防止策
			行動10：その他移転価格算定手法の明確化やBEPSへの対応策
行動計画 11	Measuring and Monitoring BEPS	BEPSの規模・経済的効果の分析方法の策定	BEPSによる法人税収の逸失規模について、データの評価・指標の抽出・分析方法の策定を実施
行動計画 12	Mandatory Disclosure Rules	義務的開示制度	プロモーター及び利用者が租税回避スキームを税務当局に報告する制度（義務的開示制度）を検討
行動計画 13	Guidance on Transfer Pricing Documentation and Country-by-Country Reporting	多国籍企業の企業情報の文書化	共通様式に基づいた多国籍企業情報の報告制度を検討
行動計画 14	Making Dispute Resolution Mechanisms More Effective	相互協議の効果的実施	租税条約に関連する紛争を解決するためのより実効的な相互協議手続を検討
行動計画 15	Developing a Multilateral Instrument to Modify Bilateral Tax Treaties	多数国間協定の策定	世界で約3,000本以上ある二国間租税条約にBEPS対抗措置を効率的に反映させるための多数国間協定を検討

〔出所〕国税庁「税源侵食と利益移転（BEPS：Base Erosion and Profit Shifting）への取り組みについて―BEPSプロジェクト―」をもとにCaN International作成

なお、OECD は BEPS による税収損失額を正確に推計することは困難であることを認めつつも、最終報告書公表に関するプレスリリースで、「BEPS による税収の損失は、控えめに見積もっても年間 1,000 億～2,400 億米ドル、世界全体の法人税収の 4 ～ 10％に達すると推計される」と述べており、BEPS による影響額は多額に上ることがわかる。

(2) OECD 移転価格ガイドライン 2017 年版

（1）記載の BEPS 最終報告書を受けて、OECD 移転価格ガイドラインの改訂が OECD 理事会によって承認され、2017 年 7 月 10 日付で OECD は 2017 年版の「多国籍企業と税務当局のための移転価格算定に関する指針」(OECD Transfer Pricing Guidelines for Multinational Enterprises and Tax Administrations：OECD 移転価格ガイドライン 2017 年版）を発表した。以下、OECD の Web サイトを参考に記載した。

OECD 移転価格ガイドラインは、「独立企業原則」の適用に関する指針を提供するもので、法人所得税の観点から、関連企業間における越境取引の評価に関しての国際的な合意を表わすものである。多国籍企業が主導的役割を果たしている今日の経済において、移転価格は税務当局及び企業の双方にとって、引き続き優先順位の高い問題である。各国政府は、多国籍企業の課税所得が意図的に国外に移転されないように、またその国において多国籍企業が報告した税源がその国内で行われた経済活動を反映するようにする必要がある。また、企業は独立企業原則を正しく適用するための明確な指針を必要としている。

OECD 移転価格ガイドライン 2017 年版は、主に BEPS プロジェクトの結果行われた変更事項をまとめている。なお、2010 年版からの変更事項は、次のとおりである。

■ OECD 移転価格ガイドラインの 2010 年版からの変更事項
（ⅰ）2015 年の行動計画 8-10「移転価格税制と価値創造の一致」と、行動計画 13「多国籍企業の企業情報の文書化」に関する BEPS 報告書の導入に伴う改訂。これらの改訂による Chapters Ⅰ、Ⅱ、Ⅴ、Ⅵ、Ⅶ、Ⅷの

指針の変更は、OECD 理事会で承認され、2016 年 5 月に移転価格ガイドラインに組み込まれた。
（ⅱ）事業再編に係る指針を確認した Chapter IX の改訂、行動計画 8-10 に関する 2015 年の BEPS 報告書の導入に伴う改訂。これらの変更は、2017 年 4 月に OECD 理事会で承認された。
（ⅲ）Chapter IV のセーフハーバーに関する改訂。これらの変更は、2013 年 5 月に OECD 理事会で承認された。
（ⅳ）OECD 移転価格ガイドラインの統合版を作成するための、ガイドラインの残りの部分に対する継続的な変更。継続的な変更は、2017 年 5 月 19 日に OECD の財務委員会で承認された。

日本企業にとっても、OECD 移転価格ガイドラインを参考にすることは重要である。移転価格事務運営要領 1-2(3)には「移転価格税制に基づく課税により生じた国際的な二重課税の解決には、移転価格に関する各国税務当局による共通の認識が重要であることから、調査または事前確認審査にあたっては、必要に応じ OECD 移転価格ガイドラインを参考にし、適切な執行に努める」との定めがあり、また、日本における税務訴訟のなかでも日本の移転価格税制の規定の解釈にあたって、OECD 移転価格ガイドラインを重要な指針とすることが判示された事案もある。

6. 移転価格文書化制度

移転価格税制に係る税務調査の現場では、上述したような、国外関連取引の内容や独立企業間価格を算定するための前提等が税務当局によって確認されることになる。平成 22 年度税制改正前から、企業は税務調査時に、独立企業間価格を算定するために必要と認められる書類を税務当局に提出する必要があったが、その文書の内容が明確ではなかったため、提出した書類が税務当局の要求する内容と相違していたり、企業にとって予想していない書類の提示を求められたりする事態が生じていた。また、その結果、税務当局と企業の間で生じ

た事実認識や解釈のズレの解消に相当程度の時間が費やされ、場合によっては税務当局が推定課税を行う事例もあった。

　このような問題を解決し、税務執行の透明化・円滑化を図るといった観点から、平成22年度税制改正において税務調査の際に提出を求められる移転価格税制関連の書類が明確化された。これによって、推定課税等に係る納税者の予見可能性が確保されることとなった。

　その後、上述の5〈BEPSプロジェクト〉において、多国籍企業グループによるグループ内取引を通じた所得の海外移転に対して、適正な課税（移転価格課税）を実現するためには、自国企業の国外関連者との取引に関する情報を求めるのはもちろんのこと、多国籍企業グループがグローバルに行う取引の全体像を把握する必要があるとの課題が提示され、これに対応するものとしてBEPS最終報告書の行動計画13「多国籍企業の企業情報の文書化」が公表された。当該最終報告書を受けて日本でも平成28年度税制改正によって移転価格文書化制度が整備されることとなった。

　本節では、平成28年度税制改正で定められた移転価格文書化制度及びそれに影響を与えたBEPS最終報告書の内容について解説する。なお、当時BEPS最終報告書の行動計画13で示されていたOECD移転価格ガイドラインの改訂案に基づくものであっても、その後OECD移転価格ガイドライン2017年版として公表されたものについては、OECD移転価格ガイドライン2017年版と読み替えて解説している点に留意されたい。

(1) 平成28年度税制改正の概要

　BEPSプロジェクトにおいて、2015年10月、行動計画13のなかでOECD移転価格ガイドライン第5章の改訂案という形で、多国籍企業のコンプライアンスコストに配意しつつ、多国籍企業の透明性を高めることを目的として、多国籍企業グループに対して、国別報告書、マスターファイル、ローカルファイルの3種類の文書を共通様式に従って税務当局に提供することを義務づける勧告が示された。

　日本では、平成28年度税制改正において、BEPSプロジェクトの勧告を踏

まえ、多国籍企業情報の報告制度（移転価格税制に係る文書化制度）の整備が行われた。その概要をまとめたものが図表6-5である。

(2) ローカルファイル

　国外関連取引を行った法人は、当該国外関連取引に係る独立企業間価格を算定するために必要と認められる書類（以下、「ローカルファイル」という）を確定申告書の提出期限までに作成または取得し、保存する必要がある（措法66の4⑥）。これは、「同時文書化義務」といわれているものである（詳細は本項③参照）。なお、提出義務者や適用除外要件、提出期限等については図表6-5を参照されたい。

　ローカルファイルは、①国外関連取引の内容を記載した書類と、②国外取引に係る独立企業間価格を算定するための書類の2つに大別される。

　ローカルファイルに関しては、平成22年度税制改正によって導入された文書化制度に対して、OECD移転価格ガイドライン2017年版の第5章別添2の記載項目の内容を反映する形での税制改正が行われた。

　なお、ローカルファイルの作成に関しては、国税庁が、2016年6月に「独立企業間価格を算定するために必要と認められる書類（ローカルファイル）作成に当たっての例示集」を、2017年6月に「移転価格ガイドブック～自発的な税務コンプライアンスの維持・向上に向けて～」のなかで〈同時文書化対応ガイド～ローカルファイルの作成サンプル～〉を公表しているため、参考にされたい。

①国外関連取引の内容を記載した書類

　国外関連取引の内容を記載した書類として、国外関連取引に係る資産及び役務の内容や、国外関連取引において法人及び国外関連者が果たす機能・リスク、国外関連取引に係る法人及び国外関連者の損益の明細、事業の内容、事業の方針等を記載した書類を作成、取得等する必要がある（図表6-6参照）。

　当該書類に求められる主たる機能のひとつが、関連会社間取引の概要、及び、取引のなかで法人と国外関連者がそれぞれ担う機能を説明することである。そのなかでは取引価格が設定された理由や交渉経緯を明らかにしなければ

図表6-5 移転価格税制等に係る文書化制度の整備の概要

項　目	独立企業間価格を算定するために必要な書類（ローカルファイル）【改正】	国別報告事項【新規】	事業概況報告事項（マスターファイル）【新規】
目的・文書化すべき内容	・個々の関連者間取引に関する詳細な情報を提供 ・特定の取引に関する財務情報、比較可能性分析、最適な移転価格算定手法の選定及び適用に関する情報を記載	・ハイレベルな移転価格リスク評価に有用な情報を提供 ・多国籍企業グループの事業が行われる国ごとの収入金額、税引前当期利益の額、納付税額等に関する情報を記載	・税務当局が重要な移転価格リスクを特定できるよう、グループ全体の「青写真」を提供 ・多国籍企業グループの組織構造、事業の概要、財務状況等に関する情報を記載
作成義務・作成期限	【改正前】なし 【改正後】確定申告書の提出期限までの作成義務	－ （提供義務・提供期限でカバー）	－ （提供義務・提供期限でカバー）
当局への提出の態様・提出期限	当局の要請に基づき提出（45日以内の当局が指定する日。※ローカルファイル以外の関連事項等については、60日以内の当局が指定する日）	【最終親会社等が内国法人の場合】 ・最終親会社等の会計年度終了後1年以内に提供 【最終親会社等が外国法人の場合】 ・原則として提供義務なし（情報交換により入手） ・（限定的な場面で）子会社等に提供義務を課す	最終親会社等の会計年度終了後1年以内に提供
提出義務者	調査対象法人	・内国法人である最終親会社等 ・（限定的な場面で）外国法人である最終親会社等の在日子会社（または在日PEを有する外国法人）	グループの内国法人（または在日PEを有する外国法人）
適用除外	【改正前】除外基準なし 【改正後】一定の少額取引（前期の取引合計額50億円未満、かつ無形資産取引合計額3億円未満。※個々の国外関連者ごとに判定）	連結グループ収入1,000億円未満	連結グループ収入1,000億円未満
適用時期	2017年4月1日以後開始する事業年度分	2017年4月1日以後開始する最終親会社等の会計年度分	2017年4月1日以後開始する最終親会社等の会計年度分

〔出所〕財務省「平成28年度　税制改正の解説」をもとにCaN International作成

ならない。

　また、もうひとつの重要な機能が、法人と国外関連者の切出し損益の状況を示す書類（以下、「切出PL」という）を通した各主体の利益水準の把握である。移転価格税制の趣旨は価格調整を通じた国外への所得の移転防止であるため、切出PLはそうした所得移転の蓋然性を把握するものとして、税務当局が重視している書類のひとつである。作成にあたっては煩雑さを伴い、各種見積りに係る判断も要するため、実務では必要に応じて外部専門家のアドバイスを得ている例も多い。

図表6-6　国外関連取引の内容を記載した書類の概要

イ	国外関連取引に係る資産の明細と役務の内容を記載した書類
ロ	国外関連取引において法人と国外関連者が果たす機能、ならびに負担するリスクに係る事項を記載した書類
ハ	国外関連取引において使用した無形固定資産、その他の無形資産の内容を記載した書類
ニ	国外関連取引に係る契約書または契約の内容を記載した書類
ホ	国外関連取引において国外関連者との受払額の設定の方法と当該設定に係る交渉の内容を記載した書類、ならびに当該受払額に係る独立企業間価格の算定方法及び当該国外関連取引に関する事項についてのわが国以外の国または地域の権限のある当局による確認がある場合における当該確認の内容を記載した書類
ヘ	国外関連取引に係る法人と国外関連者の損益の明細を記載した書類
ト	国外関連取引に係る資産の販売、資産の購入、役務の提供その他の取引について行われた市場に関する分析、その他当該市場に関する事項を記載した書類
チ	法人と国外関連者の事業の方針を記載した書類
リ	国外関連取引と密接に関連する他の取引の有無とその内容を記載した書類

〔出所〕措規第22条の10第1項第1号をもとにCaN International作成

②国外関連取引に係る独立企業間価格を算定するための書類

　独立企業間価格を算定するための書類として、独立企業間価格の算定方法、その方法を選定した理由、比較対象取引の選定方法、比較対象取引の明細等を作成、取得等する必要がある（図表6-7参照）。

　当該書類を作成することは、基本的に3〈独立企業間価格の算定方法〉、4〈算定方法の選定〉で検討した事項を文書としてまとめることである。

　大手企業等ではこれまでに対応していた領域も多いと考えられるが、中小企業では考え方や書類が未整備である事例も散見されるため、その作成にあたっ

ては必要に応じて外部専門家のアドバイスを得ることも検討されたい。

図表6-7　国外関連取引に係る独立企業間価格を算定するための書類

イ	法人が選定した独立企業間価格算定の方法、その選定に係る重要な前提条件及びその選定の理由を記載した書類その他当該法人が独立企業間価格を算定するにあたり作成した書類
ロ	法人が採用した国外関連取引に係る比較対象取引の選定に係る事項と当該比較対象取引等の明細を記載した書類
ハ	法人が利益分割法を選定した場合におけるこれらの方法により当該法人と国外関連者に帰属するものとして計算した金額を算出するための書類
ニ	法人が複数の国外関連取引を一の取引として独立企業間価格の算定を行った場合のその理由と各取引の内容を記載した書類
ホ	比較対象取引等について差異調整を行った場合の理由と差異調整等の方法を記載した書類

〔出所〕措規第22条の10第1項第2号をもとにCaN International作成

③同時文書化義務及び免除基準

→ 同時文書化義務

　同時文書化義務とは、法人が国外関連者との取引を行う際、または法人が確定申告書を提出する際に利用可能である最新の情報に基づいてローカルファイルを作成、または取得し、これを保存しなければならないとするものである。BEPS行動計画13の勧告を受けて、平成28年度税制改正で導入された。

　具体的には、国外関連者との取引について、確定申告書の提出期限までにローカルファイルを作成または取得して、原則として7年間、納税地または国内の事業所その他これらに準ずるものの所在地に保存しなければならないとされている（措法66の4⑥、措規22の10②）。

→ 同時文書化義務の免除

　同時文書化義務には免除規定が設けられており、法人が前事業年度において国外関連者との間で行った国外関連取引が次の(ⅰ)及び(ⅱ)のいずれにも該当する場合、または当該法人が前事業年度等において当該国外関連者との間で行った国外関連取引がない場合には、当該法人が当該事業年度において当該国外関連者との間で行った国外関連取引に係る同時文書化義務を免除することとしている（措法66の4⑦）。

> （ⅰ）国外関連者から支払いを受ける対価の額及び当該国外関連者に支払う対価の額の合計額が50億円未満であること
> （ⅱ）無形資産取引に関して国外関連者から支払いを受ける対価の額及び当該国外関連者に支払う対価の額の合計額が3億円未満であること

ただし、同時文書化義務が免除された国外関連取引であっても、移転価格税制の対象となるため、調査において税務当局から独立企業間価格算定のために必要と認められる書類の提出を求められた場合には、当該書類を提出する必要がある点に留意する。

➡ 文書化義務違反における推定課税及び同業者調査

独立企業間価格を算定するために必要と認められる書類、または当該算定のために重要と認められる書類が、法人から税務当局に対して所定の期日までに提示または提出されない場合、税務当局は推定課税及び同業者への質問検査を行うことができる。

具体的には、税務署長は、次の（ⅰ）または（ⅱ）の場合において、独立企業間価格を推定して、その法人のその事業年度の所得（欠損）の金額につき更正または決定をすることができる（措法66の4⑧）。なお、同時文書化免除国外関連取引に係る独立企業間価格を算定するために重要と認められる書類（写しを含む）に関しては、（ⅰ）の45日以内の定めが、60日以内となっている（措法66の4⑨）が、上述したとおり、あくまでも文書化義務自体はあることに留意されたい。

> （ⅰ）法人に同時文書化対象国外関連取引に係る独立企業間価格を算定するために必要と認められる書類（写しを含む）の提示もしくは提出を求めた日から45日を超えない範囲内においてその求めた書類もしくはその写しの提示もしくは提出の準備に通常要する日数を勘案してその職員が指定する日までにこれらの書類の提示もしくは提出がなかったとき
> （ⅱ）法人に同時文書化対象国外関連取引に係る独立企業間価格を算定するために重要と認められる書類（写しを含む）の提示もしくは提出を求めた

> 日から 60 日を超えない範囲内においてその求めた書類もしくはその写しの提示もしくは提出の準備に通常要する日数を勘案してその職員が指定する日までにこれらの書類の提示もしくは提出がなかったとき

上記の場合における税務署長による独立企業間価格の推定方法は、次のとおりである。

> ①法人の国外関連取引に係る事業と同種の事業を営む法人で事業規模その他の事業の内容が類似するもののその事業に係る売上総利益率またはこれに準ずる割合として、政令で定める割合を基礎とした再販売価格基準法もしくは原価基準法またはそれらと同等の方法
> ②利益分割法もしくは取引単位営業利益法またはこれらの方法に準ずる方法（ただし、②に掲げる方法は、①に掲げる方法を用いることができない場合に限り、用いることができる）

また、税務署長は、国外関連取引に係る独立企業間価格を推定するために必要と認められるときは、その必要と認められる範囲内において、当該法人の当該同時文書化対象国外関連取引に係る事業と同種の事業を営む者に質問し、または当該事業に関する帳簿書類等を検査し、または当該帳簿書類（写しを含む）の提示もしくは提出を求めることができる（同業者調査、措法 66 の 4 ⑪⑫）。

税務当局が第三者に対する質問検査権を行使して、推定課税を行った場合、企業は税務当局に推定された価格の算定に係る前提を知り得ることができない（シークレットコンパラブルの問題といわれる）。そのうえ、企業は自己の主張する取引価格が独立企業間価格であることを立証しない限り、税務当局が推定した価格に対抗することはできない。

このように、同制度が適用された場合、企業にとって負担が大きいため、同制度の適用を受けないためにも本項で解説した文書を作成しておくことが望ましい。

④国税庁の取組み

上述の 5〈BEPS プロジェクト〉で解説したとおり、近年、移転価格分野等

が国際的な関心を集め、また、多国間における議論が進められるなど、移転価格税制の執行を取り巻く環境が大きく変化している。

こうした状況の下、国税庁は、移転価格税制の執行に関する取組方針について、国際的な関心の高まりや、移転価格税制に関する自発的な税務コンプライアンスの維持・向上の重要性にも配意しつつ、環境の変化に適切に対応し、これまで以上に効率的で質の高い事務運営を推進していく必要があるとの考えを示している。

移転価格税制の執行に関して、申告納税制度を採用する日本では、企業による自発的な税務コンプライアンスの維持・向上が重要である。国税庁は、自ら適切に対応しようとする企業に対して協働関係を築きながら、相談対応等の支援施策を積極的に推進していくとしている。

とりわけ、移転価格文書化制度については、移転価格税制上の適切さを企業が自ら検証するとの観点等から、同時文書化が義務化され（前記③参照）、2017年4月からは、企業によるローカルファイルの作成等が本格化する局面となっている。こうした状況を踏まえ、国税庁は、移転価格税制に関する自発的な税務コンプライアンスの維持・向上を目的として、2017年7月から、次のような対応を行うとして具体的な取組みを公表している（国税庁「移転価格ガイドブック～自発的な税務コンプライアンスの維持・向上に向けて～」(2017年6月))。

（ⅰ）同時文書化対象取引に関する個別照会への対応

2017年7月から、同時文書化義務の対象となる企業からの個別取引等に関する個別照会に積極的に対応していくこととし、企業が相談等のために訪問する窓口を新たに国税局に設置することとした。相談窓口では、たとえば、ローカルファイルの作成における機能分析、独立企業間価格の算定方法の選定、比較対象取引の選定、分割ファクターの選定、目標利益率の幅（レンジ）の設定等に関する個別照会など、企業からの各種相談に対応する。

> （ⅱ）移転価格文書化制度に関する指導、助言等のための企業訪問の実施
>
> 　移転価格文書化制度を適正かつ円滑に実施すること等を目的として、同時文書化対象取引に関する個別照会への対応を開始するのと併せて、2017年7月から、企業の理解と協力の下で、国税局の調査部の職員が同時文書化義務の対象となることが見込まれる企業を対象として、ローカルファイルの作成状況等の確認を行うため、事務所等を訪問する。なお、事務所等の訪問に先立って、事前に電話で訪問する日時等を連絡する。また、企業を訪問するのは、「特定の納税義務者の課税標準等または税額等を認定する」目的で行われる税務調査ではない。

⑤海外子会社対応

　海外子会社において、ローカルファイルは現地の移転価格税制に従って作成する必要がある。ただし、同一取引に関して日本親会社と海外子会社の方針が違っていたり、価格の説明ができなくなったりすることを避けるため、現実的には日本親会社も海外子会社のローカルファイル作成に関与する必要がある。

　場合によっては、たとえば、ロイヤルティ（10(1)②参照）や、マーケット・プレミアム、ロケーション・セービング（10(1)③参照）に対しての考え方など、各国の課税当局のスタンスが異なる論点もあるため、ローカルファイルへの記載方法には留意が必要である。

　なお、海外子会社のマスターファイルは親会社が作成することとなるため、海外子会社におけるマスターファイルとローカルファイルの整合性といった観点から、海外子会社のローカルファイルの内容を確認しなければならない。

(3)国別報告事項

　国別報告事項は、BEPS行動計画13の勧告に従い、平成28年度税制改正によって新たに導入されたものであり、OECD移転価格ガイドライン2017年版ではCountry-by-Country Report：CbCRと表記される。なお、提出義務者や適用除外要件、提出期限等については**図表6-5**を参照されたい。

　国別報告事項が導入された目的は、多国籍企業グループの事業活動に関し

て、国・地域ごとの損益や事業活動の状況を明らかにすることによって、ハイレベルな視点から移転価格リスク評価を行うことである。

なお、国別報告事項は、租税条約等に基づく情報交換制度により、構成会社等の居住地国の税務当局に提供される。

①最終親会社等または代理親会社等による国別報告事項の提供

　特定多国籍企業グループ（多国籍企業グループのうち、直前の最終親会計年度におけるその多国籍企業グループの総収入金額が1,000億円以上であるもの（措法66の4の4④三））の構成会社等である内国法人で、最終親会社等または代理親会社等に該当するものは、当該特定多国籍企業グループの事業が行われる国または地域ごとの収入金額、税引前当期利益の額、納付税額等の国別報告事項を、各最終親会計年度終了の日の翌日から1年以内に、e-Taxにより、所轄税務署長に提供する必要がある（措法66の4の4①）。

②最終親会社等及び代理親会社等以外の構成会社等による国別報告事項の提供

　特定多国籍企業グループの構成会社等である内国法人で、最終親会社等または代理親会社等に該当しないもの、または当該構成会社等である恒久的施設を有する外国法人は、最終親会社等（代理親会社等を指定した場合には、代理親会社等）の居住地国の税務当局が国別報告事項に相当する情報の提供をわが国に対して行うことができないと認められる所定の場合に該当するときは、当該特定多国籍企業グループの国別報告事項を、各最終親会計年度終了の日の翌日から1年以内に、e-Taxにより、所轄税務署長に提供する必要がある（措法66の4の4②）。

③最終親会社等届出事項の提供

　特定多国籍企業グループの構成会社等である内国法人または当該構成会社等である恒久的施設を有する外国法人は、当該特定多国籍企業グループの最終親会社等届出事項を、各最終親会計年度終了の日までに、e-Taxにより、所轄税務署長に提供する必要がある（措法66の4の4⑤）。

④記載事項

　国別報告事項は、OECD移転価格ガイドライン2017年版の第5章別添3の

記載項目と同様であり、英語で作成する必要がある。提供様式（**図表6-8参照**）及びその記載要領については国税庁 Web サイトに公表されているので参考にされたい。

⑤海外子会社対応

海外子会社の居住地国の税務当局から問合せがあった場合には、以下の対応を行う（国税庁「移転価格税制に係る文書化制度（FAQ）」（2016年10月）の問57参照）。

> （ⅰ）海外子会社の居住地国の税務当局から、国別報告事項に相当する事項の提供が求められた場合
>
> 　構成会社等の居住地国が日本と租税条約等を締結し、適格当局間合意を有している場合には、租税条約等に基づく情報交換制度を通じて日本の税務当局から外国の税務当局に対して特定多国籍企業グループの国別報告事項を提供することとなるため、その旨を外国の税務当局に説明する。
>
> （ⅱ）日本に所在する最終親会社等はその多国籍企業グループの連結総収入金額が1,000億円未満であるため、日本の税務当局に国別報告事項を提供する義務はないが、海外子会社の居住地国の税務当局から国別報告事項に相当する事項の提供を求められている場合（なお、子会社居住地国の国別報告事項に相当する事項の提供に係る法制はOECDの勧告に則ったものであり、その子会社居住地国は日本との適格当局間合意を有している）
>
> 　日本の免除基準（1,000億円）はOECDの勧告に則ったものであり、この多国籍企業グループは最終親会社等が所在する日本において国別報告事項の提供義務が免除されているため、構成会社等の居住地国の税務当局に国別報告事項に相当する事項を提供する義務がない旨を現地の税務当局に説明する必要がある。

(4) マスターファイル

事業概況報告事項（以下、「マスターファイル」という）は、国別報告事項と

図表6-8　国別報告事項の記載内容

表1　居住地国における収入金額、納付税額等の配分及び事業活動の概要

地域	収入金額			税引前当期純利益（損失）	納付税額	発生税額	資本金	利益剰余金	従業員数	有形資産（現金・現金同等物を除く）
	非関連者	関連者	合計							

多国籍企業グループ名：
対象事業年度：
使用通貨：

表2　居住地国等における多国籍企業グループの構成会社等一覧

多国籍企業グループ名：
対象事業年度：

地域	地域別グループ構成法人	所在地と異なる場合の設立地域	主要な事業活動										
			研究開発	知的資産の保有・管理	購買・調達	製造・生産	販売・物流	管理・運営	非関連者への役務提供	グループ内金融	規制金融サービス	保険	株式・その他の持分の保有	休眠会社	その他
	1.														
	2.														
	3.														
	1.														
	2.														
	3.														

表3　追加情報

多国籍企業グループ名：
対象事業年度：
（必要な追加情報や国別報告事項の内容の理解を深める補足説明を英語で記載してください。）

〔出所〕国税庁「国別報告事項」表1～3をもとにCaN International作成

同様に、BEPS行動計画13の勧告に従い、平成28年度税制改正によって新たに導入されたものである。なお、提出義務者や適用除外要件、提出期限等は図表6-5を参照されたい。

マスターファイルが導入された目的は、多国籍企業グループの事業活動に関して、その全体像に関する基本情報をもとに、多国籍企業グループ内の重大な移転価格リスクを把握し、評価することである。

①マスターファイルの提供

特定多国籍企業グループの構成会社等である内国法人またはPEを有する外国法人は、当該特定多国籍企業グループの組織構造、事業の概要、財務状況等のマスターファイルを、最終親会計年度終了の日の翌日から1年以内に、e-Taxにより、所轄税務署長に提供する必要がある（措法66の4の5①）。

なお、マスターファイルを提供すべき内国法人及びPEを有する外国法人が複数ある場合には、原則としてすべての法人にマスターファイルを提供する義務が生ずるが、特例として、これらの法人のうちいずれか一の法人が、報告対象となる会計年度の終了の日の翌日から1年以内に、e-Taxにより、マスターファイルを代表して提供する法人に関する情報を当該一の法人に係る所轄税務署長に提供した場合には、代表となる法人以外の法人はマスターファイルを提供する必要はない（措法66の4の5②）。

②記載事項

マスターファイルの記載内容は、措規第22条の10の5第1項（特定多国籍企業グループに係る事業概況報告事項の提供）に定められている（図表6-9参照）。これは、OECD移転価格ガイドライン2017年版の第5章別添1の記載項目とほぼ同様の内容となっている。

マスターファイルは、税務当局が重要な移転価格リスクを特定できるように、多国籍企業グループのグローバルな事業活動やポリシーに関する概要を記載したものであるため、作成者である各企業は想定される移転価格リスクに対して、事前に適切に対応しておく必要がある。また、ローカルファイルとの整合性といった観点からも記載内容を確認しなければならない。

なお、国税庁のWebサイトで提供様式が公表されており、記載要領も記載

されているので、参考にされたい。

図表6-9 特定多国籍企業グループに係るマスターファイルの提供

1号	特定多国籍企業グループの構成会社等の名称及び本店または主たる事務所の所在地ならびに当該構成会社等の間の関係を系統的に示した図
2号	特定多国籍企業グループの構成会社等の事業等の概況として次に掲げる事項 イ 特定多国籍企業グループの構成会社等の売上、収入その他の収益の重要な源泉 ロ 特定多国籍企業グループの主要な5種類の商品もしくは製品または役務の販売または提供に係るサプライチェーン（消費者にいたるまでの一連の流通プロセスをいう。ハにおいて同じ）の概要及び当該商品もしくは製品または役務の販売または提供に関する地理的な市場の概要 ハ 特定多国籍企業グループの商品もしくは製品または役務の販売または提供に係る売上金額、収入金額その他の収益の額の合計額のうちに当該合計額を商品もしくは製品または役務の種類ごとに区分した金額の占める割合が100分の5を超える場合における当該超えることとなる商品もしくは製品または役務の販売または提供に係るサプライチェーンの概要及び当該商品もしくは製品または役務の販売または提供に関する地理的な市場の概要（ロに掲げる事項を除く） ニ 特定多国籍企業グループの構成会社等の間で行われる役務の提供（研究開発に係るものを除く。ニにおいて同じ）に関する重要な取決めの一覧表及び当該取決めの概要（当該役務の提供に係る対価の額の設定の方針の概要、当該役務の提供に係る費用の額の負担の方針の概要及び当該役務の提供が行われる主要な拠点の機能の概要を含む） ホ 特定多国籍企業グループの構成会社等が付加価値の創出において果たす主たる機能、負担する重要なリスク（為替相場の変動、市場金利の変動、経済事情の変化その他の要因による利益または損失の増加または減少が生ずるおそれをいう）、使用する重要な資産その他当該構成会社等が付加価値の創出において果たす主要な役割の概要 ヘ 特定多国籍企業グループの構成会社等に係る事業上の重要な合併、分割、事業の譲渡その他の行為の概要
3号	特定多国籍企業グループの無形固定資産その他の無形資産（以下、第7号までにおいて「無形資産」という）の研究開発、所有及び使用に関する包括的な戦略の概要ならびに当該無形資産の研究開発の用に供する主要な施設の所在地及び当該研究開発を管理する場所の所在地
4号	特定多国籍企業グループの構成会社等の間で行われる取引において使用される重要な無形資産の一覧表及び当該無形資産を所有する当該構成会社等の一覧表
5号	特定多国籍企業グループの構成会社等の間の無形資産の研究開発に要する費用の額の負担に関する重要な取決めの一覧表、当該無形資産の主要な研究開発に係る役務の提供に関する重要な取決めの一覧表、当該無形資産の使用の許諾に関する重要な取決めの一覧表、その他当該構成会社等の間の無形資産に関する重要な取決めの一覧表
6号	特定多国籍企業グループの構成会社等の間の研究開発及び無形資産に関連する取引に係る対価の額の設定の方針の概要
7号	特定多国籍企業グループの構成会社等の間で行われた重要な無形資産（当該無形資産の持分を含む。以下この号において同じ）の移転に関係する当該構成会社等の名称及び本店または主たる事務所の所在地ならびに当該移転に係る無形資産の内容及び対価の額その他当該構成会社等の間で行われた当該移転の概要

8号	特定多国籍企業グループの構成会社等の資金の調達方法の概要（当該特定多国籍企業グループの構成会社等以外の者からの資金の調達に関する重要な取決めの概要を含む）
9号	特定多国籍企業グループの構成会社等のうち当該特定多国籍企業グループに係る中心的な金融機能を果たすものの名称及び本店または主たる事務所の所在地（当該構成会社等が設立にあたって準拠した法令を制定した国または地域の名称及び当該構成会社等の事業が管理され、かつ、支配されている場所の所在する国または地域の名称を含む）
10号	特定多国籍企業グループの構成会社等の間で行われる資金の貸借に係る対価の額の設定の方針の概要
11号	特定多国籍企業グループの連結財務諸表（連結財務諸表がない場合には、特定多国籍企業グループの財産及び損益の状況を明らかにした書類）に記載された損益及び財産の状況
12号	特定多国籍企業グループの居住地国を異にする構成会社等の間で行われる取引に係る対価の額とすべき額の算定の方法、その他当該構成会社等の間の所得の配分に関する事項につき当該特定多国籍企業グループの一の構成会社等の居住地国の権限ある当局のみによる確認がある場合における当該確認の概要
13号	前各号に掲げる事項について参考となるべき事項

〔出所〕措規第22条の10の5第1項（抄）（特定多国籍企業グループに係る事業概況報告事項の提供）をもとにCaN International作成

③海外子会社対応

日本親会社及び海外子会社のマスターファイルは基本的に同一である必要がある。ただし、各国において定められているマスターファイルの記載内容には異なる部分がある可能性もあるため、当該差異を把握したうえで日本親会社が作成を行い、海外子会社側で内容を確認し、現地語で保管することが一般的であると考えられる。

(5) 新文書（国別報告事項及びマスターファイル）の税務調査への利用

①移転価格調査に係る調査必要度の判定

国税庁は、申告状況、過去の調査情報、マスコミやその他の公開情報等さまざまな情報を活用し、たとえば、以下のような観点を含め、納税者とその国外関連者の機能・リスクも勘案しつつ、多角的に検討を行い、移転価格調査に係る調査の必要度を判定している。

・内国法人が赤字または低い利益水準となっていないか
・国外関連者の利益水準が高くなっていないか

・国外関連者への機能・リスクの移転等の取引形態を変更している一方、それに伴い適切な対価を授受していないことや、軽課税国の国外関連者に多額の利益剰余金が存在すること等により、国外関連者に所得が移転していると想定されないか
・国外関連者に所得を移転させるタックスプランニングが想定されないか
・過去に移転価格課税を受けているにもかかわらず、当事者の利益水準等に変化がみられないなど、コンプライアンスに問題が想定されないか
・内国法人と複数の国外関連者間で連続した取引（連鎖取引）を行い、利益配分状況や国外関連者の機能等が申告書上では解明できず、確認を要しないか

　今後は、移転価格文書化制度の整備に伴い国別報告事項及びマスターファイルが新たに企業等から提供されることとなるため、適切に移転価格調査を実施するうえで、これらの情報も移転価格調査に係る調査必要度の判定に活用されることとなる。

②**税務調査時**

　税務調査において、マスターファイルは、ローカルファイルと同様に、移転価格税制の検討に利用される。税務当局は、移転価格税制上の問題の有無につき、価格設定や利益水準（売上高営業利益率等）、そして利益配分等の観点から検討を行い、総合的に判断することとなる。その際、マスターファイル等を参照しながら、納税者がどのような考えに基づいてそれらの資料を作成しているか、国外関連取引の価格設定を行っているか、そして、その結果が契約書等にどのように反映されているかなどが検討される。

　国税庁は、企業から提供された国別報告事項または租税条約等の情報交換制度を通じて外国税務当局から提供された国別報告事項に相当する情報については、課税上の問題の把握及び統計のために使用し、国別報告事項または国別報告事項に相当する情報のみに基づいて、独立企業間価格の算定を行うことはないとしている（移転価格事務運営要領2-1、国税庁「移転価格ガイドブック 〜自発的な税務コンプライアンスの維持・向上に向けて〜」（2017年6月））。

また、OECD 移転価格ガイドライン 2017 年版においても、各国・地域はいかなる企業に対しても、国別報告事項を用いて全世界定式配分方式に基づく課税を行うべきではないとの勧告がなされている（第5章パラグラフ5.25）。なお、国税庁は BEPS 行動計画 13 の勧告に反して国別報告事項が入手、使用等されているといった情報がある場合、国税局に設置している移転価格文書化に関する相談窓口に連絡することを呼びかけている。

7．移転価格課税への対応

(1) 2つの対応方法

　法人が、わが国の税務当局から移転価格課税を受けた場合、取引の相手方である国外関連者は、実際の取引価格を基礎として課税所得の計算を行い、その所在地国において申告納税をしていることから、国際的二重課税の状況が発生する。当該国際的二重課税を排除するためには、国内法に基づく不服申立て、及び租税条約に基づく相互協議の申立ての2つの対応方法を検討することとなる。なお、実務では当該2つの手続を同時並行で進めることが一般的である。

(2) 租税条約に基づく相互協議の申立て

　相互協議とは、納税者が租税条約の規定に適合しない課税を受け、または受けるにいたると認められる場合において、その条約に適合しない課税を排除するため、条約締結国の税務当局間で解決を図るための協議手続である。

　移転価格課税を受けることによって国際的二重課税が生じた企業は、日本と租税条約締結国である場合に限り、原則として日本企業と国外関連者の両方がそれぞれの税務当局に相互協議の申立てを行うことによって当該手続を行うことができる（**図表6－10参照**）。

　相互協議の結果、わが国と相手国の権限のある当局がわが国で行われた移転価格課税について全部もしくは部分的に合意に達した場合、移転価格課税のもととなった所得金額のうち合意された金額に相当する金額について、相手国では現地の税務当局が国外関連者の所得の金額から減額を行い、わが国では当初

の移転価格課税のもととなった所得金額と合意された金額との差額を税務当局が法人の所得の金額から減額することによって、関連者双方において税額が還付される。

図表6-10　相互協議のフロー

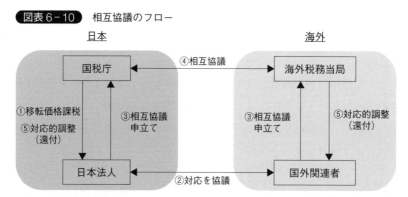

(3) BEPS行動計画14

BEPS最終報告書の行動計画14「相互協議の効果的実施」は、相互協議プロセスの実効性及び効率性を強化するため、相互協議を通じた租税条約の解釈や、適用に関する紛争を適時・効果的に解決することも含め、租税条約の適切な運用を確実にすることで、不確実性及び意図しない二重課税のリスクを最小化することを目的としている。

これらの目的を達成するため、次の3項目の実現が挙げられており、それぞれ各国が最低限実施すべき措置及び実施することが望ましいとされる措置が勧告された。

（ⅰ）相互協議に係る条約上の義務の誠実な履行と、相互協議事案の迅速な解決
（ⅱ）租税条約に関連する紛争の予防及び迅速な解決を促進するための行政手続の実施
（ⅲ）納税者に対する相互協議の機会の保証

日本は、現状において行動計画14が定める措置をおおむね実施している。今後は、行動計画15が定める多数国間協定交渉への参加を含め、租税条約に

関連する措置（仲裁を含む）を規定する租税条約を拡充する方針である（第2章3(3)〈BEPSプロジェクト〉参照）。

8. 事前確認制度
(Advance Pricing Arrangement：APA)

　事前確認とは、納税者が税務当局に申し出た独立企業間価格の算定方法等について、税務当局がその合理性を検証し確認を行うことをいい、納税者が確認された内容に基づき申告を行っている限り、移転価格課税は行われない。事前確認の目的は、移転価格課税に関する納税者の予測可能性を確保し、移転価格税制の適正・円滑な執行を図ることにある。

(1) 事前確認の種類

　事前確認には、相互協議を伴わないユニラテラルと、相互協議を伴うバイラテラルがある。

　ユニラテラル事前確認は、日本法人が税務当局に独立企業間価格の算定方法等について確認を求めるもので、この場合は国外関連取引の相手方である国外関連者が外国の税務当局に課税されるリスクの回避までは保証されないが、相互協議を伴うバイラテラル事前確認に比べ、確認にいたるまでの期間が短く、事務負担も軽いことが一般的である。

　一方、バイラテラル事前確認は、日本及び外国において、対象となるそれぞれの納税者が独立企業間価格の算定方法等について確認を求めると同時に、これらの内容について税務当局間での合意を求めるものであり、移転価格課税についての予測可能性を確保すると同時に二重課税のリスクを回避することを目的とする。バイラテラル事前確認では、相応の期間と負担が生ずるが、関連者が双方（または複数の国）の税務当局から事前確認を受けた確認取引については法的安定性を得ることができるため、日本を含む多くの国で相互協議を伴う事前確認が行われている。

　ただし、一方の国において移転価格課税リスクが実質的にない場合であっても、バイラテラル事前確認が行われる事例も実務上散見されている。特に、相

手国が新興国である場合、合意までの期間が長期化したり、そもそも不合意になったりすることもある。不要なコストと時間を費やすことを避けるためにも、実質的な税務リスクと実効性に基づいた事前確認の選択が必要である。

2つの事前確認の方法について、図表6-11にそれぞれのメリット・デメリットをまとめた。

図表6-11 事前確認の方法

項　目	ユニラテラル事前確認	バイラテラル事前確認
手　続	・自国の税務当局にのみ確認を求める	・自国と国外関連者の双方の税務当局に確認を求める
メリット	・バイラテラル事前確認と比べて必要な時間は短くなる ・発生するコストも少なくて済む	・確認を得られれば二重課税を排除できる ・事前確認対象年度以前の年度にも遡及適用が認められる
デメリット	・国外関連者側の移転価格課税リスクは軽減できない	・税務当局間の相互協議に時間がかかる ・コストも多額

なお、平成27事務年度は195件の相互協議事案が発生し、そのうち事前確認に係るものは151件（約8割）、移転価格課税その他に係るものは44件（約2割）であった。事前確認による相互協議事案はここ数年150件前後で推移している（図表6-12参照）。

図表6-12 相互協議の発生状況について

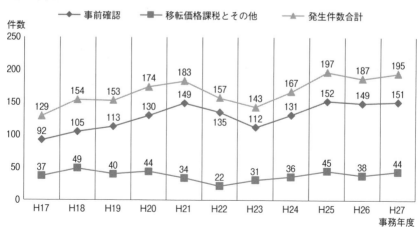

〔出所〕国税庁「平成27事務年度の「相互協議の状況」について」（平成28年11月）をもとにCaN International作成

(2) 事前確認の申出

事前確認の申出を行う場合、法人と税務当局の双方が、基本的な理解を共有するために事前相談が行われる（図表6-13参照）。また、バイラテラル事前確認の場合には、同じタイミングで国外関連者側の税務当局への事前相談も行うことが望ましい。

図表6-13 事前確認申出の手続

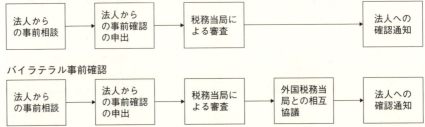

〔出所〕国税庁 Web サイト「移転価格税制に関する事前確認の申出及び事前相談について」をもとに CaN International 作成

(3) 必要書類

事前確認の申出は、事前確認を受けようとする事業年度のうちの最初の事業年度開始の日までに、「独立企業間価格の算定方法等の確認に関する申出書」を所轄税務署長に提出する必要がある。なお、申出書には**図表6-14**の資料の添付も必要となる。

図表6-14 「独立企業間価格の算定方法等の確認に関する申出書」の添付資料

- 確認対象取引の内容、流れ及び詳細を記載した資料
- 確認申出法人及び国外関連者の事業内容及び組織概要を記載した資料
- 確認申出法人及び国外関連者が果たす機能、負担するリスク及び使用する資産に関する資料
- 独立企業間価格の算定方法等及びそれが最も適切な方法であることを説明した資料
- 事前確認を行い、かつ、事前確認を継続するうえで前提となる重要な事業上または経済上の諸条件に関する資料
- 確認申出法人と国外関連者との直接もしくは間接の資本関係または実質的支配関係に関する資料
- 確認申出法人及び国外関連者の過去3事業年度分の営業及び経理の状況その他事業の内容を明らかにした資料
- 国外関連者が所在する国等で、移転価格に係る調査、不服申立てまたは訴訟等が行われている場合には、その概要及び過去の課税状況を記載した資料
- 確認対象取引に係る独立企業間価格の算定方法等を確認対象事業年度前3事業年度に適用した場合の結果など確認対象取引に係る独立企業間価格の算定方法等を具体的に説明するために必要

> な資料
> ・確認申出法人が属する多国籍企業グループの最終親会社及び確認申出法人に係る親会社等のうち当該確認申出法人を直接支配する親会社等が最終親会社等ではない場合の親会社等の概要を記載した資料（ユニラテラル事前確認の場合に限る）
> ・その他事前確認にあたり必要な資料

〔出所〕移転価格事務運営要領6-3をもとにCaN International作成

(4)事前確認審査における留意事項

　税務当局による事前確認審査においては、審査着手の連絡から開始し、資料提出依頼、インタビュー、機能分析、独立企業間価格の算定方法等についての検討を経て、審査終了の流れとなる。審査のなかでは、次の点を中心に検討が行われる。

> イ　事前確認を申し出た納税者及び国外関連者の事業実態、国外関連取引の事実関係の把握
> ロ　審査の際の基礎データとなる過年度における所得移転の蓋然性の有無の検討
> ハ　独立企業間価格の算定方法の妥当性の検討
> ニ　比較対象取引の比較可能性の検討
> 　　たとえば以下の項目についての類似性の検討が行われる
> 　　棚卸資産の種類、役務の内容等、取引段階、取引数量、契約条件、取引当事者が果たす機能及び負担するリスク、無形資産、事業戦略、市場参入時期、市場の状況

　バイラテラル事前確認における1件あたりの平均的な処理期間は、平成27事務年度の事前確認に係るものが25.7か月（平成26事務年度は22.2か月）、OECD非加盟国との事前確認に係る相互協議事案に限ってみると41.4か月（平成26事務年度は38.9か月）であり、いずれにしても長期に及ぶ点には留意が必要である。

9. 取引形態別の論点

　本節では、日本親会社と海外子会社との間で行われる典型的な取引形態別に、移転価格税制における留意点を解説する。なお、無形資産取引に関しては次節で取り扱う。

(1) 物品販売

　日本親会社が海外子会社と物品の売買を行っている場合、その取引金額は多額に上ることが多く、移転価格課税が行われた際にはその影響も大きい。経済産業省が公表している「平成28年企業活動基本調査確報－平成27年度実績－」によると、平成25年度から27年度における日本企業のモノの輸出額のうち、関係会社取引が占める割合は製造業で約5割（輸入は約4割）、卸売・小売業で約3割（同3割弱）を占め、日本親会社のモノの輸出入に係る海外取引に占める国外関連取引の規模の大きさがわかる。

　物品販売に関する移転価格税制上の基本的な留意点については、3〈独立企業間価格の算定方法〉及び4〈算定方法の選定〉を参照されたい。

→ ロイヤルティを物品の購入価格で回収している場合

　海外子会社に対する無形資産の使用許諾に係る対価を、物品の購入価格に織り込んで回収している場合等には、海外子会社における親会社以外との取引から発生するロイヤルティ分の回収漏れや、独立企業間価格の算定方法において当該ロイヤルティの価値を織り込む必要がある点に留意しなければならない。

→ 価格調整金等の取扱い

　法人が価格調整金等の名目で、すでに行われた国外関連取引に係る対価の額を事後に変更している場合には、当該変更が合理的な理由に基づく取引価格の修正に該当するものか否かを検討する必要がある（移転価格事務運営要領3-20）。

　当該変更が国外関連者に対する金銭の支払いまたは費用等の計上（以下、「支払い等」という）により行われている場合には、当該支払い等に係る理由、事

前の取決めの内容、算定の方法及び計算根拠、当該支払い等を決定した日、当該支払い等をした日等を総合的に勘案して検討し、当該支払い等が合理的な理由に基づくものと認められるときは、取引価格の修正が行われたものとして取り扱う。合理的な理由についての考え方や例示等は、「移転価格税制の適用に当たっての参考事例集（国税庁）」【事例26】（価格調整金等の取扱い）が参考になる。

(2)役務提供

昨今、日本企業においても、国境を跨ぐ物品販売を伴わない役務提供取引が増加しているため、移転価格税制における役務提供取引の検討の重要性が高まっている。経済産業省が公表している「平成28年企業活動基本調査確報－平成27年度実績－」によると、平成25年度から27年度における日本企業のモノ以外のサービス提供のうち、関係会社取引が占める割合は製造業で約9割（海外関係会社からの提供は約5〜7割弱）、卸売・小売業で約6〜7割（同4〜5割弱）を占めており、日本親会社のモノ以外のサービス提供に係る海外取引に占める国外関連取引の規模の大きさがわかる。

役務提供取引に関する独立企業間価格の算定方法は、原則として、独立価格比準法と同等の方法または原価基準法と同等の方法を適用することになる。

独立価格比準法と同等の方法を適用する場合には、比較対象取引に係る役務が国外関連取引に係る役務と同種であり、かつ、比較対象取引に係る役務提供の時期、役務提供の期間等の役務提供の条件が国外関連取引と同様である必要があることに留意する（措通66の4(7)-5）。

ただし、通常このような比較対象取引はほとんどなく、一般的には原価基準法と同等の方法を適用することが多い。原価基準法と同等の方法を適用する場合には、比較対象取引に係る役務が国外関連取引に係る役務と同種または類似であり、かつ、その役務提供の条件と同様である必要があることに留意する。

→ 役務提供を行う際に無形資産を使用している場合

役務提供を行う際に無形資産を使用している場合、その役務提供の対価の額に無形資産の使用に係る部分が含まれているか否かに留意する必要がある（移

転価格事務運営要領3-8)。その際、役務の提供と無形資産の使用は概念的には別のものであることに留意し、役務の提供者が当該役務提供時にどのような無形資産を用いているか、当該役務提供が役務の提供を受ける法人の活動、機能等にどのような影響を与えているか等について検討を行う。

また、役務提供が有形資産または無形資産の譲渡等に併せて行われており、当該役務提供に係る対価の額がこれらの資産の譲渡等の価格に含まれている場合についても同様に留意する。

→ 海外子会社に対する役務提供への寄附金課税

赤字の海外子会社に対して財政上の支援等を目的として役務提供の対価を得ていない場合や、海外子会社に有利な価格設定を行っている場合に、税務当局から寄附金認定され、課税が生ずるケースがある。たとえば、大手電機メーカーが海外子会社を支援する目的で販促費等の経費を負担していたことや、技術支援を無償で提供していたことに対して、税務当局が寄附金と判断した事例もある。

(3) 企業グループ内役務提供

親子会社間取引では第三者との間では見られない非定型な取引や、価格設定が不透明もしくは取引対価の授受が行われていないもの、契約等が明確に文書化されていないものが散見される。そのため、移転価格税制の対象となる活動の把握は重要である。企業グループ内の役務提供取引とは、Intra Group Service：IGSと呼ばれ、対価の授受が必要なものであり、移転価格税制の対象となる取引のことである。

本項では、企業グループ内の役務提供取引に係る実務上の取扱いに関して、移転価格事務運営要領3-9、3-10をもとに解説を行う。

なお、海外子会社の立上げ費用については、第2章5〈海外子会社の立上げ費用に関する留意点〉も参照されたい。

①企業グループ内における役務提供の取扱い
→ **経営・財務・業務・事務管理上の活動**

　法人が国外関連者に対し、次に掲げるような経営・財務・業務・事務管理上の活動を行う場合において、当該活動が役務の提供に該当するか否かを検討する必要がある。

■経営・財務・業務・事務管理上の活動の例示
- イ　企画または調整
- ロ　予算の作成または管理
- ハ　会計、税務または法務
- ニ　債権の管理または回収
- ホ　情報通信システムの運用、保守または管理
- ヘ　キャッシュフローまたは支払能力の管理
- ト　資金の運用または調達
- チ　利子率または外国為替レートに係るリスク管理
- リ　製造、購買、物流またはマーケティングに係る支援
- ヌ　従業員の雇用、配置または教育
- ル　従業員の給与、保険等に関する事務
- ヲ　広告宣伝（リに掲げるマーケティングに係る支援を除く）

　当該活動が対価の請求が必要な役務の提供に該当するか否かは、それが当該国外関連者にとって経済的または商業的価値を有するものであるか否かによって判断することとなる。具体的には、次の2つの観点による。

（ⅰ）当該国外関連者と同様の状況にある非関連者が他の非関連者からこれと同じ活動を受けた場合に対価を支払うかどうか
（ⅱ）当該法人が当該活動を行わなかったとした場合に国外関連者自らがこれと同じ活動を行う必要があると認められるかどうか

➡ 随時利用可能な役務提供

法人が、国外関連者の要請に応じて随時役務の提供を行い得るよう人員や設備等を利用可能な状態に定常的に維持している場合には、このような状態を維持していること自体が役務の提供に該当するため、対価の請求が必要になることに留意する。

➡ 経済的または商業的価値を有しない活動

法人が国外関連者に対して行う上記〈経営・財務・業務・事務管理上の活動〉が、役務の提供に該当するかどうかを検討するにあたり、次に掲げる活動は、国外関連者にとって経済的または商業的価値を有するものではないことに留意する。

（ⅰ）重複活動

法人が国外関連者に対し、非関連者が当該国外関連者に行う役務の提供または当該国外関連者が自らのために行う、上記〈経営・財務・業務・事務管理上の活動〉と重複する活動を行う場合における当該重複する活動は、対価の請求対象とはならない。

ただし、その重複が一時的であると認められる場合、または当該重複する活動が事業判断の誤りに係るリスクを減少させるために手続上重複して行われるチェック等であると認められる場合を除く。

（ⅱ）株主活動

国外関連者に対して株主としての地位を有する法人が、もっぱら自らのために行う株主としての法令上の権利の行使または義務の履行に係る活動（以下、「株主活動」という）で、たとえば次に掲げるものは対価の請求対象とはならない。

> （イ）日本親会社が実施する株主総会の開催や株式の発行等、親会社が遵守すべき法令に基づいて行う活動
> （ロ）日本親会社が金融商品取引法に基づく有価証券報告書等を作成するための活動

ただし、日本親会社が海外子会社等に対して行う特定の業務に係る企画、緊急時の管理、技術的助言、日々の経営に関する支援等は、株主としての地位を

有する者がもっぱら株主として自らのために行うものとは認められないことから、株主活動には該当しない。

また、日本親会社が海外子会社等に対する投資の保全を目的として行う活動で、かつ、当該子会社等にとって経済的または商業的価値を有するものは役務の提供に該当するため、対価の請求が必要である。

なお、株主活動に該当するか否かについての考え方及びその具体例については「移転価格税制の適用に当たっての参考事例集（国税庁）」の【事例23】（企業グループ内役務提供）が参考になる。

②原価基準法に準ずる方法と同等の方法による役務提供取引の検討
→ 本来の業務に付随した役務提供

法人が国外関連者との間で行う役務提供のうち、法人または国外関連者の本来の業務に付随した役務提供については、その役務提供の総原価の額を独立企業間価格とする原価基準法に準ずる方法と同等の方法の適用について検討することが考えられる。

この場合において、本来の業務に付随した役務提供とは、たとえば、海外子会社から製品を輸入している法人がその海外子会社の製造設備に対して行う技術指導等、役務提供を主たる事業としていない法人または国外関連者が、本来の業務に付随してまたはこれに関連して行う役務提供をいう。また、役務提供に係る総原価には、原則として、その役務提供に関連する直接費のみならず、合理的な配賦基準によって計算された担当部門及び補助部門の一般管理費等間接費まで含まれることに留意する。

なお、本来の業務に付随した役務提供に該当するかどうかは、原則として、その役務提供の目的等により判断することとなるが、次に掲げる場合には、総原価の額を独立企業間価格として採用することは認められない。

イ	役務提供に要した費用が、法人または国外関連者の当該役務提供を行った事業年度の原価または費用の額の相当部分を占める場合
ロ	役務提供を行う際に無形資産を使用する場合など、当該役務提供の対価の額を当該役務提供の総原価とすることが相当ではないと認められる場合

➡ 一定の企業グループ内における役務の提供について

　法人が国外関連者との間で行う上記〈本来の業務に付随した役務提供〉以外の役務提供については、その役務提供が次に掲げる要件のすべてを満たしている場合、その役務提供の総原価の額を独立企業間価格とする原価基準法に準ずる方法と同等の方法を適用することができる。

イ　役務の内容が次に掲げる業務のいずれかに該当すること
　（イ）予算の作成または管理
　（ロ）会計、税務または法務
　（ハ）債権の管理または回収
　（ニ）情報通信システムの運用、保守または管理
　（ホ）キャッシュフローまたは支払能力の管理
　（ヘ）資金の運用または調達（事務処理上の手続に限る）
　（ト）従業員の雇用、配置または教育
　（チ）従業員の給与、保険等に関する事務
　（リ）広告宣伝（①〈経営・財務・業務・事務管理上の活動の例示〉のリに掲げるマーケティングに係る支援を除く）
　（ヌ）その他一般事務管理
ロ　当該役務提供が法人または国外関連者の事業活動の重要な部分に関連していないこと
ハ　当該役務提供に要した費用が、法人または国外関連者の当該役務提供を行った事業年度の原価または費用の額の相当部分を占めていないこと
ニ　当該役務提供を行う際に自己の無形資産を使用していないこと
ホ　当該役務提供に関連する直接費及び間接費の計算が、当該役務提供に係る従事者の従事割合や使用資産の使用割合等、合理的な配分割合によっていること

---

③ OECD移転価格ガイドライン2017年版

　OECD移転価格ガイドライン2017年版の第7章にあたるグループ内役務提供（Special Considerations for Intra-Group Services：IGS）は、BEPSプロジェク

トの行動計画8-10「移転価格税制と価値創造の一致」の最終報告書における行動計画10〈他の租税回避の可能性の高い取引に係る移転価格ルール〉を受けて、2010年版から大幅な改訂が行われた。主要な改訂点として、低付加価値グループ内役務提供につき簡素化された計算アプローチが導入されたことが挙げられる。

低付加価値グループ内役務提供の簡易アプローチの導入によって、移転価格の立証に係る手続が緩和され、また、準備資料が明確化されるなど、実務にメリットをもたらすことが期待される。ただし、各国の税務当局がどのようにこの基準をそれぞれの国内法に取り入れていくのかについては現状では不透明である。特にアジア諸国では、これまでもマネジメントフィーや本社費用の配賦等については否定的な態度を示していた経緯がある。

日本において、簡易アプローチを導入するか否かは現時点では明確ではない。特に、日本では現在マークアップを行わないことを許容している総原価の額を独立企業間価格としている役務提供と、簡易アプローチのなかで明確化された5％マークアップが対象としている役務提供との関係など、対処すべき課題もある。そのため、今後の他国の導入状況等も勘案しつつ検討がなされることが予想される。

以下、低付加価値グループ内役務提供の概要を記載する。

➡ 低付加価値グループ内役務提供の定義

低付加価値グループ内役務提供とは、多国籍企業グループ内における役務提供であり、以下のすべての条件を満たすものである（第7章パラグラフ7.45）。

・支援的な性質のものである
・多国籍企業グループの中核的事業を構成するものではない
・独自で価値ある無形資産の使用を必要とせず、その創造にもつながらないものである
・役務提供者が相当程度または重要なリスクを負担せず、また重要なリスクの創出にもつながらないものである

なお、対象及び非対象となる業務について、図表6-15に例示をまとめた。

図表6-15　低付加価値グループ内役務提供の対象・非対象業務の例示

低付加価値グループ内役務提供	
該当する（第7章パラグラフ7.49）	該当しない（第7章パラグラフ7.47）
・会計及び監査 ・売掛金及び買掛金勘定の処理と管理 ・以下のような人事活動 　－採用と配置 　－訓練及び従業員の能力開発 　－報酬関連の事務サービス 　－従業員の健康管理手続、安全面、雇用に関連する環境基準の開発及びモニタリング ・健康、安全、環境その他の事業規制に係る基準に関する情報のモニタリング及び収集 ・グループの主要な活動ではないITサービス ・内部及び外部コミュニケーションと広報支援 ・法務サービス ・納税義務に関する活動 ・管理または事務的な性質の一般的役務	・多国籍企業グループの中核的事業を構成する役務 ・研究開発 ・製造及び生産 ・製造または生産過程で使用される原材料またはその他の材料に関する購入活動 ・販売、マーケティング、流通活動 ・金融取引 ・天然資源の採掘、探査、加工 ・保険及び再保険 ・企業の上級管理者によるサービス（上述した定義における低付加価値グループ内役務提供として認められる経営監督以外のサービス）

→ 低付加価値グループ内役務提供対価の算定方法

上記で認識された低付加価値グループ内役務提供については、以下のステップを経て対価が決定される。

〔第1ステップ〕コストプールの集計（第7章パラグラフ7.56）
　低付加価値グループ内役務提供を行うグループの全メンバーに発生したすべての費用を、カテゴリーごとに年間ベースで集計する。集計すべき費用には直接費のみでなく間接費、経費が含まれる。

〔第2ステップ〕コストプールからの費用の除外（第7章パラグラフ7.57）
　グループ内の特定のメンバーのために行う役務提供に帰属する費用を特定し、コストプールから除外する。

〔第3ステップ〕費用の配賦計算（第7章パラグラフ7.59）
　複数のグループのメンバーが便益を受ける役務のコストプール内の費用をグループのメンバー間で、適切な配賦基準に基づき配賦する。

〔第4ステップ〕利益マークアップ（第7章パラグラフ7.61）
　配賦された費用に対して、役務提供の内容にかかわらず5％のマークアッ

プを付加する。

〔第5ステップ〕役務提供対価の計算（第7章パラグラフ7.62）
　各メンバーがプールした費用の割合に応じて対価が決定される。

(4) 金銭の貸借取引

　企業グループ内の金銭の貸借取引については、日本親会社が海外子会社に貸付けを行っている形態が最も多く見受けられる。

①通常の貸借取引

　企業グループ内の金銭の貸借取引は、移転価格税制の対象となるため、利率の設定については日本及び所在地国双方の観点から移転価格税制に留意することが必要である。利率を決定する際、①独立価格比準法と同等の方法または原価基準法と同等の方法を適用する場合には、国外関連取引と同様の条件の下で行う比較対象取引に係る実際の取引金利を検討する（措通66の4(7)-4）。ただし、比較対象取引がない場合で、かつ、金銭の貸付け等を業としていない場合には、②借手が第三者である銀行等から当該国外関連取引と同様の条件下で借り入れた場合の利率（借手の調達金利）、③貸手が第三者である銀行等から当該国外関連取引と同様の条件下で借り入れた場合の利率（貸手の調達金利）、④当該資金を同様の条件下で国債等によって運用した場合に得られる利率（国債等の運用金利）の順番で金利を検討することができる（移転価格事務運営要領3-7）。

　日本親会社から海外子会社に対する長期滞留未収入金等が実質的に貸付けにあたると税務当局から指摘を受ける事例や、貸付金処理しているが金利を受け取っていないことから金利を授受するように指摘を受ける事例も見受けられるため、海外子会社に対する貸付けには留意する必要がある。なお、海外子会社側で高い金利が問題となることもあるため、現地国の移転価格税制や課税当局の税務調査事例の動向等も勘案しながら金利設定を行うことが望ましい。

②子会社等を再建する場合の無利息貸付け等

　移転価格事務運営要領3-6(1)において、法基通9-4-2〈子会社等を再建する場合の無利息貸付け等〉の適用がある金銭の貸付けについては、移転価格税制の適用上も適正な取引として取り扱うと定められている。

たとえば、法人がその海外子会社等に対して金銭の無償もしくは通常の利率よりも低い利率での貸付けまたは債権放棄等（以下、「無利息貸付け等」という）をした場合において、その無利息貸付け等が業績不振の海外子会社等の倒産を防止するためにやむを得ず行われるもので合理的な再建計画に基づくものであるなど、その無利息貸付け等をしたことについて相当な理由があると認められる場合である。

(5) 移転価格税制と寄附金の相違点

　国外関連取引に関して、税務当局から、移転価格課税として処理されるか、寄附金課税として処理されるかが実務上論点となることがある（寄附金課税が適用される取引例については後記参照）。どちらも全額が損金の額に算入されないという点では同じである（措法66の4③④）が、**図表6-16**に挙げた点が相違する。特に、移転価格課税に関しては7〈移転価格課税への対応〉で解説したとおり、相互協議の申立てが可能であるが、寄附金課税に関しては原則として相互協議を期待することは難しいため留意が必要である。

　単なる金銭贈与や債権放棄等は移転価格課税ではなく寄附金課税を受けることは明らかであるが、対価を伴う資産の譲渡やロイヤルティの収受に関してはそれぞれの税制に基づく課税事例がみられる。これは、移転価格税制と寄附金の対象となる取引には重なる領域が存在するものの（たとえば、後記の寄附金課税が適用される取引例（ⅱ）及び（ⅲ）のような取引価格が問題となるケース）、実務上、どちらの税制が適用されるかは、税務調査時における課税当局との現場でのやり取りの結果に影響を受ける部分があるためと思料される。独立企業間価格に基づく税務当局との交渉や、課税後の相互協議を考えた場合、移転価格税制に沿って税務当局と協議するほうが企業にとって望ましいことから、6で解説した文書化を行っておくことが有効な対応策である。

図表6-16　移転価格税制と寄附金の主要な相違点

項　目	移転価格税制	寄附金
更正の期限	6年	5年
税務調査において重視	法令の規定に沿って執行	事実認定に基づく

される点	される傾向	
課税金額算定の基礎	取引価格と独立企業間価格との差額	取引価格（無償を含む）と時価との差額
相互協議の可否	可能	原則として不可。ただし、最近では、日本の課税当局も状況に応じて、相互協議の対象として取り扱うケースが増加している傾向にある

→ 寄附金課税が適用される取引例

次のような取引には、寄附金課税が適用されることに留意する（移転価格事務運営要領3-19）。

> （ⅰ）法人が国外関連者に対して資産の販売、金銭の貸付け、役務の提供その他の取引（以下、「資産の販売等」という）を行い、かつ、当該資産の販売等に係る収益の計上を行っていない場合において、当該資産の販売等が金銭その他の資産または経済的な利益の贈与または無償の供与に該当するとき
>
> （ⅱ）法人が国外関連者から資産の販売等に係る対価の支払いを受ける場合において、当該法人が当該国外関連者から支払いを受けるべき金額のうち当該国外関連者に実質的に資産の贈与または経済的な利益の無償の供与をしたと認められる金額があるとき
>
> （ⅲ）法人が国外関連者に資産の販売等に係る対価の支払いを行う場合において、当該法人が当該国外関連者に支払う金額のうち当該国外関連者に金銭その他の資産または経済的な利益の贈与または無償の供与をしたと認められる金額があるとき
>
> （注）ただし、(4)②〈子会社等を再建する場合の無利息貸付け等〉に記載のような状況が認められる場合、寄附金課税の適用はない

10. 無形資産取引

本節では、国境を跨ぐ無形資産取引の増加とその重要性に鑑み、昨今の事業

トレンドを織り込みながら、国際税務領域を中心に解説を行う。無形資産取引に係る国際税務実務においては、取引の状況によってその解釈及び適用される税制が異なる可能性があり、また、各国における税制とその実務上の運用に差異が生じている場合も見受けられる。そのため、個別の取引に関しては本節を参考にしつつ、必要に応じて当該領域に関して十分な知識と経験を有した日本の税理士及び現地専門家に相談することをおすすめする。

なお、5〈BEPSプロジェクト〉に記載のとおり、OECD移転価格ガイドラインは2017年版が公表されている。本節ではガイドラインのなかでも無形資産取引に関連するものとして、BEPSプロジェクトの行動計画8-10「移転価格税制と価値創造の一致」の最終報告書における行動計画8〈無形資産取引に係る移転価格ルール〉を受けて改訂された、第6章〈無形資産に対する特別の配慮〉及び第8章〈費用分担取決め〉の内容についても解説を行っている。

(1) 移転価格税制における無形資産の基本的概念
①日本における無形資産の定義

日本の移転価格税制の枠組みにおいて、無形資産は、「「法令第183条第3項第1号イからハ」までに掲げるもののほか、顧客リスト、販売網等の<u>重要な価値のあるもの</u>をいう」と定義されている（措通66の4(3)-3注1）。法令第183条第3項第1号イからハ及び法令第13条第8号イからソは、以下の定めとなっている。

> ■法令第183条第3項第1号
> イ　工業所有権その他の技術に関する権利、特別の技術による生産方式またはこれらに準ずるもの
> ロ　著作権（出版権及び著作隣接権その他これに準ずるものを含む）
> ハ　「第13条第8号イからソ」まで（減価償却資産の範囲）に掲げる無形固定資産（国外における同号ワからソまでに掲げるものに相当するものを含む）

■法令第13条第8号

イ	鉱業権（租鉱権及び採石権その他土石を採掘しまたは採取する権利を含む）
ロ	漁業権（入漁権を含む）
ハ	ダム使用権
ニ	水利権
ホ	特許権
ヘ	実用新案権
ト	意匠権
チ	商標権
リ	ソフトウェア
ヌ	育成者権
ル	公共施設等運営権
ヲ	営業権
ワ	専用側線利用権
カ	鉄道軌道連絡通行施設利用権
ヨ	電気ガス供給施設利用権
タ	水道施設利用権
レ	工業用水道施設利用権
ソ	電気通信施設利用権

　また、無形資産が法人または国外関連者の所得にどの程度寄与しているかを検討するにあたっては、たとえば、次に掲げる重要な価値を有し所得の源泉となるものを総合的に勘案することに留意する（移転価格事務運営要領3-11）。

イ	技術革新を要因として形成される特許権、営業秘密等
ロ	従業員等が経営、営業、生産、研究開発、販売促進等の企業活動における経験等を通じて形成したノウハウ等
ハ	生産工程、交渉手順及び開発、販売、資金調達等に係る取引網等

　なお、法人または国外関連者の有する無形資産が所得の源泉となっているか

どうかの検討にあたり、たとえば、国外関連取引の事業と同種の事業を営み、市場、事業規模等が類似する法人のうち、所得の源泉となる無形資産を有しない法人を把握できる場合には、当該法人または国外関連者の国外関連取引に係る利益率等の水準と当該無形資産を有しない法人の利益率等の水準との比較を行うとともに、当該法人または国外関連者の無形資産の形成に係る活動、機能等を十分に分析することに留意する（無形資産の形成については後記(2)〈無形資産の形成〉参照）。

このように、日本の移転価格税制の枠組みにおいて、無形資産は法令等によって一部例示されているものの限定的に定められておらず、重要な価値があり所得の源泉となるものとして広範に規定されているのが特徴である。そのため、税務当局が無形資産の範囲を拡大解釈し、その内容及び利益貢献を詳細に分析することなく移転価格課税を行った事例や、そのような課税が裁判によって否認された事案も存在する。

②無形資産の使用許諾取引

　法人または国外関連者のいずれか一方が保有する無形資産を他方が使用している場合で、当事者間でその使用に関する取決めがないときは、譲渡があったと認められる場合を除き、当該無形資産の使用許諾取引があるものとして当該取引に係る独立企業間価格の算定を行うことに留意する（移転価格事務運営要領3-13）。

　無形資産の使用許諾に係る独立企業間価格の決定については、独立価格比準法に準ずる方法と同等の方法を適用することによってロイヤルティ料率を設定したり、また、課税当局もそのような観点から検証を行っていたりする事例が見受けられる。ただし、無形資産は固有性が強く、本来比較に馴染まないものであることから、同種で同様条件の比較対象取引を有する無形資産取引を見出すことは実務的に困難なことが多い。

　この点、「移転価格税制の適用に当たっての参考事例集（国税庁）」の事例6《前提条件3：無形資産の使用許諾取引の場合》では、「法人が特許権等の使用許諾により無形資産を国外関連者に供与している場合において、国外関連者が、国外関連取引の事業と同種の事業を営み、市場、事業規模等が類似する他

の法人（独自の機能を果たす法人を除く）と同程度の製造機能または販売機能のみを有するときには、取引単位営業利益法を適用して国外関連者の機能に見合う通常の利益を計算し、これを超える国外関連者の残余の利益を無形資産の供与に係る対価の額として間接的に算定することが可能である。この場合の独立企業間価格の算定方法は、「取引単位営業利益法に準ずる方法と同等の方法」となる」との解説がなされており、実際に同手法によって独立企業間価格を算定している事例も多くみられる。

　また、関連者双方が重要な無形資産を有している場合等には、利益分割法が採用されることもある。

　税務調査では、海外子会社が同業他社と比較して高い利益水準にある場合、当該超過利益の源泉は日本親会社による製造技術やノウハウ等の提供に起因するとして、海外子会社からロイヤルティの回収不足があるのではないかと日本の税務当局から指摘される可能性がある。

　一方、海外子会社の所在地国では現地の税務当局からの指摘によってロイヤルティの金額の一部もしくは全額について損金計上を否認される事例も存在する。このように、国によっては現地法制によってロイヤルティの上限が定められていたり、現地でロイヤルティの支払いが認められていなかったりすることもあるため、実際にロイヤルティに係る対価の授受を行うか、どちらの国で申告調整（否認）するかなどについて別途検討が必要となる場合があるため留意されたい。

③ OECD移転価格ガイドライン2017年版

　OECD移転価格ガイドライン2017年版の第6章〈無形資産に対する特別の配慮〉では、無形資産について幅広い概念を定義として採用しつつ、具体的な無形資産を限定列挙する形ではなく例示している（例示に関しては**図表6-17**参照）。

　具体的には、無形資産とは「有形資産または金融資産ではないもので、商業活動における使用目的で所有または管理することができ、比較可能な独立当事者間の取引ではその使用または移転に際して対価が支払われるような資産」であると定義された（第6章パラグラフ6.6）。

図表6-17　無形資産の例示

無形資産に該当するもの	無形資産に該当しないもの
・特　許 ・ノウハウ、企業秘密 ・商標、商号、ブランド ・契約上の権利、政府の認可 ・ライセンス ・のれん、継続事業の価値	・グループシナジー ・市場固有の特徴

〔出所〕第6章パラグラフ6.18-6.31をもとにCaN International作成

→ 市場固有の特徴について

図表6-17より、無形資産に該当しないもののなかに「市場固有の特徴」が含まれていることがわかる。

ロケーション・セービングやマーケット・プレミアム等の市場固有の特徴が、市場における取引の独立企業間条件に影響を及ぼすことがある。たとえば、特定の市場における高い家計の購買力が、一定の高級消費財に支払われる価格に影響を及ぼす可能性や、安い人件費、市場への近接性、有利な天候条件等が、特定の市場において特定の商品及び役務に支払われる価格に影響を及ぼす可能性がある。このような市場固有の特徴は、企業によって所有または支配されるものではないことから、第6章に定める無形資産ではないが、移転価格分析においては考慮されるべきであると定められている（第6章パラグラフ6.31）。

なお、ロケーション・セービングに関して、関連者の間でそれをどのように配分するかを決定する場合、以下の検討が必要になると定められている（第1章パラグラフ1.141）。

（ⅰ）ロケーション・セービングの存在の有無
（ⅱ）ロケーション・セービングの額
（ⅲ）ロケーション・セービングがどの程度多国籍企業グループのメンバーで享受されているか、または、どの程度独立の顧客あるいはサプライヤーに転嫁されているか
（ⅳ）ロケーション・セービングが独立の顧客またはサプライヤーに完全に

> 転嫁されない場合に、同様の状況において、事業を行っている独立企業が転嫁されずに残ったロケーション・セービングの純額をどのように配分するか

　このような市場固有の特徴に係る恩恵の帰属に関する考え方については先進国と新興国の間で争いがあり、たとえば、中国やインドの税務当局は基本的に新興国に帰属するとの立場をとっている。実際に、日本企業でも中国やインドでロケーション・セービングの帰属について争いが発生し、現地で追徴課税を受けるといった事例も発生しているため、留意が必要である。

(2) 無形資産の形成
①移転価格税制における無形資産の法的所有権と経済的実態
　複数のグループ企業が無形資産の形成に関与した場合、その無形資産がどの企業に帰属するかといった問題が生ずる。特に、企業活動のグローバル化が加速している昨今においては、多国籍企業のグループ間の取引価格を分析するうえで、重要な論点となる。

　無形資産の帰属については、法律上の所有権を重視する考え方と、無形資産の価値創出への貢献の程度に基づいた経済的実態を重視する考え方が存在するが、税務上多くのケースで問題となるのは、経済的実態の判断である。

　経済的実態に係る判断は、無形資産の形成に関与したそれぞれの企業の活動の実態、負担したコスト、リスクといった側面から分析を行う。この点、多国籍企業において、複数のグループ企業がその形成に関与する場合、取扱いが複雑になるケースが多い。

　なお、このような問題に対応するため、日本ではあまり活用されていないが、海外ではよく活用され、BEPSプロジェクトでも取り上げられているコストシェアリング契約（後記(3)参照）の利用も検討されたい。

②移転価格事務運営要領
　同一企業グループ間の無形固定資産の所有関係については、移転価格事務運営要領において、下記のように定められている。

> （無形資産の形成、維持または発展への貢献）
> 3-12　無形資産の使用許諾取引等について調査を行う場合には、<u>無形資産の法的な所有関係のみならず、無形資産を形成、維持または発展（以下、「形成等」という）させるための活動において法人または国外関連者の行った貢献の程度も勘案する必要があること</u>に留意する。
> 　なお、無形資産の形成等への貢献の程度を判断するにあたっては、当該無形資産の形成等のための意思決定、役務の提供、費用の負担及びリスクの管理において法人または国外関連者が果たした機能等を総合的に勘案する。この場合、所得の源泉となる見通しが高い無形資産の形成において法人または国外関連者が単にその費用を負担しているというだけでは、貢献の程度は低いものであることに留意する。

　日本では、無形資産の価値創出にあたっては法的所有権だけではなく、企業グループ間の価値創出の貢献度合いを考慮する必要があり、その評価にあたっては、企業グループの意思決定、役務の提供、費用の負担、リスクのコントロールといった観点から総合的に勘案すべきとしているため、法的所有権よりも経済的実態を重視していることがわかる。

③ケーススタディ

　前述したとおり、移転価格事務運営要領では、無形資産の価値創出にあたり、法的所有権だけではなく、親会社を含めた企業グループ間の無形資産への貢献の程度を勘案する必要があると定められている。また、その際の判断にあたって、単にその費用を負担しているだけでは、貢献の程度は低いものであることに留意するとされている。

　「移転価格税制の適用に当たっての参考事例集（国税庁）」の事例13、14を参考に、無形資産の形成・維持・発展に係る貢献度の検討に関するケーススタディを作成したので、参照されたい。

【各社の機能及び活動等】

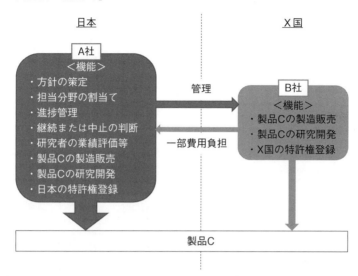

（ⅰ）A社及びB社は、製品Cの研究開発及び製造販売を行っている。
（ⅱ）A社の研究開発部門は、製品Cの研究開発に係る方針の策定、担当分野の割当て、進捗管理、継続または中止の判断、研究者の業績評価等を行っており、B社の研究開発部門は、これらに関与していない。
（ⅲ）B社が行っている研究開発活動は製品CのX国向けのカスタマイズ程度であるが、自社の研究開発部門で発生した費用に加え、A社の研究開発部門で発生した費用の一部を負担している。
（ⅳ）研究開発の成果である特許権は、A社及びB社のそれぞれにおいて創出された技術が集約されているため、日本においてはA社名義、X国においてはB社名義で登録されている。

【移転価格税制上の取扱い】

　本事例において、特許権は、A社及びB社の双方が行った研究開発の成果であり、それを使用して製造された製品Cの独自の技術性能が、基本的活動のみを行う法人との比較において、A社及びB社の国外関連取引に係る所得の源泉になっていると認められる。

　製品Cに係る特許権はA社とB社の双方の名義で登録されているが、その

形成・維持・発展に係る活動における双方の貢献の程度には違いがあり、A社は研究開発活動の大部分と開発の意思決定及びリスク管理を行っている一方、B社はA社が行う研究開発費用の一部を負担しているが、B社が手掛ける研究開発活動は製品Cの自国向けのカスタマイズ程度である。

以上より、A社の研究開発活動は無形資産の形成・維持・発展への貢献は大きいものと認められるが、B社の当該無形資産の形成・維持・発展への貢献は小さいものと認められる。そのため、特許権の形成・維持・発展のための活動・機能に着目して、所得への貢献の程度を勘案することが適当である（移転価格事務運営要領 3－12）。

【解 説】

無形資産の形成・維持・発展に係る活動において、双方の貢献の程度に違いがあるときは、両社が行った活動・機能に着目して所得への貢献の程度を勘案することが適当である。無形資産の所得への貢献の程度を検討する場合には、無形資産の法的な所有関係のみならず、無形資産の形成・維持・発展のための「意思決定」（たとえば、具体的開発方針の策定・指示、意思決定のための情報収集等の準備業務などを含む判断の要素）、「役務の提供」、「費用の負担」及び「リスク管理」（たとえば、無形資産の形成等の活動に内在するリスクを網羅的に把握し、継続的な進捗管理等の管理業務全般を行うことによってこれらのリスクを一元的に管理する業務等）において両社が果たした機能等を総合的に勘案する必要がある。

なお、研究開発活動に係る機能を果たす者と費用の負担者が一致していない場合において、その費用を負担しているというだけでは、費用負担者側の貢献の程度は低い。

④無形資産取引に係る文書化

ローカルファイルでは、無形資産関連について、国外関連取引において使用された無形資産の内容を記載した書類（措規22の10①一ハ）及び国外関連取引の内容を記載した書類（措規22の10①一ハ以外）とそれに係る独立企業間価格を算定するための書類（措規22の10①二）の作成が求められている。

また、平成29年度税制改正で導入されたマスターファイルには、特定多国籍企業グループの無形資産の研究開発、所有及び使用に関する包括的な戦略の

概要等の記載が求められていることに留意する必要がある。なお、無形資産関連に該当する部分を図表6-18に記載した。

図表6-18　無形資産取引に係るマスターファイルでの提供事項
　　　　　　（図表6-9の一部再掲）

3号	特定多国籍企業グループの無形固定資産その他の無形資産（以下、第7号までにおいて「無形資産」という）の研究開発、所有及び使用に関する包括的な戦略の概要ならびに当該無形資産の研究開発の用に供する主要な施設の所在地及び当該研究開発を管理する場所の所在地
4号	特定多国籍企業グループの構成会社等の間で行われる取引において使用される重要な無形資産の一覧表及び当該無形資産を所有する当該構成会社等の一覧表
5号	特定多国籍企業グループの構成会社等の間の無形資産の研究開発に要する費用の額の負担に関する重要な取決めの一覧表、当該無形資産の主要な研究開発に係る役務の提供に関する重要な取決めの一覧表、当該無形資産の使用の許諾に関する重要な取決めの一覧表、その他当該構成会社等の間の無形資産に関する重要な取決めの一覧表
6号	特定多国籍企業グループの構成会社等の間の研究開発及び無形資産に関連する取引に係る対価の額の設定の方針の概要
7号	特定多国籍企業グループの構成会社等の間で行われた重要な無形資産（当該無形資産の持分を含む。以下この号において同じ。）の移転に関係する当該構成会社等の名称及び本店または主たる事務所の所在地ならびに当該移転に係る無形資産の内容及び対価の額その他当該構成会社等の間で行われた当該移転の概要

〔出所〕措規第22条の10の5第1項（抄）（特定多国籍企業グループに係る事業概況報告事項の提供）をもとにCaN International作成

事例

多国籍企業においてグループ内で無形資産の帰属が税務上問題となった事例

　日本の税務当局は、日本法人であるA社が100％株式を所有するタイに所在するB社が保有していた製造技術（無形資産）について、法的所有権にかかわらず経済的実態に基づき当該製造技術（無形資産）の全部もしくは一部がA社に帰属すると指摘した。

　A社は電子部品関連の新製品を研究開発する際、B社から業務委託を受けることによって、製造技術（無形資産）をタイ子会社であるB社に帰属させ、各国で当該技術を用いた製品が販売された際には、各国の販売元が収益の一部を製造技術の使用料として、B社に支払っていた（下記左図表）。

　これに対して、日本の税務当局は、A社に帰属すべき製造技術（無形資産）を海外子会社に保有させることによって、A社が本来得るべきであった所得が海外

子会社に移転しているとして、A社に対して移転価格課税を行った（下記右図表）。

　日系企業では同様のスキームによって、海外子会社が製造技術に係るノウハウを所有するケースが実務上多くみられる。このような無形資産については、その形成・維持・発展に関して各社の貢献の程度を事前に明確にし、必要な文書化を行ったうえで、適切なロイヤルティの収受を行う必要がある。

【A社事例の図表】

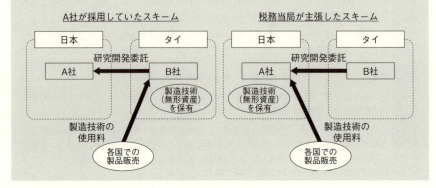

⑤ OECD移転価格ガイドライン2017年版

　従来、低税率国の関連者に無形資産を移転することによって、その活用から生ずる利益を開発等の経済実態を伴わない当該関連者に移転している例があると指摘がなされていた。そのため、OECD移転価格ガイドライン2017年版の第6章〈無形資産に対する特別の配慮〉のなかで、無形資産の使用及び移転に関する利益の価値創造に沿った配分が示された。具体的には、無形資産の活用から得る利益の最終的な配分については、法的所有関係のみでなく、無形資産の開発、改良、維持、保護及び活用（Development、Enhancement、Maintenance、Protection、Exploitation。以下、「DEMPE」という）といった重要な価値創造の各機能を実施及び管理するものがそれに応じた対価を得るとの考え方が示された（第6章パラグラフ6.32）。

　無形資産の開発活動のため、資金を提供し財務リスクを負担している場合でもDEMPEに関する活動を実施または管理していないときには資金提供に対するリスク調整後利益のみを受けることができるとされる（第6章パラグラフ

6.61)。したがって、資金提供に対する収益の配分は、リスクフリー・リターン（国債利率程度）までしか認められないことになる。

(3)コストシェアリング契約
①コストシェアリング契約の概要

無形資産の開発については、一般的に親会社が中心となって技術開発活動及びその資金の負担を担う形態が主流である。しかし、近年、親会社のみにこれらの機能を集中させるよりも、開発機能を有する海外のグループ会社と開発リスクを共有し、基盤となる技術を共同で開発することで、現地のニーズに合った製品を開発したいと考える日本企業が増加してきている。このような無形資産の共同開発のための手法として、コストシェアリング契約がある。

コストシェアリング契約とは、複数の法人が、特定の無形資産を開発するために必要な費用を分担し、新規に形成を行う無形資産に係る特定の権利・利得を、その費用の分担額に応じて取得する取決めのことである。

コストシェアリング契約に係る一般的なメリットとしては、①多額の研究開発資金の調達ができること、②研究開発失敗時のリスクを分散できること、③共同開発の負担金であり、使用料に該当しないことから、支払時に源泉所得税が課されないこと等が挙げられる。また、コストシェアリング契約に低税率国の関連者が参加する場合、無形資産を低税率国に移転することができるため、節税効果が期待できる。Google 等の米国企業は、節税スキームのなかに当該手法を取り入れることによって、実際に法人税の実効税率を相当程度下げることに成功しているといわれる。

②移転価格事務運営要領

日本ではコストシェアリング契約は、移転価格事務運営要領に定められている（図表6-19参照）。なかでも留意すべき事項として、①予測便益割合がその算定の基礎となった基準の変動に応じて見直されているか、②予測便益割合と実現便益割合とが著しく乖離している場合に、各参加者の予測便益の見積りが適正であったかどうかについての検討が行われているかといった点が挙げられる。

また、バイ・イン（既存の無形資産がある場合に、コストシェアリング開始時な

どに参加者間で行う当該無形資産の移転）の対価については、納税者と税務当局との見解の相違が発生しやすいため留意する必要がある。

図表6-19　費用分担契約について

（費用分担契約）
3-14　費用分担契約とは、「特定の無形資産を開発する等の共通の目的を有する契約当事者（以下、「参加者」という）間で、その目的の達成のために必要な活動（以下、「研究開発等の活動」という）に要する費用を、当該研究開発等の活動から生ずる新たな成果によって各参加者において増加すると見込まれる収益または減少すると見込まれる費用（以下、「予測便益」という）の各参加者の予測便益の合計額に対する割合（以下、「予測便益割合」という）によって分担することを取り決め、当該研究開発等の活動から生ずる新たな成果の持分を各参加者のそれぞれの分担額に応じて取得することとする契約」をいう。たとえば、新製品の製造技術の開発にあたり、法人及び国外関連者のそれぞれが当該製造技術を用いて製造する新製品の販売によって享受するであろう予測便益を基礎として算定した予測便益割合を用いて、当該製造技術の開発に要する費用を法人と国外関連者との間で分担することを取り決め、当該製造技術の開発から生ずる新たな無形資産の持分をそれぞれの分担額に応じて取得することとする契約がこれに該当する。

（費用分担契約の取扱い）
3-15　法人が国外関連者との間で締結した費用分担契約に基づく費用の分担（費用分担額の調整を含む）及び持分の取得は、国外関連取引に該当し、当該費用分担契約における当該法人の予測便益割合が、当該法人の適正な予測便益割合（3-16及び3-18による検討に基づき算定される割合をいう）に比して過大であると認められるときは、当該法人が分担した費用の総額のうちその過大となった割合に対応する部分の金額は、独立企業間価格を超えるものとして損金の額に算入されないことに留意する。

（注）法人が分担した費用については、法人税に関する法令の規定に基づいて処理するのであるから、たとえば、研究開発等の活動に要する費用のうちに措法第61条の4第4項（交際費等の損金不算入）に規定する交際費等がある場合には、適正な予測便益割合に基づき法人が分担した交際費等の額は、通措61の4(1)-23(1)（交際費等の支出の方法）の定めに準じて取り扱うこととなり、当該分担した交際費等の額をもとに同条第1項の規定に基づく損金不算入額の計算を行うこととなることに留意する。

（費用分担契約に関する留意事項）
3-16　法人が国外関連者との間で費用分担契約を締結している場合には、次のような点に留意のうえ、法人の費用分担額等の適否を検討する。
イ　研究開発等の活動の範囲が明確に定められているか。また、その内容が具体的かつ詳細に定められているか。
ロ　研究開発等の活動から生ずる成果を自ら使用するなど、すべての参加者が直接的に便益を享受することが見込まれているか。
ハ　各参加者が分担すべき費用の額は、研究開発等の活動に要した費用の合計額を、適正に見積もった予測便益割合に基づいて配分することにより、決定されているか。
ニ　予測便益を直接的に見積もることが困難である場合、予測便益の算定に、各参加者が享受する研究開発等の活動から生ずる成果から得る便益の程度を推測するに足りる合理的な基準（売上高、売上総利益、営業利益、製造または販売の数量等）が用いられているか。
ホ　予測便益割合は、その算定の基礎となった基準の変動に応じて見直されているか。
ヘ　予測便益割合と実現便益割合（研究開発等の活動から生じた成果によって各参加者において増加した収益または減少した費用（以下、「実現便益」という）の各参加者の実現便益の合計額に対する割合をいう）が著しく乖離している場合に、各参加者の予測便益の見積りが適正であったかどうかについての検討が行われているか。

ト　新規加入または脱退があった場合、それまでの研究開発等の活動を通じて形成された無形資産等がある場合には、その加入または脱退が生じた時点でその無形資産等の価値を評価し、その無形資産等に対する持分の適正な対価の授受が行われているか。

(費用分担契約における既存の無形資産の使用)
3-17　参加者の保有する既存の無形資産（当該費用分担契約を通じて取得・開発された無形資産以外の無形資産をいう。以下同じ）が費用分担契約における研究開発等の活動で使用されている場合には、その無形資産が他の参加者に譲渡されたと認められる場合を除き、当該無形資産を保有する参加者において、その無形資産に係る独立企業間の使用料に相当する金額が収受されているか、あるいはこれを分担したものとして費用分担額の計算が行われているかについて検討する必要があることに留意する。

(注)　法人が研究開発等の活動において自ら開発行為等を行っている場合や国外関連者である参加者の実現便益がその予測便益を著しく上回っているような場合には、法人の保有する既存の無形資産が当該研究開発等の活動に使用されているかどうかを検討し、その使用があると認められた場合においては、本文の検討を行うことに留意する。

〔出所〕移転価格事務運営要領をもとに CaN International 作成

③ OECD 移転価格ガイドライン 2017 年版

OECD 移転価格ガイドライン 2017 年版の第 8 章〈費用分担契約〉(Cost Contribution Arrangement：CCA) において、以下のような考え方が示された。

→ 概　要

CCA の条件が独立企業原則を満たすためには、参加者の貢献価値は、比較可能な状況において独立企業が合意するであろう貢献価値と整合的でなければならない。当該貢献価値は、CCA の取決めから生ずると合理的に期待される総予測便益に対する当該参加者の持分割合を前提としている。CCA への貢献とグループ内での通常の資産の移転または役務提供を区別するものは、参加者が意図した対価の全部または一部が、資源や技術の拠出からの相互的かつ応分の予測便益であるということである（第 8 章パラグラフ 8.12）。

なお、相互的かつ応分の便益の予測は、具体化したリスクの結果を共有し、資源と技術を拠出する取決めを独立企業が受け入れる際の原則であり、その取決めの全参加者が便益を合理的に予測していることが CCA の適用にあたって必要な前提条件である（第 8 章パラグラフ 8.13）。

→ 参加者

参加者は、CCA の対象である無形資産、有形資産または役務に係る持分または権利を与えられなければならず、かつ当該持分または権利から便益を得ることができるという合理的な期待を有していなければならない（第 8 章パラグ

ラフ 8.14)。

　なお、当該当事者は実際に果たす機能に基づき、CCA の目的物である成果物の持分を得る権利を有することとなるため、当事者が CCA において引き受ける特定のリスクに対してコントロールを行っておらず、当該リスクを引き受ける財務能力も有していない場合、当該当事者は CCA の参加者とはならない（第 8 章パラグラフ 8.15）。

→ CCA からの予測便益

　予測便益の相対的持分は、取決めの結果として各参加者によって生み出される予測追加所得、低減される費用またはその他の便益をもとに見積もられる（第 8 章パラグラフ 8.19）。

　なお、CCA の予測便益が開発プロジェクトの開始時点では評価が困難である無形資産に係る権利から成り立っているとき、または評価困難な既存の無形資産が CCA プロジェクトへの貢献の一部となっているときは、評価困難な無形資産に係る指針（後記 (4)② 〈OECD 移転価格ガイドライン 2017 年版〉参照）が、CCA への各参加者の貢献を評価する際にも適用される（第 8 章パラグラフ 8.20）。

→ CCA への各参加者の貢献の価値

　CCA が独立企業原則を満たしているかどうか、すなわち、CCA への貢献全体に対する各参加者の相対的な持分が、予測便益全体に対する各参加者の相対的な持分と整合的かどうかを決定するためには、各参加者の取決めに対する貢献の価値を測定することが必要である（第 8 章パラグラフ 8.23）。

　独立企業原則の下では、各参加者の貢献の価値は、独立企業が比較可能な状況において当該貢献に与えたであろう価値と整合的であるべきである。つまり、貢献は一般的に、独立企業原則と整合性をとるために、CCA 参加者の予測便益に関連する性質及び範囲だけでなく、リスクの相互的な共有も考慮しながら、貢献した時点における価値に基づいて評価されなければならない（第 8 章パラグラフ 8.25）。

(4) 無形資産の移転

 昨今のインターネットやスマートフォンの普及による影響もあり、多くの日系企業がEC、ゲーム等のアプリケーション、プラットフォーム事業によるグローバル市場への参入及び検討を行っている。また、新興国におけるソフトウェア開発に係るエンジニアの技術の向上に伴って、相対的に低コストである新興国でソフトウェア開発を行う一方、シンガポールや香港等といった低税率国に無形資産を形成または移転させることによって、企業グループの連結実効税率の低減を図る日本企業もみられる。こうしたスキームにおいて想定される税務上の課題を検討するため、ケーススタディを用いて解説を行う。

①ケーススタディ

 ベトナムでアプリケーションソフトウェアの開発を行い、その知的財産をシンガポール法人に所有させ、シンガポールのプラットフォームを通じて日本のユーザーや事業会社に販売するケースを想定する。

【各社の関係図】

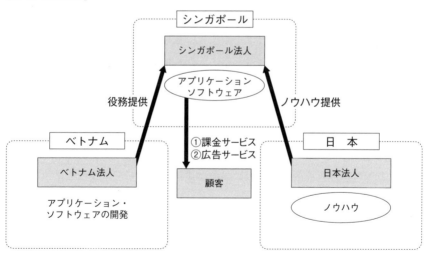

【状　況】

（ⅰ）当該企業グループは、日本、ベトナム、シンガポールに現地法人を有している。資本関係は、日本法人がシンガポール法人の株式を100％保有しており、シンガポール法人がベトナム法人の株式を100％保有している。

（ⅱ）シンガポール法人はアプリケーションソフトウェアの開発をベトナム法人に委託する。なお、当該アプリケーションソフトウェアの知的財産はシンガポール法人が所有する。
（ⅲ）ベトナム法人は、シンガポール法人より受託したアプリケーションソフトウェアの開発を行っている。
（ⅳ）ベトナム法人のアプリケーションソフトウェアの開発にあたって、日本法人はシンガポール法人に対して、所有する技術（ノウハウ）を提供している。
（ⅴ）当該アプリケーションソフトウェアのユーザーは無料もしくは有料課金でこれを使用する。また、これとは別に当該アプリケーションソフトウェアに広告を掲載する企業から得られる広告収入がある。なお、当該販売の契約主体はシンガポール法人である。
（ⅵ）グループ代表者は、日本法人とシンガポール法人の両方に所属し、企業グループ全体及びアプリケーションソフトウェアの開発に係る指揮命令を行っている。

【ケース①】 日本法人がシンガポール法人に無形資産を貸与する場合
　この場合、日本法人はシンガポール法人から無形資産の貸与に係るロイヤルティを得る必要がある。

　→ **ロイヤルティの算定方法**
　　本節(1)②〈無形資産の使用許諾取引〉を参照。

【ケース②】 日本法人が有する無形資産をシンガポール法人に譲渡する場合
　関連者との無形資産の譲渡取引に係る譲渡価格に対しては移転価格税制が適用される。

　→ **譲渡価格の算定方法**
　　日本の移転価格税制では、無形資産の譲渡価格に限定した独立企業間価格の算定方法の定めは存在しない。したがって、基本的には3で記載した独立企業間価格の算定方法によって評価することとなる。ただし、無形資産に関しては、独自性が強く、類似性が高い同様の無形資産取引を入手することが困難であるため、このような個別性を直接反映することのできるディスカウント

キャッシュフロー法（以下、「DCF 法」という）が採用される例が実務ではみられる。DCF 法とは、無形資産が将来生み出すと予想されるキャッシュフローの割引現在価値をもとに無形資産の評価額を算出する方法である。

現状、日本の移転価格税制において DCF 法の位置づけは明確ではない。以下の②記載のとおり、OECD 移転価格ガイドライン 2017 年版では無形資産の価格算定方法として DCF 法の活用が明記されており、今後、日本の移転価格税制においても DCF 法の位置づけが明確化されることが望まれる。

② OECD 移転価格ガイドライン 2017 年版

OECD 移転価格ガイドライン 2017 年版の第 6 章〈無形資産に対する特別の配慮〉のなかで、取引時点で「評価困難な無形資産（Hard-To-Value Intangibles：HTVI）」の移転等に伴う対価の算定方法等についての考え方が示された。

BEPS プロジェクトでは、主として、関連者間の無形資産の移転により生ずる可能性のある租税回避に、適切に対応することを目的として議論が行われた。その際、比較対象となる取引に基づく客観的価格づけが困難である無形資産の性質、及び関連者間取引における契約や取引条件の恣意的操作のしやすさ等に留意しつつ、HTVI について検討が進められ、次のような方法が提示された。

■ HTVI と所得相応性基準

（ⅰ）無形資産の価格算出に必要な信頼できる比較対象が特定できない場合、「DCF 法」を活用することが考えられる（第 6 章パラグラフ 6.153 – 6.180）。

（ⅱ）HTVI については、財務上の予測と実際の結果とが一定以上乖離し、納税者が予測の合理性を示せない場合に、発生した実際の利益に関する情報を使って移転時の独立企業間価格を事後的に再計算する「所得相応性基準」を採用することとなった。

（ⅲ）なお、企業と税務当局の双方の立場を勘案し、次の①から④のうち、1 つでも該当する場合、所得の再計算は行わない（第 6 章パラグラフ 6.193）。

> ①事後検証の結果が事前予測に基づく取引価格と大きく乖離した場合であっても、企業がその原因について予測不可能な事象に基づくものであったことを十分に説明できること
> ②多国間事前確認によってカバーされていること
> ③事前予測と事後の検証結果との相違が取引時点で設定した対価の20％を超えて減少または増加させるものでないこと
> ④HTVIに係る非関連者からの収入が初めて生み出された年から5年の商業期間が経過し、当該期間において、財務上の予測と実績の乖離が、当該期間に係る予測の20％を超えないこと

　このようなBEPSプロジェクトの流れを受けて、日本でも「所得相応性基準」について、「平成29年度税制改正大綱」で「中期的に取り組むべき事項」と位置づけられた。ただし、日本経済団体連合会（経団連）は、2017年6月30日付で「BEPS行動8　評価困難な無形資産に関する実施ガイダンス　公開討議草案に対する意見」を公表し、「所得相応性基準」の導入に係る懸念点についての考えを表明している。

　日本における「所得相応性基準」の導入にあたっては、その内容自体（評価範囲や適用除外基準等）の検討に加えて、前提となる評価手法（DCF法等）に関する考え方の整備、企業実務に与える影響、税務当局による課税執行面等も含めて検討しなければならず、そのハードルは低くないと考えられる。

第Ⅲ部

事業活動
現地経理実務

海外事業活動段階における親会社経理実務の観点に立った第Ⅱ部に対して、第Ⅲ部では、現地経理実務の観点から、東南アジアでの日系現地法人の会計・税務実務に焦点を定め、留意すべき事項について解説を行う。とりわけ、各国における記帳・決算業務や税制については現地特有の事項が多く存在するため、各社においては、以降に記載する基本原則や考え方を参考にして、現地専門家と協力して実務を進められたい。

第7章では、現地経理部の日常業務に焦点をあてて解説を行った。はじめに、現地管理者に求められる業務領域や能力面について記載した後、日常業務で必要な経理業務、会計システムの導入、必要となる税務面での対応の留意点を記載している。

第8章では、年度の決算・税務申告業務に焦点をあてて解説を行った。会計・税務制度、決算締め処理及び申告書作成から、日本親会社への対応まで幅広く記載している。

第9章では、年度の監査対応業務について解説した。現地で必要となる監査対応の留意点に加えて日本親会社への対応で必要となる事項についても記載している。

第7章 日常業務

1. 海外子会社の経理部

　アジア各国における法制やその執行状況の変化は激しく、日本親会社の管理部が最新の動向を入手できていないことも多い。本節ではこうした外部環境を踏まえて、海外子会社の経理部が置かれている状況とその業務範囲及び求められる能力について記載する。

(1) 海外子会社の経理部が置かれている状況

　海外子会社の経理部には、日本親会社の意向をくみ取り、適切な報告を行うことはもちろん、戦略的な視点を持って現場でマネジメントを補佐することが求められる。また、現地税制や国際課税の動向や執行状況にも気を配り、必要に応じて日本親会社の経理部と連携することが重要である。

　特に、近年では、めまぐるしい事業環境の変化に対応するため、日本親会社で描かれた計画を現地で遂行するといったレベルにとどまらず、独自での情報収集や迅速な意思決定といった日々のPDCAサイクルを回すことがより重要になってきている。

　たとえば、現地マーケットへの参入を狙う場合、市場分析、競合分析、チャネル構築や宣伝広告手法など検討事項は多岐にわたる。また、製造拠点を海外に設置する場合にも、継続したコストダウン、サプライチェーンの見直し、新規技術開発など、解決すべき課題は山積している。

(2)必要な業務範囲

　日本から海外子会社に派遣される現地駐在員の人数は限られるため、経理関連業務のみでなく、総務・人事等のその他管理業務や、営業支援等といった業務についても責任を有する場合が多い。そのため、現地駐在員には、日本親会社で経験してきた業務範囲と比較して広範な業務に対応する専門性の習得が求められる。現地管理系部門の駐在員の主な業務の範囲を図表7-1にまとめた。

図表7-1　現地管理系部門の駐在員の業務範囲

業務概要	日本における主たる実施部署	現地の管理系駐在員
顧客交渉、代理店営業等の営業活動、価格戦略、宣伝広告、売場づくり等の販売促進活動等、マーケティングに係る事項	営業部	日系顧客の対応等、場合によっては実施または関与する
顧客管理、貿易事務等の営業支援活動	営業部	部分的に実施または関与するケースが多い
製造、購買、在庫管理	製造部、購買部	部分的に実施または関与するケースが多い
契約関連	営業部、法務部	部分的に実施または関与するケースが多い
記帳、決算業務、税務申告、監査対応、請求、回収、支払い等	経理部、財務部	通常、実施または関与する
資産管理	総務部	通常、実施または関与する
採用、給与計算等の人事管理業務	人事部	部分的に実施または関与するケースが多い
日本親会社からの出張者対応、日本の重要顧客対応に係るアレンジ・アテンド業務	関係各部	通常、実施または関与する

(3)管理系部門の駐在員に求められる能力

　現地の管理系部門の駐在員に求められる業務範囲は、(2)で述べたような日々の定型的なものから(1)で述べたような戦略的なマネジメント・サポートといった付加価値の高いものまで多岐にわたる。そのため、このような業務範囲に対応することのできる人材を配置することが重要になる。

　管理系部門の駐在員に求められる資質として、幅広い業務に対応するための知識向上を目的とする日々の継続学習ができることはもちろん、文化や慣習の

異なる状況のなかで現地の当局・取引先・従業員と向き合っていく覚悟とモチベーションも必要である。そのためには、現地従業員とのコミュニケーションの前提となる現地文化に対する理解が欠かせない。

日本では財務経理部というと記帳・財務報告・税務申告といったコンプライアンス業務を主として担うイメージが強い。もちろんこうした業務は会社の事業運営にとって欠かせない重要なものである。一方、財務経理部、特にそのトップであるCFOには、社長（CEO）に対して戦略的なアドバイスを行う役割が期待され、重要なマネジメント機能の一部を担うことも求められる。

今後、日本企業にとっても海外事業の重要性が高まるなかで、グローバルレベルでマネジメント・サポートができるCFOの重要性がより高まるのは明らかである。将来を見据えて、企業グループ内のエース級人材を現地に送り込むことが重要である。

2. 典型的な経理業務

経理部は日々、請求書発行や経費精算、入金確認や出金処理等のさまざまな業務を行う。本節では、日々の経理業務のなかでも、特に重要性の高い事項について留意点を記載する。なお、経理担当者が現地会計基準に関する知識や実務経験を有していることが望ましいのはもちろんである。

(1) 現預金取引

現預金はそれ自体が価値を有するため、他の資産よりも不正や横領の可能性が高い。海外において不正や横領が生じたケースのほとんどで、現預金回りのずさんな管理実態が散見される。現預金の出納に関しては必ず証憑書類が必要であり、取引については上長の承認を求め、経理部は当該取引の内容を随時把握しておくことが必要である。特に海外では組織ぐるみの不正や横領も発生しており、現地の経理駐在員は取引の内容を理解し、取引金額の妥当性についても検討しなければならない。

現預金の取扱いの代表例としては、現金・小切手・銀行預金の3通りが挙げ

られる。受け取った現金、小切手の回収や保管に係る業務フロー及び支払いに係る現金・小切手・銀行振込の取引区分に関する規定や支払業務フローについての整備を行い、恣意的な運用の余地を排除する。

海外では、主な決済手段として小切手を利用する国も多い。小切手の発行にあたっては、必ず外部証憑との突合せを行ったうえで署名する。また、金額の記載がない状態で小切手に署名をして保管するようなことは避けるべきである。

国によっては、領収書が発行されない経費が生ずることがある。そのような場合の経費精算については、領収書等が入手できなかった理由と、事業目的に関連して適切に支出された経費である旨が確認できる書面を担当者が作成し、上長が承認を行う。

また、手許現金残高については日次で帳簿残高と照合し、銀行預金に関してもできる限り頻繁にインターネットバンキングもしくは通帳の残高と帳簿残高との照合を行うことが望ましい。

(2) 与信・債権管理

債権回収に係る活動は、受注のための営業行為や役務提供に係る活動と比較してなおざりになりがちであり、営業部と管理部で責任の所在が曖昧になりやすいといった特徴を有する。しかし、債権回収をもって配当等が可能な原資が確保されることや、一件の貸倒れによる損失額をカバーするためには、新たにその数倍の売上がもたらす利益を要することに鑑みると、債権を回収するための活動の重要性の高さは明らかである。

特に、新興国企業との取引は、日本国内と比較して貸倒れリスクが高いため、管理の必要性も高くなる。適切な与信・債権管理は、従業員不正への牽制といった効果もある。

本項では、与信・債権管理のそれぞれの方法及び留意点について解説を行う。

①与信管理

与信とは、販売先に対して商品を納品後、販売代金を回収するまでの信用を

供与することである。与信管理は、顧客の信用情報に基づいた与信限度額を設定することによって、与信取引における債権の焦げ付きリスクを低減させることを目的に行われる。与信管理の実行は、営業部門から独立した部門として、与信管理部門を設置して行うことが望ましいが、海外子会社ではその規模や予算から、営業部門のほかに追加で人員を確保することが難しいことも多い。その場合、営業担当者間、経理部、日本親会社、現地経営陣による相互確認や承認等を組み合わせることによって、効果的な職務分掌・承認手続を設計することが望まれる。一定金額以上の取引については日本親会社から承認を得るという規定を設けることも有効である。なお、取引先の与信限度額は、年に1、2回程度、定期的に見直す必要がある。

アジア諸国での取引は貸倒れリスクが高い傾向にあることに加え、支払期日の遵守状況も低い傾向にある。そのため、取引先に関するネガティブ情報を入手した際には、営業部門だけでなく、管理部門等も含めて社内で情報を共有することが重要である。なお、適切な与信管理ができない顧客や、中国など債権回収リスクが高いといわれている国に所在する顧客との間では、代金の一部もしくは全部を前もって受領しない限り取引を行わないといった実務もみられる。

また、与信管理を行うために必要となる情報が入手できないことも多い。たとえば、新興国企業では、Webサイトを有していなかったり、決算書が入手できなかったりすることがある。その場合、取引先や現地金融機関、業界関係者に評判を調査することも有用である。そのほか、取引先の営業所や工場に赴き、運営実態を確認することも効果的である。なお、D&B（Dun & Bradstreet）社、スタンダード＆プアーズ、ムーディーズ社等の信用レポートを入手している企業も多い。

さらに、国情が不安定な国に所在する取引先の与信にはカントリーリスクを考慮する場合もある。貿易保険を提供している株式会社日本貿易保険（以下、「NEXI」という）は、国・地域のリスク・カテゴリー表を公表しているため参考にされたい（**図表7-2**）。

図表7-2　アジア主要国のリスク・カテゴリー表

リスク	該当国
A	日本、シンガポール
B	韓国、台湾
C	中国、香港、マレーシア、ブルネイ、マカオ
D	タイ、フィリピン、インドネシア、インド
E	該当なし
F	ベトナム、バングラデシュ
G	モンゴル、カンボジア、ミャンマー、スリランカ
H	北朝鮮、ラオス

(注)
1. 2017年6月30日現在
2. 信用度の高い順にA～H

〔出所〕NEXI「国カテゴリー表」をもとにCaN International作成

②債権管理

　債権残高を適切に管理するためには、月次で売掛金年齢表を作成することが必須である。取引先別に入金遅延を管理することによって、営業部門に回収のフォローアップを随時促すことができるため、売掛金の回収活動を効率的に行うことができる。

　延滞債権が発生した際の対応については、事前に会社の方針を定めておく必要がある。実際に、延滞債権が発生した場合には、当該方針に従った手続を講じ、今後の取引に関しては与信限度額の引下げや代金の一部もしくは全部の前受け等を検討する。また、会計の観点から、貸倒引当金や貸倒損失の計上も併せて検討を行う。

　なお、必要に応じて半期あるいは年に一度、取引先に対して取引高及び債権残高の確認を行っている企業もみられる。送付先の選定にあたっては、社内の不正に対する牽制も込めて、大口取引先のみでなく、取引先全体からランダムに送付先を抽出することも検討されたい。

(3)証憑書類の整理・保管

　記帳の根拠資料となった証憑書類については、会計帳簿と容易に照合できる

形で保管する。経理部は、経理処理や決算手続の一環として、取引内容を確認するための証憑書類を各部署に対して求めることがある。そのため、提出する必要がある書類とその提出時期について、各部署と経理部が事前に確認しておく必要がある。

(4) 帳簿作成

各部署の上長は、各取引に関して、証憑書類と伝票の整合性、妥当性等を確認したうえで承認を行う。経理部は、売掛金、棚卸資産、固定資産、買掛金等に係る補助簿や台帳を作成し、取引や金額の妥当性、残高消込み、債権や在庫の滞留調査、設備等の稼働状況の確認等といった業務を行う。

➡ 会計事務所等の外部機関に記帳業務を委託する場合

規模が小さい海外子会社では、記帳業務を外部機関に委託している場合がある。このような場合、会社は外部機関が記帳業務を適切に行えるように、外部機関の提供サービスの業務範囲を理解するのと同時に、自社の事業概要や取引フロー等について外部機関に説明する必要がある。また、記帳業務を行うにあたって必要となる資料の確認と受渡しのタイミングについても事前に決めておくことが重要である。

会社は外部機関から入手した成果物をそのまま受け入れるのではなく、その内容を確認しなければならない。その際には、第8章の**図表8-4**〈決算時の勘定科目別チェックリスト〉を参考にされたい。

また、会計事務所の選定にあたっては、第9章2〈各国における監査実務と監査人の選定〉も参考にされたい。

3. 会計システムの導入

本節では、会計システムの導入に係る実務上の留意点と昨今の潮流について解説を行う。

大企業の海外子会社や規模の大きな海外子会社においては、日本親会社が導入しているSAP等の大規模なERPをそのまま導入するケースが、中堅規模以

下の海外子会社においては、中規模のERPや市販の会計ソフトを利用しているケースが多い。また、近年、急速に発達してきたクラウド型会計システムを利用する企業も増えている（後記の事例参照）。

会計システムの導入にあたっては、海外子会社の各種業務プロセスの棚卸しを行い、それぞれの業務に関して親会社とのデータ連携の必要性を勘案する。また、海外子会社の事業規模等も考慮する必要がある。

(1) 東南アジアにおける会計システムの種類

一般に東南アジア地域に所在する海外子会社では日本親会社と規模、商慣習、言語等が異なること、既存会計システムの導入に係るカスタマイズやライセンス等の問題もあり、現地の中小規模ERPや市販の会計ソフトを導入しているケースが多い（図表7-3参照）。また、QuickBooks/MYOBといった海外の有力ブランドメーカーは、アジアの各国向けにカスタマイズした会計ソフトの販売を行っている。機能面においては、売掛金及び買掛金等の元帳管理や、請求書発行等にも対応しており、追加サービスとして在庫管理等の周辺モジュールの開発及び販売も行っている。また、昨今では、クラウド型会計ソフトの普及率も上がっている。

(2) 言　語

東南アジアで市販されているソフトウェアのなかには現地語または英語のいずれかにしか対応していないものがあるため、使用言語を事前に確認する必要がある。なお、最近では日本語対応の会計ソフトも海外で販売されている。

(3) 勘定科目、取引先管理番号

勘定科目は現地における決算の観点のみでなく、日本親会社への報告も考慮して設定する。取引先等の管理番号については、グループ内で統一したコード番号を利用することが望ましい。

図表7-3 東南アジアで使用されている主な会計ソフトの導入形態と留意点

導入難易度	会計システム導入形態	留意点
高	日本親会社と共通環境で利用する場合 SAP、Oracle 等	現地における会計システムの導入・管理については日本親会社が主導することが一般的である。また、日本親会社の会計システムの入替えに伴い海外子会社に導入するケースも多い。モジュール等は一通りそろっているものの、現地化にあたっての言語対応や業務フロー対応といったカスタマイズに相当程度の工数と費用を要する。
中	中小規模のERPを導入活用する場合 ACCPAC 等	海外子会社が主導で導入することが多い。市販されているソフトウェアとの比較では、導入に若干の労力が必要となる。自社の業種及び規模を勘案した結果、このような現地のERPを導入する海外子会社も多い。
低	市販の会計ソフトを活用する場合 QuickBooks/MYOB/Xero/Express NetSuite/Sage50 等 ＊なお、上記の会計ソフトにはクラウド型に対応しているものもある	上記の2つと比較すると導入が容易である。QuickBooks/MYOBは世界中で利用されている会計ソフトであり、従来のスタンドアローン型からクラウド型にも対応している。タイではExpressが幅広く利用されているが、日本における弥生会計や勘定奉行のように特定国で多く利用されている会計ソフトもあるため、調査が必要である。 現地会計事務所が特定の会計ソフトの利用を指定してくる場合もあるため、会計事務所と協議しながら自社の事業内容に適した会計ソフトを導入することが重要である。 このように、市販の会計ソフトを導入し、足りない機能については外部ベンダーが提供するツールを活用するといったことも実務では多く行われている。

> **事例**
>
> **市販のクラウド型会計システムの導入事例**
>
> 　海外子会社は現地顧客向けに販売活動を行っており、営業とその事務要員のみが勤務している。そのため、現地には会計担当者を置かず、現地会計事務所に会計業務を委託している。
>
> 　現地従業員は、請求書及び経費精算書を月に数回、会計事務所にメールで送付する。この際、日本親会社の経理責任者をメールのCCに入れている。会計事務所は、支払依頼書と伝票を合わせて日本親会社の経理責任者に送付することによって、支払承認・実行処理を依頼する。
>
> 　売上に関しては、海外子会社の営業部門が売上明細を作成し、現地会計事務所に送付する。現地会計事務所は、当該売上明細を元に会計システムにて売上計上を行い、請求書を作成する。その後、海外子会社は、売上データ及請求書の内容を確認し、請求書を取引先に送付する。
>
> 　このように、海外子会社、日本親会社、現地会計事務所の三者が同じデータをクラウド上でリアルタイムに共有している実務もみられる。

4. 現地税制への対応

　海外子会社の経理実務に占める現地税務対応の重要度は高い。

　海外の税制については、それぞれの国・地域の成り立ちや政策方針が反映されているため、日本親会社の経理部がそのすべてを理解することは容易ではない。

　税制を正確に理解していないことによって、税務上の恩恵を享受できなかったり、回避可能である課税リスクを負ってしまったりすることがないように注意する必要がある。

(1) 税務対応に係る体制構築

　進出国での税務リスクを低減するためには、海外子会社において適切な現地

の経理人材を配置することや、日本親会社とコミュニケーションをとることが可能な信頼のおける現地専門家を起用することが重要である。

一方、海外取引に係る源泉税、付加価値税等、租税条約の適用等については、海外子会社の経理担当者では対応することが難しい場合も多い。また、現地専門家も知識不足であったり、専門家間で見解が分かれていたりすることも頻繁に発生するため、日本親会社が関与し、税務リスクを踏まえて方針を判断することが望ましい。

事例

①ベトナムにおけるインボイスの不備

日本で上場している企業のベトナム子会社を対象にデューデリジェンス（DD）を行った際の事例である。

対象会社では、過去数年間にわたり、売上VAT（Value Added Tax：付加価値税）から控除していた仕入VATに係る仕入インボイスの多くに、必要な署名がない、あるいは誤った会社名や住所が記載されており、ベトナムにおける税務上の疎明資料としてのインボイスの条件を充足しない状態であった。その結果、多額のVAT納税不足額が発生していたことが明らかとなった。

対象会社には日本人の取締役が常駐していたが、営業部出身であり、管理業務の経験がなかったため、経理業務を現地のマネージャーに一任していた。また、日本親会社の経理部は、対象会社の経理体制を確認する目的で定期的に現地を訪問していたものの、コミュニケーションは主に日本人駐在員と行っていたため、経理実務の詳細については確認していなかった。

②タイにおける優遇税制の適用事業誤り

タイ子会社では、進出当初から現地の外資向け優遇税制の適用を受けていた。ただし、対象会社の事業全体が優遇税制の対象事業ではないため、税務申告に際しては対象事業と対象外事業を区分して計算を行っていた。しかし、当該区分計算が適切に行われておらず、優遇税制の対象外事業の課税所得が過少計上となっているとして、税務当局から指摘を受け、追徴課税が発生した。

③タイにおける印紙税の追徴課税

タイ子会社に対して税務調査が行われた際に、請負契約書に対する印紙税が未納付であることが発覚し、印紙税の納付及び罰則金の支払いを税務当局から命じられた。タイでは、報酬が100万バーツ以上の請負契約書は契約締結前もしくは契約締結後15日以内に、受託者が契約金額に対して0.1％の印紙税を納付する必要がある。当該タイ子会社では、現地担当者の知識不足によって、過去から印紙税を納付していなかった。その結果、未納付であると指摘された印紙税の6倍の金額を罰則金として命じられ、請負契約を主な事業としているタイ子会社では罰則金を含めて多額の税額納付が生じた。

(2) 各種税制の概要把握

まずは、進出国においてどのような税目があるかを把握し、それぞれの制度概要を理解する必要がある。図表7-4に、東南アジア主要6か国における主な税目に係る制度の概要をまとめている。

図表7-4 東南アジア主要6か国における主な税目に係る制度の概要

国　名	法人税率	付加価値税等の税率	法人税に係る欠損金の繰越可能期間
シンガポール	17％	7％（GST）	（主要株主に変更がないことを条件として）無期限に繰越しが可能。ただし、持株会社（Investment Holdings）については、欠損金の繰越しが認められていない
タイ	20％	7％（VAT）	5年間にわたり繰越しが可能
マレーシア	24％	6％（GST）	無期限に繰越しが可能
ベトナム	20％	10％（VAT）	5年間にわたり繰越しが可能
インドネシア	25％	10％（VAT）	5年間にわたり繰越しが可能
フィリピン	30％	12％（VAT）	3年間にわたり繰越しが可能

(3) 法人税に関する益金・損金の算入・不算入項目の把握

各国における益金・損金の算入・不算入項目は日本と異なることが多い。典型的な例として、減価償却費、キャピタル・ゲイン（キャピタル・ロス）、交際費の取扱いが挙げられる。

①減価償却費

　日本では、減価償却費を損金算入するための要件として、会計上も費用処理することが求められる。これに対して、シンガポール及びマレーシア等では、会計と税務が分離しており、会計上は経済的耐用年数に従って減価償却計算を行い、税務上は税法に基づいて減価償却計算を行うことが一般的である。

②キャピタル・ゲイン(キャピタル・ロス)

　日本では、不動産や株式等の譲渡損益は課税対象となるが、シンガポール及びマレーシア等では、不動産や株式等の譲渡損益が資本取引に該当した場合、非課税となる。

③交際費

　日本では交際費について、損金算入限度額を超える金額は損金の額に算入できないが、シンガポールでは当該支出が法人の事業目的に合致している限り、その全額が損金算入される。

(4) 繰越欠損金

　繰越欠損金についても国によって規定が異なる。たとえば、シンガポールでは株主構成に所定の変動が生じない限り無期限で繰越しが可能である（図表7－4参照）。事業計画作成時のタックスプランニングにおいて、繰越欠損金制度の概要や繰越期間の理解は欠かせない。

(5) 付加価値税等

　東南アジア各国では、日本の消費税に近い制度として、付加価値税（Value Added Tax：VAT）または財貨及びサービス税（Goods and Services Tax：GST）といった間接税が導入されている。これらは、対象となる取引について最終消費者にいたるまでの各段階で課税される制度である。なお、付加価値税等は、各国において小規模な法人に対しては免除されていることが多い。

　これらの税目は、一般的に、企業が徴収した税額と支払った税額の差額を月次もしくは四半期単位で申告・納付・還付するため、日々の取引記帳にあたっては、付加価値税等の徴収額と支払額を正確に把握する必要がある。そのた

め、これらの税目に関する帳簿レビューを外部の会計事務所に依頼しているケースも多い。なお、いわゆるインボイス方式を採用している国においては、請求書に所定の事項（登録番号、税率、課税コード等）の記載が必要となる。

(6) 優遇税制の把握

東南アジア各国もしくは特定の地域においては、企業誘致・特定業種振興による経済発展という政策的側面から優遇税制が定められていることがある。代表的なものとして、特定の費用項目に係る損金算入範囲の拡大、特定業種の特定所得に対する課税免除・軽減税率適用等が挙げられる。

優遇税制の適用には、特定要件が課されたり、諸官庁の承認が求められたりする場合が多いため、自社にとって有利となる可能性のある優遇税制の適用については調査が必要である。

図表7-5に東南アジア主要6か国の主な優遇税制・特別減税の例をまとめた。このほかにも各国さまざまな特典が設けられており、制度改正も頻繁に行われるため、税務当局のWebサイトの閲覧、税制関連セミナーへの参加や現地の税務専門家との定期的なコミュニケーションによって情報収集を継続的に行うことが重要である。

図表7-5 東南アジア主要6か国の主な優遇税制・特別減税の例

国　名	主要な優遇税制・特別減税等
シンガポール	特定の活動に伴う支出額につき、400％の所得控除が認められている（Productivity and Innovation Credit）。なお、2018年賦課年度終了予定
タイ	タイ投資委員会の承認による機械に係る輸入関税の免除、8年間の法人税免除等
マレーシア	1986年投資促進法に基づくパイオニアステータス（法人所得税の一部免除等）のほか、各産業・分野（経営統括本部/国際調達センター等）に対する優遇措置が設定されている
ベトナム	特定地域・特定プロジェクトにおける法人税免税、減免、優遇税率の適用等
インドネシア	特定地域への進出時の優遇、大型投資での優遇があるが、地区によりその内容が異なり、都市圏に比べて地方への恩典が厚くなっている
フィリピン	投資委員会登録企業の法人所得税免除（パイオニア企業6年、非パイオニア企業4年、最大8年まで延長可能）

(7) 不透明な課税リスク

アジア諸国では、税務当局による不明瞭な課税根拠に基づく追徴課税の事例が散見される。特に、外資系企業に対して、より積極的に追徴課税を行う傾向にある国も見受けられる。経済産業省の「新興国における税務人材の現状と課税事案への対応について（概要版）」（2015年5月）によると、このような不明瞭な課税の背景には、税務に精通した職員の不足、法制度の不明瞭さ、税務調査官の裁量の大きさ等といった、新興国の税務当局特有の事項があると指摘されている。なかには、税務リスクというよりも、カントリーリスクといったほうが適切であるような、一企業では対応が不可能であると考えられる事案も存在する。

事例

①タイ投資委員会（BOI）とタイ国税局の見解が異なった事例

BOIから優遇税制の適用を受けた事業の税務処理をめぐり、ミネベアの現地法人 NMB-MINEBEA THAI LIMITED（NMBミネベア）がタイ国税局による約5億バーツの追加納付の決定を不当として争っていた裁判で、タイ最高裁は2016年5月16日にタイ国税局を支持する判決を下した。

争点は、優遇税制が適用される投資奨励事業で生じた損益と非奨励事業で生じた損益との相殺方法であった。BOIとタイ国税局の投資奨励事業、非奨励事業の損益通算についての解釈は、次のとおりであった。

> BOI：奨励事業の損失はまず非奨励事業の利益と相殺でき、相殺後に損失が残れば、別の奨励事業の利益と相殺する。
> タイ国税局：奨励事業の損失はまず別の奨励事業の利益と相殺し、相殺後に損失が残れば、非奨励事業の利益と相殺できる。

タイ国税局は2008年8月に、BOI解釈に基づき税務処理したNMBミネベアに対して、約5億バーツの追加納付を命じた。NMBミネベアはタイ国税局の当命令を不当として、決定取消しを求め中央税務裁判所に提訴し、同社は初審で勝訴した。その後タイ国税局が上訴し、約5年半の審理を経て今回の逆転判決が言い渡された。

タイ最高裁の判決理由は「投資奨励法には投資奨励事業の課税所得を計算するための明確な方法が規定されていないため、歳入法の規定に従って計算するべき」という、各解釈の妥当性には踏み込まないものであった。

　今回の判決を受けて、タイ財務省は2016年6月16日付の通知で、BOI解釈に基づいて法人税申告を行った企業に関して、2016年8月1日までにタイ国税局解釈に基づいて申告・納付を行った場合は、延滞税・課徴金を免除することを決めた。しかしながら、抜本的な改善にはいたっておらず、今後のタイ政府の動きを注視する必要がある。

②インドネシアにおける特定の税務署による課税判断

　2016年9月、インドネシアで大手商社等の日系企業約10社と、シンガポール、韓国の企業がそれぞれ輸出入に必要な税務上の資格を取り消される事態が発生した。当局は、取消理由として対象企業が事業許可を得た際の登録と異なる事業を行っているとし、5年分の税還付額を再納付すれば新たに登録を認めると各企業に対して要求したという。その後、日系企業や日本大使館の猛烈な抗議を受け、当局は10月に処分を撤回したが、その際に要求された日系商社の5年分の還付額は数百億円に上ったという。当該処分は「PMA6」という外国企業を担当する税務署の独断であったといわれている。他の税務署が所管する商社は処分されておらず、インドネシア大統領府や税務署を管轄する財務省の幹部も関与していないという。

③タイにおける関係会社取引に対する追徴課税

　タイ子会社が税務調査を受けた際に、調査年度の利益率が同業他社と比べて低い、役務提供の実態がないという税務当局の指摘によって、タイ国内における関係会社に対するコンサルティングフィーが全額否認された。

　当該企業グループはタイ国内にホールディング会社を設置し、当該ホールディング会社が複数のタイ子会社のバックオフィス業務や、日本親会社へのレポーティング業務を集約して行っており、コンサルティングフィーは当該役務提供に対する対価であることから、本来ならば合理性が認められる費用であった。

> また、実際には、当該海外子会社の調査年度において、本取引とは関係のない特別な費用が計上されていたことが、利益率が低くなっていた要因であった。
> その後、現地専門家の協力のもと、税務当局に対してコンサルティングフィーの合理性を説明し、一定額の損金計上が認められた。税務当局は、グループ全体の事業構造の理解や詳細な調査を行うことなく、一方的に課税を命じたのであった。

5. 国際税務への対応

昨今、多国籍企業が進出国の税務当局から多額の追徴課税を受ける事例が相次いでいる。海外子会社の経理部は、企業グループに予期せぬ税務コストが発生しないよう、日本親会社と国際税務への対応について事前に十分な検討を行っておくことが求められる。本節では、典型的な国際税務論点について、海外子会社の経理部が留意すべき事項を記載した。なお、各制度の詳細については第5章、第6章も参照されたい。

(1)移転価格税制
①移転価格税制に係る各国の動向
近年、東南アジアにおいても移転価格課税の執行は増加している。また、BEPSプロジェクト等の影響を受け、移転価格税制に係る文書化義務が明文化されたり、厳格化されたりしているのも昨今の傾向である。これに備えて、企業グループ間の有形資産取引や役務提供取引、特に日本親会社への経営指導料等といったマネジメントフィーや、無形資産に係るロイヤルティの支払対価についても、その妥当性について説明ができるように準備しておく必要がある。

また、第6章で解説したとおり、海外子会社においても、日本親会社が実施する国別報告事項やマスターファイルの作成への協力や、双方のローカルファイルに係る整合性の確認が求められる。

図表7-6に東南アジア主要6か国の移転価格文書化義務の現状についてまとめた。

図表7-6 東南アジア主要6か国の移転価格文書化義務

国名	制度概要	適用要件等
シンガポール	現状、マスターファイルとローカルファイルの作成は義務づけられていないが、グループレベルの情報と企業レベルの情報を移転価格文書に含めることが求められる。 また、2016年10月にシンガポール多国籍企業を対象とする国別報告書の導入に関する詳細なガイドラインが公表され、2017年1月1日以降開始する会計年度から適用された。なお、2017年1月には移転価格ガイドラインの改訂版が公表及び適用され、移転価格文書に含める情報や免除要件等が追加された。	【移転価格文書（グループレベル・企業レベルの情報）】 ○適用要件 以下の場合は移転価格文書の作成が免除される。 ・関連者間取引（金銭消費貸借取引を除く）がシンガポール国内取引であり、取引の両当事者に同じ法人税率が適用される場合 ・関連者間の金銭消費貸借取引がシンガポール国内取引であり、貸手が資金の調達及び貸付けを事業として行っていない場合 ・関連者間取引が単純な役務提供（routine service）であり、コストに5％のマークアップ率を適用して価格を設定する場合 ・関連者間取引がAPA（事前確認制度）の対象取引である場合 ・関連者間取引の年間合計金額が以下の基準を超えない場合 　a）製品・商品等の購入・販売：15百万シンガポールドル 　b）ローンの貸付け・借入れ：15百万シンガポールドル 　c）その他の関連者間取引：1百万シンガポールドル ○期　限 グループレベル、企業レベルともに提出要求から30日以内に提出 【国別報告書】 ○適用要件 ・シンガポール多国籍企業グループの最終親会社がシンガポールの居住者であること ・前会計年度におけるグループの連結売上高が11億2,500万シンガポールドルを超えること ・グループが外国管轄区域において子会社を有するか事業を行っていること ○期　限 事業年度終了後12か月以内に提出
タイ	2015年に移転価格文書の法案が内閣で可決され、国策議会で承認を行う状況であったが、2017年6月にタイ歳入局から修正法案が提示された。	【移転価格文書】 ○適用要件 2017年6月に公表された修正法案によると、関連者間取引があり、省令で定めた一定の売上（具体的な金額基準は未公表）がある法人は移転価格文書の提出が必要となる。 ○期　限 現時点では当局から要求された場合に提出することになる。なお、2017年6月に公表された修正法案では、通知を受けた日から60日以内に提出しなければならないとされている。

第7章　日常業務

国	概要	文書化要件
マレーシア	2003年7月に移転価格ガイドラインを公表し、2009年1月からはガイドラインの根拠規定が所得税法に設けられた。その後、2016年に所得税規則として国別報告書ルールを公表し、2017年7月15日にBEPS勧告に準拠した文書化要件を導入した改正移転価格ガイドラインを発効した。	【ローカルファイル】 ○適用要件及び期限 要件、期限については言及されていない。 【マスターファイル】 ○適用要件 国別報告書の作成が必要となる企業（外国多国籍企業のマレーシア子会社も含まれる） ○期限 当局から要求された場合は30日以内 【国別報告書】 ○適用要件 2017年1月よりマレーシアに親会社のある多国籍企業で、前年の事業年度の連結売上高が30億リンギットを超える場合 ○期限 事業年度終了後12か月以内に提出
ベトナム	2017年2月に移転価格法令が公表され、同年5月に発効された。本法令は、2017年課税年度から適用される。	【ローカルファイル、マスターファイル】 ○適用要件 以下の場合は移転価格文書の作成が免除される。 ・売上高が500億ドン未満であり、かつ、関連者間取引の総額が300億ドン未満である場合 ・納税者の事業内容が単純かつ売上高が2,000億ドン未満であり、EBIT/売上高が下記を上回る場合 　販売業：5％、製造業：10％、加工業：15％ ・APAを締結し、年次報告書を提出している場合 ○期限 事業年度終了後90日以内に作成（ただし、税務調査において提出を要求された場合には15営業日内に提出） 【国別報告書】 ○適用要件 ベトナムに最終的な親会社が存在する場合で、事業年度の連結売上高が18兆ドン以上となる場合 ○期限 ローカルファイル、マスターファイルと同じ
インドネシア	2016年12月30日に移転価格文書に関する新しい法令（PMK-213）が公布され、即日施行された（詳細は②参照）。	
フィリピン	2013年1月に、移転価格に関する独立企業原則の適用についてのガイドラインを示すRevenue Regulations No.02-2013が発布され、同年2月から適用されている。	【移転価格文書】 ○適用要件 関連者間取引があるフィリピン法人 ○期限 当局からの要求があった場合に提出

②インドネシアにおける移転価格文書化義務

インドネシアではBEPS行動計画13「多国籍企業の企業情報の文書化」の勧告に基づき、同国財務省が、移転価格文書化義務規定である財務大臣令No. 213/PMK.03/2016（以下、「PMK-213」という）を2016年12月30日付で公布・施行した。PMK-213によって、一定の要件に該当する企業は、移転価格税制に係る文書として、マスターファイル、ローカルファイル及び国別報告書の作成が義務づけられることとなった（各文書の概要に係る記載は割愛するが、日本の移転価格文書と類似する部分も多いため第6章**6**〈移転価格文書化制度〉を参照されたい）。なお、これらの文書はインドネシア語で作成する必要がある。ただし、課税当局から外国語及び外貨建による帳簿作成の許可を得ている場合、当該外国語での作成が認められるが、その場合であってもインドネシア語の翻訳の添付が必要である。

マスターファイル及びローカルファイルは、課税年度終了後4か月以内に作成しなければならない。また、国別報告書は課税年度終了後12か月以内に作成し、翌事業年度の法人所得税の申告書に添付して提出しなければならない。たとえば、2016年12月末に事業年度決算を迎えた企業は、マスターファイル及びローカルファイルは2017年4月末までに、国別報告書は2017年12月末までに作成する必要がある。

PMK-213は2016年12月末に公布と同時に施行されたにもかかわらず、各文書の作成期限がタイトであったことから、多くの日系インドネシア進出企業は急遽対応に追われることとなった。

PMK-213の制度概要をまとめたものが**図表7-7**である。

図表 7-7　PMK-213 の概要

作成文書	作成基準	作成期限 税務当局への提出
マスターファイル及びローカルファイル	次のいずれかの条件に該当する場合、納税者にはマスターファイル及びローカルファイルの作成が義務づけられる ① 関連者間取引を行っており、前年度の総売上が 500 億ルピアを超える場合 ② 前年度の有形資産の関連者間取引の金額が 200 億ルピアを超える場合 ③ 前年度の無形資産の関連者間取引の金額が 50 億ルピアを超える場合 ④ インドネシアの現行法人所得税率(25％)よりも低い法人税率の国・地域に所在する関連者と取引を行っている場合 なお、低税率国のリストは同国税務当局が公表している	(作成期限) 課税年度終了後 4 か月以内 (税務当局への提出) 各文書が作成された日付を含む署名入りのレターを法人税申告書の添付資料として提出
国別報告書	① インドネシア親会社の連結ベースでの総売上が 11 兆ルピアを超える場合 ② 外国法人である親会社の所在する国・地域が以下のいずれかに該当する場合 （ⅰ）国別報告書の提出が不要の国・地域 （ⅱ）インドネシアと情報交換協定を締結していない国・地域 （ⅲ）情報交換協定は締結しているが、インドネシア税務当局が当該規定を通じて国別報告書を入手できない国・地域 なお、インドネシア税務当局は、同国と情報交換協定を締結している国のリストを公表している	(作成期限) 課税年度終了後 12 か月以内 (税務当局への提出) 翌事業年度の法人所得税の申告書に添付して提出

(2) 外国税額控除

　日本親会社が外国税額控除の適用を受ける場合、法人税の確定申告書に所定の記載を行うとともに、添付書類として海外子会社の申告書の写し等が必要となる。これらの添付書類の入手は日本親会社のみで行うことは難しいため、海外子会社の経理部は該当資料の収集に協力することが求められる。

(3) 外国子会社配当益金不算入制度

　日本親会社が外国子会社配当益金不算入制度の適用を受ける際に、海外子会社からの配当に現地国で源泉税等が課されている場合には、日本親会社において海外子会社の申告書の写し等の一定の書類を保存する必要がある。書類の保存を求める趣旨は、配当に係る外国源泉税等がある場合、日本親会社が配当と

して受け取る金額は外国源泉税等を控除した金額となるため、この外国源泉税等の金額が明らかにされなければ、本制度の適用対象となる配当の金額そのものが明らかにならないといった実務上の要請による。

この書類の収集についても、海外子会社の経理部は日本親会社に協力することが求められる。

(4) 外国子会社合算税制

外国子会社合算税制は日本の税制であるが、現地で実態のある事業活動を行うことや、それらの疎明書類としての契約書を整備することが重要になる。第2章6〈外国子会社合算税制〉を参照しつつ、同制度の観点も踏まえて海外子会社が対応を行う必要がある。

(5) 租税条約

日本と海外子会社の所在地国との間で締結されている租税条約のなかに恩典がある場合、項目や国によっては当該恩典を受けるための届出書を所在地国の税務当局等に提出することが求められる場合がある。その際、居住者証明書等が添付書類として必要になることもある。こうした届出書や添付書類は、所在地国の所定の様式に従うことが一般的である。

海外子会社の経理部は、日本親会社と協力して、ロイヤルティや利子に係る源泉税率について租税条約の優遇税率等の適用漏れがないか、要求される届出書及び添付書類が適切に提出されているかを確認する必要がある。

なお、租税条約に係る全般的な留意点等については第2章3〈租税条約の確認〉も併せて参照されたい。

第Ⅲ部 事業活動 現地経理実務

第8章

決算・税務申告業務

　海外子会社の決算実務では、現地の会計基準及び税法に従うのみでなく、日本親会社への報告事項も視野に入れて行う必要がある。

1. 東南アジア主要6か国における会計制度

(1) 制度概要

　東南アジア主要6か国における会計制度を図表8-1にまとめた。各国の会計基準は、国際財務報告基準（IFRS）を全面的に、あるいは一部を修正する形で導入することによって、相当程度IFRSと同等のものになっていることがわかる。

図表8-1　東南アジア主要6か国の会計制度

国　名	適用される会計基準
シンガポール	・IFRSとほぼ同等のシンガポール財務報告基準（SFRS）が適用される ・要件を満たした企業には、SFRSのほか、中小企業版IFRSを基礎とした中小企業向け財務報告基準（SFRS for Small Entities）の適用も認められている
タイ	・IFRSとほぼ同等のタイ財務報告基準（TFRS）が適用される ・公的説明責任を有しない企業には、TFRSのほか、公的説明責任を有しない企業向けの財務報告基準（TFRS for NPAEs）の適用も認められている ・TFRS for NPAEsに代わる基準として、2019年1月より、中小企業版IFRSを基礎としたタイ版中小企業向け財務報告基準（TFRS for SMEs）の適用が予定されている。TFRS for SMEsでは、中小企業は、複雑な中小企業と複雑でない中小企業に分類され、それぞれで適用される会計基準の範囲が異なる。なお、いずれのタイプの中小企業も2019年1月よりキャッシュ・フロー計算書の作成が求められている
マレーシア	・IFRSとほぼ同等のマレーシア財務報告基準（MFRS）が適用される ・非公開企業には、MFRSのほか、2016年1月以降に開始する年度から、中小企

	業版 IFRS を基礎とした財務報告基準（MPERS）が適用されている
ベトナム	・ベトナム会計基準（VAS）が適用される。VAS は IFRS を基礎として作成されているものの、資産の減損等、いまだ適用されていない基準もある ・なお、ベトナムではすべての企業はベトナム財務省指定の勘定科目と勘定コードを使用する必要がある ・2015年会計法が 2017年1月1日より施行され、「公正価値会計」と「実質優先主義」という新たなコンセプトが導入された
インドネシア	・インドネシア財務会計基準（PSAK）が適用される。PSAK は IFRS を基礎として作成されているものの、土地等の会計処理に関しては差異がある ・公的説明責任を有しない企業には、PSAK のほか、中小企業版 IFRS を基礎とした公的説明責任を有しない企業向けの財務会計基準（SAK-ETAP）の適用も認められている
フィリピン	・IFRS とほぼ同等のフィリピン財務報告基準（PFRS）が適用される ・要件を満たした企業には、PFRS のほか、中小企業版 IFRS を基礎とした中小企業向け財務報告基準（PFRS for SMEs）の適用も認められている

(2) 東南アジアにおける中小企業版 IFRS の導入状況

　日本には中小企業向けの会計基準として、日本税理士会連合会等の4団体が公表している「中小企業の会計に関する指針」がある。一方、国際的には、IASB が 2009年7月に公表した International Financial Reporting Standard for Small and Medium-sized Entities：IFRS for SMEs（以下、「中小企業版 IFRS」という）があり、東南アジアの一部の国においてはこの中小企業版 IFRS の導入が進んでいる。

　東南アジア主要6か国における中小企業版 IFRS の導入状況を図表8-2にまとめた。

図表8-2 東南アジア主要6か国における中小企業版 IFRS の導入状況

国　名	中小企業版 IFRS の導入状況
シンガポール	一定の要件を満たした企業については、中小企業版 IFRS を基礎とした SFRS for Small Entities の適用が認められている
タイ	独自基準である TFRS for NPAEs がある。ただし、TFRS for NPAEs に代わる基準として、2019年1月より、中小企業版 IFRS を基礎とした TFRS for SMEs の適用が予定されている
マレーシア	2016年1月以降に開始する年度から、中小企業版 IFRS を基礎とした MPERS が適用されている
ベトナム	未適用

インドネシア	公的説明責任を有しない企業には、中小企業版 IFRS を基礎とした公的説明責任を有しない企業向けの財務会計基準（SAK-ETAP）の適用も認められている
フィリピン	中小企業版 IFRS とほぼ同一の内容である PFRS for SMEs が適用されている

また、下記に中小企業版 IFRS の特徴を簡単に記載している。なお、IFRS の専用 Web サイトには基準全文の日本語訳が掲載されており、無料で閲覧することができる。

- 報告項目及び開示事項の簡素化。たとえば、1株あたり利益や期中財務報告及びセグメント報告等は不要等
- IFRS と比較して、資産、負債、純資産、収益、費用の認識及び測定の多くの原則が簡素化。借入費用の資産不計上等

2. 決算業務

(1) 決算スケジュール

経理担当者は監査人及び税務専門家と、年度決算のスケジュールを調整する。図表8-3に、東南アジア主要6か国における決算の法定期限に係る定めをまとめた。決算書は定時株主総会に提示しなければならないため、定時株主総会の日程から逆算することによって決算の締め、決算書の作成、会計監査対応のスケジュールを決定することとなる。

図表8-3　現地法人の決算スケジュール

国　名	決算書の開示スケジュール
シンガポール	原則として決算日から6か月以内に定時株主総会を開催する必要がある。株主総会において決算書を提出・承認する必要があるため、決算スケジュールはこれに合わせる必要がある。
タイ	原則として決算日から4か月以内に定時株主総会を開催する必要がある。株主総会において決算書を提出・承認する必要があるため、決算スケジュールはこれに合わせる必要がある。
マレーシア	公開会社の場合、原則として決算日から6か月以内に定時株主総会を開催する必要があるため、決算スケジュールはこれに合わせる必要がある。 非公開会社の場合、定時株主総会の開催を省略することが可能であるが、原則として決算日から6か月以内に株主に決算書を送付しなければならないため、決算ス

	ケジュールはこれに合わせる必要がある。決算書の送付を省略することも可能であるが、その場合であっても一定数以上の株式を保有する株主には決算書開示請求を行うことが認められているため、当該日までに決算を確定させる必要がある。なお、決算日から7か月以内に法人税の申告を行う必要があるため、当該スケジュールも考慮しなければならない。
ベトナム	原則として決算日から4か月以内に定時株主総会を開催する必要がある。株主総会において決算書を提出・承認する必要があるため、決算スケジュールはこれに合わせる必要がある。ただし、決算日から90日以内に法人税の申告を行う必要があるため、当該スケジュールも考慮しなければならない。
インドネシア	原則として決算日から6か月以内に定時株主総会を開催する必要がある。株主総会において決算書を提出・承認する必要があるため、決算スケジュールはこれに合わせる必要がある。ただし、決算日から4か月以内に法人税の申告を行う必要があるため、当該スケジュールも考慮しなければならない。
フィリピン	付属定款に定めた一定の日に定時株主総会を開催する必要があり、定めがない場合には4月の一定の日に開催する必要がある。付属定款に株主総会日を法人税申告期限以降の日として規定している場合には、当該日までに決算を確定させる必要がある。なお、法人税申告期限は、原則として会計年度の終了日から4か月目の15日以内であり、この際に監査済財務諸表の提出が要求されているため、当該スケジュールも考慮しなければならない。

(2) 一般的な決算処理項目

図表8-4に、決算時における勘定科目ごとの留意事項をチェックリスト形式でまとめた。本チェックリストの利用によって、期中・決算整理仕訳の誤りや漏れの防止、事後的な発見を通して、会計情報の精度向上及び円滑な監査対応が期待できる。

図表8-4 決算時の勘定科目別チェックリスト

No	項目	内容
1	全般	□試算表残高と各勘定科目の補助簿が一致していることを確認する □各勘定科目について前年同期及び予算残高と比較し、著しい増減の有無及びその理由が会社の経営環境等に照らして妥当であることを確認する □売上高利益率、債権・在庫回転率等の各種比率を算出し、前年同期比率と比較することによって、著しい増減の有無及びその理由が会社の経営環境等に照らして妥当であることを確認する □伝票のレビューを行い、非経常・異常な取引の内容を調査し、また、経常的な取引の計上漏れがないか確認する □会計基準・法令・税制等の改正による影響の有無を検討する
2	現金及び預金	□現金は期末日に現物の実査を行い、帳簿残高と照合する □預金の種類別、銀行口座別残高明細と銀行の残高証明書の金額が一致

		□ していることを確認する □ 帳簿残高と銀行残高に差異がある預金については、残高調整表を作成し、差異のなかに異常なものがないかを確認する □ 期末日前後の銀行取引が適切な期間帰属に基づき記帳されていることを確認する □ 外貨建ての現金及び預金は期末換算レートによって換算されていることを確認する
3	売掛金	□ 得意先ごとの残高及び回転率の分析を行い、異常な点がないことを確認する □ 売掛金残高がマイナスとなっている相手先の有無、その内容について検討する □ 期末日前後の売上取引の期間帰属が適切になされていることを確認する □ 売掛金年齢表を作成し、回収可能性に懸念のあるものについては、会計上適切に手当てされているか確認する □ 外貨建ての売掛金は外貨建取引等の会計基準に従って適切に換算されていることを確認する
4	棚卸資産	□ 在庫の回転率や原価差額の分析を行い、異常な点がないことを確認する □ 実地棚卸は適切な方針の下で実施され、棚卸差異は棚卸実施報告書に基づき適切に会計処理されていることを確認する □ 外部保管在庫について在庫証明書を入手し、会社の棚卸資産明細と照合する □ 期末日前後の入出庫取引が適切に行われ、会計上正しく処理されていることを確認する □ 棚卸資産の在庫金額が正味実現可能価額を上回っている場合には、当該部分について適切に評価減を計上していることを確認する □ 滞留在庫については、販売可能性を勘案して会計上適切に評価減が行われていることを確認する
5	固定資産	□ 期中の取得、除却、売却、廃棄が固定資産台帳に適切に計上されていることを確認する □ 既存の固定資産に係る修繕・増築等に関連した支出について資産と費用の計上区分が適切に行われていることを確認する □ 減価償却費の計算過程について、適切に計算・集計がされていることを確認する □ 減損の兆候を把握するための事業計画、実績数値、固定資産残高（遊休資産を含む）の情報を入手し、検討する
6	金融資産	□ 手持の有価証券は現物と有価証券明細の照合を行う □ 保護預けまたは担保に供している有価証券は残高証明書を入手し、期末株数を確認する □ 金融資産の分類を行い、各分類に従った測定及び利得／損失の認識を行う □ 特に公正価値評価の算定結果については、各種評価技法において用いられた入力数値（インプット）の妥当性を確認する

7	買掛金	□仕入先ごとの残高及び回転率の分析を行い、異常な点がないことを確認する □買掛金残高がマイナスとなっている相手先の有無、その内容について検討する □期末日前後の仕入取引の期間帰属が適切になされていることを確認する □翌期首の買掛金明細や支払データの査閲を通じて期末の買掛金の計上漏れがないことを確認する □外貨建ての買掛金は外貨建取引等の会計基準に従って適切に換算されていることを確認する
8	借入金	□借入先別残高は金融機関等からの残高証明書の金額と一致していることを確認する □支払利息、未払利息の計上が契約条件に則って適正に行われていることを確認する □外貨建ての借入金は外貨建取引等の会計基準に従って適切に換算されていることを確認する
9	各種引当金	□過去の事象の結果として、企業が合理的に見積り可能である法的または推定的債務を負っており、その債務を決済するために経済的資源の流出が生ずる可能性が高い場合には引当金を計上する必要があるため、当該事象の有無を確認する
10	未払法人税等	□税務上の加減算明細及び税額控除算定資料が適切に作成されており、課税所得の調整計算が正確に行われていることを確認する □税制改正の内容等を踏まえた正確な税率を用いて税金計算が行われていることを確認する □税制改正に伴う新規の調整項目、税額控除、その他税務上判断が難しい事項については、当該事項を税務専門家に確認する
11	税効果会計	□申告書の加算・減算項目のうち、一時差異項目が、適切に繰延税金資産・負債の明細に反映されていることを確認する □繰延税金資産・負債の算出のための実効税率は各税法の改正内容等を加味したうえで算出されていることを確認する □将来の課税所得の見積りは、取締役会の承認を得た事業計画に将来見込まれる一時差異、永久差異項目の見積額を調整したうえでなされていることを確認する □税引前利益に対する法人税等（法人税等調整額を含む）の比率と法定実効税率との間に重要な差異がある場合は当該差異分析を行う
12	諸資産・諸負債	□仮払金・仮受金について、精算の必要性及びその他の債権債務との消込漏れを確認する □滞留しているものについては内容を確認し、会計上適切に処理が行われていることを確認する
13	売上高	□得意先別の残高・回転期間分析及び取引明細の通査等により異常な販売取引がないことを確認する □期末日前後の販売取引の期間帰属が取引条件に従って適切になされていることを根拠証憑の閲覧等により確認する

		□輸出取引に関して契約条件を確認し、現地の会計基準に照らして収益認識を行う。一般的に、FOBによる契約であれば、リスクと経済価値が買手に移転する船積み時点において、船荷証券等の根拠証憑に基づいて売上が計上されていることを確認する
14	売上原価	□仕入先別の回転期間分析や取引明細の通査等により異常な購買先や取引がないことを確認する □採用している原価計算方法は、企業活動を適切に反映するように売上原価及び棚卸資産を計算するものであることを確認する □原価率及び原価差異分析を行うことによって、異常な点がないことを確認する □発生経費は、売上原価と販売費及び一般管理費の区分に適切に処理されていることを確認する □期末日前後の購買取引の期間帰属が取引条件に従って適切になされていることを根拠証憑の閲覧等により確認する
15	その他損益項目	□従業員1人あたりの人件費分析や取引明細の通査等により異常な取引がないことを確認する □期末日前後の取引の期間帰属が適切になされていることを請求書や領収書等をもとに確認する □発生経費が売上原価や販売費及び一般管理費といった区分に適切に分類されていることを確認する
16	関連当事者間取引	□関連当事者間取引の有無について、役員、関連会社等より関連当事者取引調査表を入手し、内容を検討する
17	後発事象	□決算日後に開催された株主総会、取締役会等の重要な会議の議事録、稟議書、月次の財務諸表のレビュー等により後発事象に該当するものの有無を確認する □関係会社及び関係会社管理部門に対し、後発事象の発生の有無及びその内容を確認する □弁護士等の専門家に対し、後発事象に該当するような訴訟、係争案件の発生の有無及びその内容の確認を実施する
18	開 示	□注記の基礎データを収集し、入力担当者以外の者が注記と基礎データとの照合を行い、その正確性を検証する □開示書類のなかで、同一の計数を複数の箇所で開示している場合は相互に整合していることを確認する □計算チェックを行い、開示資料のなかで比率、合計値の計算が正確になされていることを確認する □当会計期間の試算表、連結精算表及び組替表と財務諸表本表が整合していることを確認する

(3) 現地会計基準への対応

　海外子会社の決算業務では、各国会計基準への対応が必要となる。本項では、海外子会社の決算において論点となることの多い機能通貨と資産の減損に

ついて解説を行う。なお、図表8-5に東南アジア主要6か国の会計基準における「機能通貨」、「資産の減損」の導入状況についてまとめた。

図表8-5 東南アジア主要6か国の会計基準における「機能通貨」、「資産の減損」の導入状況

国 名	機能通貨	資産の減損
シンガポール	導入済み	導入済み
タイ	TFRS for NPAEs（公的説明責任を有しない企業等の基準）には、機能通貨の規定なし	・上場会社については導入済み ・非上場会社については、免除規定がある
マレーシア	会計基準上、機能通貨の概念は導入されている。ただし、マレーシア会社登記所（CCM）に提出する決算書や税務申告書はマレーシアリンギット建てで作成する必要がある	導入済み
ベトナム	原則ベトナムドンを利用する。ただし、IFRSの機能通貨と類似する概念によって、ベトナムドン以外の通貨を使用することが認められており、その場合は税務当局への届出が必要	資産の減損会計の基準がない
インドネシア	会計基準上、機能通貨の概念は導入されている。ただし、その他規制によって実質的にルピア、もしくは、米ドルのみの選択となっている	導入済み
フィリピン	導入済み	導入済み

①機能通貨の検討

　機能通貨とは、企業が営業活動を行う主たる経済環境（通常は、企業が主に現金を創出し支出する環境）の通貨をいう（IAS21号「外国為替レート変動の影響」8項）。IFRSでは、機能通貨以外の通貨で表示されている取引が外貨建取引となり、外貨建取引は当初認識時に機能通貨に換算替えすることが求められている（IAS21号20項・21項）。

　財務諸表作成にあたり各企業は、単独の企業、在外営業活動体を有する企業（親会社等）または在外営業活動体（子会社や支店等）の別を問わず、機能通貨を決定する必要がある（IAS21号17項）。基本的な取引、事象及び状況を最も忠実に表わす機能通貨を決定するために考慮する要因は、次のとおりである（IAS21号9項・12項）。

(a) 財貨及び役務の販売価格に大きく影響を与える通貨
(b) 競争環境及び規制が財貨と役務の販売価格を主に決定することになる国の通貨
(c) 財貨や役務を提供するための労働費、材料費やその他の原価に主に影響を与える通貨

　機能通貨が前記の要因によっても明確にならない場合、次の要因が企業の機能通貨を決定するための補足的証拠を提供するとされている（IAS21号10項）。

(a) 財務活動により資金が調達されるときの通貨
(b) 営業活動からの受取金額が通常、留保される通貨

　さらに、在外営業活動体の機能通貨を決定する場合及びその機能通貨が報告企業（在外営業活動体を子会社等として連結している企業）の機能通貨と同じかどうかを判断する際には、次の要因も追加的指標となる（IAS21号11項）。

(a) 在外営業活動体の活動がかなりの程度自主性をもって営まれているのではなく、報告企業の延長線上で営まれているか否か
(b) 報告企業との取引が、在外営業活動体の取引全体に占める割合に対して高いか否か
(c) 在外営業活動体からのキャッシュ・フローが、報告企業のキャッシュ・フローに直接影響を与え、すぐに送金できるようになっているか否か
(d) 在外営業活動体からの活動によるキャッシュ・フローが、報告企業による資金援助がなくても、既存の、そして通常予定される債務の返済原資として十分か否か

　なお、東南アジアの企業であっても、米ドルが取引通貨として用いられるケースは多いため注意が必要である。一般的に非現地通貨が機能通貨として認定された場合、記帳及び換算が煩雑になるため、決算において適用される機能通貨について監査人と事前に合意しておくことが望ましい。

②各種資産の減損検討

　棚卸資産、固定資産、投資有価証券、のれんやその他資産に関して、減損の検討を行う必要がある。東南アジア主要6か国における資産の減損に係る規定の導入状況については図表8-5を参照されたい。なお、現地の会計基準で減損会計の適用が求められていない場合であっても、日本親会社が連結する際には、3に記載の企業会計基準委員会が公表している実務対応報告第18号「連結財務諸表作成における在外子会社等の会計処理に関する当面の取扱い」(以下、「実務対応報告18号」という)の規定に基づき、IFRSもしくは日本基準に基づく減損会計の適用を検討しなければならない点に注意する。

3. 日本親会社の連結決算対応に係る実務上の留意点

　通常、子会社は親会社による子会社業績管理や連結決算への対応のため、決算の状況を親会社に対して報告する必要がある。

　連結財務諸表に関する会計基準において、連結財務諸表を作成する場合、同一環境下で行われた同一の性質の取引等について、親会社及び子会社が採用する会計処理の原則及び手続は、原則として統一しなければならないと定められている(連結財務諸表に関する会計基準17項)。

　ただし、海外子会社の財務諸表がIFRSまたは米国会計基準(US-GAAP)に準拠して作成されている場合には、当面の間、それらを日本親会社の連結決算手続上そのまま利用することが認められている(第3章2参照)。

　なお、海外子会社がIFRSまたはUS-GAAPに準拠した財務諸表を作成している場合であっても、図表8-6に示す調整4項目については、当該修正額に重要性が乏しい場合を除き、連結決算手続上、当期純利益が適切に計上されるよう当該海外子会社の会計処理を修正しなければならない。なお、当該項目以外についても、明らかに合理的でないと認められる場合には、連結決算手続上で修正を行う必要があることに留意する。

図表8-6　調整4項目（図表3-1の再掲）

項　目	内　容
のれんの償却	海外子会社において、のれんを償却していない場合には、連結決算手続上、その計上後20年以内の効果の及ぶ期間にわたって、定額法その他の合理的な方法により規則的に償却し、当該金額を当期の費用とするよう修正する。
退職給付会計における数理計算上の差異の費用処理	海外子会社において、退職給付会計における数理計算上の差異をその他の包括利益で認識し、その後費用処理を行わない場合には、連結決算手続上、当該金額を平均残存勤務期間以内の一定の年数で規則的に処理する方法により、当期の損益とするよう修正する。
研究開発費の支出時費用処理	海外子会社において「研究開発費等に係る会計基準」の対象となる研究開発費に該当する支出を資産に計上している場合には、連結決算手続上、当該金額を支出時の費用とするよう修正する。
投資不動産の時価評価及び固定資産の再評価	海外子会社において、投資不動産を時価評価している場合または固定資産を再評価している場合には、連結決算手続上、取得原価を基礎として、正規の減価償却によって算定された減価償却費を計上するよう修正する。

〔出所〕企業会計基準委員会・実務対応報告第18号「連結財務諸表作成における在外子会社等の会計処理に関する当面の取扱い」をもとに CaN International 作成

　東南アジア各国の会計基準はIFRSを全面的に、あるいは一部を修正する形で導入することによって相当程度IFRSと同等のものになっていることが多い（1〈東南アジア主要6か国における会計制度〉参照）。そのため、東南アジア各国に所在する海外子会社の財務数値を日本親会社が取り込む際には、実務上、現地の会計基準で作成された財務諸表に対して①IFRSへの組替えを行ったうえで、②実務対応報告18号が求める図表8-6の調整4項目への対応を行い、日本親会社が連結の取込み作業を実施していることが多い（図表8-7参照）。この①及び②の作業を日本親会社と海外子会社のどちらが実施するかについては事前に決定しておく必要がある。その際、日本親会社がこれらの作業を実施する場合であっても、そのための基礎資料は海外子会社が作成することとなるため、日本親会社へのレポーティング項目に対する海外子会社側での理解は欠かせない。

　こうした一連の連結決算作業を円滑に進めるため、日本親会社は、連結ベー

スでのグループ会計方針マニュアル、海外子会社の財務諸表及び連結決算情報等の入力フォーマット（連結パッケージ）を海外子会社のために整備する必要があり、海外子会社は、これらを遵守することによって日本親会社の連結決算対応を行う必要がある。

図表8-7 海外子会社の18号への実務対応（図表3-2の再掲）

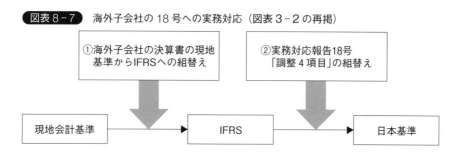

4. 海外子会社の法人税申告

(1) 法人税申告実務

実務上、海外子会社の現地における法人税申告業務は、会計事務所等の専門家に委託していることが多い。会計事務所等の専門家は申告業務に精通しているため、自社で申告書作成を行う場合と比較して、制度や手続の理解不足等による不適切な申告を避けることができる。

ただし、外部の専門家に申告業務を委託した場合であっても、専門家から提出された成果物についてはその内容を十分に検証する必要がある。海外子会社において十分な対応ができない場合には、成果物を日本親会社の担当部門と共有し、検証することも一案である。企業によっては、他の専門家の利用によるセカンドオピニオンを入手しているケースもみられる。

専門家からの成果物としては、①計算・明細書（Tax Computation and Supporting Schedules）、②申告の際の前提となる事実等の説明が含まれる書簡等や、③申告書（Income Tax Return）が挙げられる。以下、それぞれ解説する。

①計算・明細書

申告書の作成にあたっては、通常、計算根拠資料を作成する。専門家に申告書の作成を委託している場合であっても、計算根拠資料を入手し、その内容を確認する必要がある。計算根拠資料には、一般的に、会計上の利益(損失)から課税所得(または税務上の欠損金)及び納税(還付)額が算出されるまでの調整項目の計算過程と、項目別の明細書が含まれる。なお、確認すべき項目としては、次のようなものが挙げられる。

■申告書の確認項目
・申告書における会計上の税引前利益(損失)が損益計算書の同項目と一致しているか
・加算及び減算項目の大枠の内容を確認し、制度上定められている項目が含まれているか
・固定資産の減価償却費等といった、会計とは別に税務上で計算を行う必要のある項目についての内容及び計算過程は妥当か
・損金算入限度額がある項目(例:支払利息等)について、限度額計算方法は適切か
・繰越欠損金を使用している場合には、その要件を満たしているか(例:シンガポールでは株主に大幅な変動がある場合、繰越欠損金の繰越しができない)
・外国税額控除に係る計算方法は適切か

②現地の会計事務所等から別途送付される書簡

この書簡には、次のようなものが含まれる。

・税務計算上、ハイライトされる事項(リスクの有無等が含まれる)
・納税方法
・依頼主である企業と会計事務所等の専門家との責任の分離についての記載

③申告書

　申告書の会社名、登記住所、役員の氏名など数値以外の項目についても記載内容に誤りはないか、また、計算・明細書と申告書は整合しているかを確認する。通常、申告書には取締役の自署が求められる。

　なお、国・地域によっては、申告書そのものが計算過程を示している場合もあり、その場合は、計算・明細書が添付されないこともある。

　また、申告書には、決算書を添付する場合が多いが、関係会社との取引については注記の対象となることが一般的であり、当該注記情報をもとに、移転価格税制に関連する質問を税務当局から受ける場合がある。取引当事者双方ともに、取引の基本契約書等を作成・保管し、また、各国・地域で義務化・奨励されている移転価格の文書化への対応についても検討する。

(2) 主要税目の申告・納付スケジュール

　東南アジア主要6か国における主要税目の申告スケジュールをまとめたものが図表8-8である。本スケジュールに基づき、申告書作成の時期を決定し、必要に応じて専門家の手配を行う。

図表8-8　東南アジア主要6か国の主要税目の申告・納付スケジュール

国　名	源泉税・付加価値税等	法人税
シンガポール	源泉税：非居住者へ支払った日の翌月15日までに申告・納付。支払った日とは契約書により支払義務が生じた日、会計上未払計上した日、または実際の支払日のいずれか早い日をいう。原則として居住者に対する支払いは源泉税の対象とならない GST：原則毎四半期終了後1か月以内に申告・納付	(予納) 事業年度終了後3か月以内にECI (見積課税所得) を申告、その後NOA (賦課通知書) が発行される。NOA発行日から1か月以内に納付 (確定) 事業年度末日の属する暦年の翌年11月末日 (電子申告の場合は翌年12月15日) までに申告。追加納付が必要な場合はNOA発行日から1か月以内に納付
タイ	源泉税：源泉を行った月の翌月7日 (電子申告の場合は15日) までに申告・納付 VAT：翌月15日 (電子申告の場合は23日) までに申告・納付。ただし、サービスの輸入 (たとえば日本の本社へのロイヤルティの支払い) 等にかかるVATは、	(中間) 事業年度終了後6か月を経過した時点から2か月以内に申告・納付 (年次) 事業年度の末日から150日以内に申告・納付

	翌月7日（電子申告の場合は15日）までに申告・納付	
マレーシア	源泉税：支払い後1か月以内に申告・納付 GST：年間課税売上高が500万リンギット以上の場合、課税対象期間は1か月であり、500万リンギット未満の課税対象期間は3か月となる。各課税対象期間の翌月末までに申告・納付	（予納）見積法人税額を事業年度開始の30日前までに申告。事業年度の2か月目より、毎月15日までに見積法人税額を12等分した金額を納付 （年次）事業年度の末日から7か月以内に申告・納付
ベトナム	源泉税：翌月20日までに申告・納付。ただし、月の源泉徴収額が5,000万ドン未満など一定の基準を満たす場合は、翌四半期の最初の月の30日までに申告・納付 VAT：前年の年間課税売上高が500億ドン超の場合の課税対象期間は月次であり、翌月20日までに申告・納付。500億ドン未満の課税対象期間は3か月であり、翌四半期開始月の30日までに申告・納付	（予納）毎四半期終了後30日以内に納税。申告は不要 （年次）事業年度の末日から90日以内に申告・納付
インドネシア	源泉税：翌月10日までに納付、20日までに申告 VAT：翌月末までに申告・納付	（予納）前年度の納付額に基づき12等分した金額を翌月15日までに納付、翌月20日までに申告 （年次）事業年度の末日から4か月以内に申告・納付
フィリピン	源泉税：月末から10日以内（12月発生の源泉税は1月15日まで）に申告・納付。ただし、電子申告を利用する場合は産業別に月末から11〜15日以内（12月発生の源泉税は1月20日まで）に申告・納付 VAT：月末から20日以内に申告・納付。ただし、電子申告を利用する場合は産業別に月末から21〜25日以内の範囲で別途納付期限の定めあり。また、月次申告書とは別に四半期申告書を四半期末日から25日以内に申告・納付	（四半期）四半期末日から60日以内に申告・納付 （年次）事業年度の末日から4か月目の15日以内に申告・納付

（注）各国ともに株式会社を前提としている

(3) 税務当局への対応と現地の専門家との連携

　税務調査の手法は国によって大きく異なる。たとえば、シンガポールのように書面調査が中心で、実地調査がほとんど行われない国も存在する一方、頻繁

に実地調査が行われる国も存在する。また、外資系企業に対して不明瞭な課税根拠により追徴課税を行う国も多くみられる。現地税務当局との交渉を外部の専門家に委託する企業も多いが、そうした場合であっても、専門家が作成した申告書類、添付書類や説明書といった成果物の内容については自社で検証する必要がある。なお、実務では論点やその重要性によって、他の専門家からセカンドオピニオンを入手しているケースもみられる。

5. 駐在員の所得税申告

　駐在員は、通常、駐在国において税務上「居住者」のステータスに該当するため、現地の税法に基づき個人所得税の申告及び納付を行わなければならない。その際、海外子会社からの給与支給額のみでなく、日本親会社が支給している給与額も申告対象となることに留意が必要である。東南アジア主要6か国では、国によって納税のタイミングや源泉の有無が異なるため、**図表8-9**を参照されたい。なお、各国ともに個人所得税の課税対象期間は暦年となっている。

図表8-9 駐在員に係る個人所得税の納税方法

国　名	海外子会社支給分	日本親会社支給分
シンガポール	源泉徴収なし。支給法人を問わず、総額を駐在員が翌年4月15日までに申告・納税	
タイ	支払者が毎月源泉徴収を行い、駐在員は翌年3月末までに確定申告	原則、駐在員が確定申告。海外子会社に付替請求した場合、海外子会社は当該部分に対応する個人所得税を、駐在員への給与支払時に源泉徴収しなければならない
マレーシア	支払者が毎月源泉徴収を行い、駐在員は翌年4月30日までに確定申告	原則、駐在員が確定申告
ベトナム	支払者が毎月源泉徴収を行い、駐在員は課税年度終了後90日以内に確定申告	四半期ごとに駐在員が申告・納税し、課税年度終了後90日以内に確定申告
インドネシア	支払者が毎月源泉徴収を行い、駐在員は翌年3月末までに確定申告。源泉徴収税額の過不足は12月度分で調整される	海外子会社に付替請求した場合、海外子会社は当該部分に対応する個人所得税を、駐在員への給与支払時に源泉徴収しなければならない。それ以外の場合は、駐在員が毎月予定納税を行い、確定申告

フィリピン	支払者が毎月源泉徴収を行い、駐在員は翌年4月15日までに確定申告	原則、駐在員が確定申告。海外子会社に付替請求した場合、海外子会社は当該部分に対応する個人所得税を、駐在員への給与支払時に源泉徴収しなければならない

6. 日本親会社の申告補助作業

　日本の税法における外国税額控除制度、外国子会社配当益金不算入制度等の国際税務に関する規定は、日本親会社の法人税等の申告書に必要な書類が添付され、必要な書類が保存されていることを条件に適用が認められる場合が多い。これらの書類は日本親会社だけで入手することは困難であり、海外子会社の経理担当者の協力が必要となる。図表8-10に、これらの必要書類をまとめた。

図表8-10　主要な国際税務に係る制度と必要書類

制　度	必要書類
外国税額控除	・税が課されたことを証する申告書の写しまたは代わるべき税に係る書類及び税が納付されている場合には納付を証する次の書類 　申告書の写し、現地の税務当局が発行する納税証明書、賦課決定通知書、納税告知書、源泉徴収票その他これらに準ずる書類または写し
外国子会社配当益金不算入	・当該規定の適用を受けることのできる外国子会社に該当することを証明する書類（資本金の払込みを証する書類等） ・配当を行った事業年度の外国子会社の財務諸表 ・配当に外国源泉税を課された場合、それを証する申告書の写しや納付書等
外国子会社合算税制	・適用があることを明らかにする書類その他の資料 ・別表記載に要した関連書類 ・特定外国子会社等に係る財務諸表、科目内訳書、申告書の写し、株主情報

第9章

監査対応業務

1. 各国の会計監査制度

(1)国際的な監査制度の潮流

　第8章で記載した会計基準の国際化と同様に、監査制度についても国際化の流れが進んでいる。現在、監査に関するグローバル基準としては国際監査・保証基準審議会（IAASB）が公表している国際監査基準（ISA）があり、すでに110か国超の国がISAを採用している。このように、多くの国において国際監査基準を受け入れる形で監査基準のコンバージェンスが図られている。

　わが国においても、日本公認会計士協会が、ISAへの統一化の流れを加速すべく、2007年から、IAASBが公表したクラリティ版のISAと国際品質管理基準を参考として、品質管理基準委員会報告書及び既存のすべての監査基準委員会報告書を新起草方針に基づく報告書に置き換える作業を進め、2011年12月22日付で最終報告の公表を行った。

　なお、本書で特に対象としている東南アジア諸国も、基本的にISAをベースとした監査基準を採用している。

(2)監査義務の要件

　東南アジア主要6か国の監査義務の要件について、図表9-1にまとめた。

図表9-1 東南アジア主要6か国の監査義務の要件

国 名	監査人による会計監査の要否
シンガポール	原則としてすべての会社につき会計監査が必要である。 ただし、次の会社は監査義務が免除される。 ・休眠中の非公開会社 ・直近2会計年度のいずれかにおいて次の3つの要件のうち2つ以上を満たす非公開会社（シンガポール会社法上の「小会社」といわれる） ①年間売上が1,000万シンガポールドル以下 ②総資産額が1,000万シンガポールドル以下 ③従業員数が50名以下 なお、上記要件は、当該会社を含む連結ベースで判定することに留意されたい。
タイ	すべての会社につき会計監査が必要である。
マレーシア	すべての会社につき会計監査が必要である。
ベトナム	原則、外資系企業は会計監査が必要である。
インドネシア	原則、外資系企業は会計監査が必要である。
フィリピン	次のいずれかに該当する場合は会計監査が必要である。 ・1四半期で売上高が15万ペソを超える場合 ・払込資本額が5万ペソを超える場合 ・外国会社の支店・駐在員事務所等

2. 各国における監査実務と監査人の選定

　1(1)に記載のとおり、すでに監査基準については国際的にコンバージェンスが相当程度進んでいる。一方、実際の監査実務においては、その水準にばらつきがみられる。監査水準については、各国において各種研究や報告がなされているが、本節では、監査水準に関して、監査済みの決算書に会計基準の適用誤りや収益・費用の認識に関する不正・誤謬等といった各種エラーが存在する確度といった観点から、これまでに筆者らが得てきた経験をもとにある程度主観的に記載している。

　図表9-2では、東南アジア各国における会計事務所の特徴を、現地における規模及び国際化といった観点から分類のイメージを記載した。また、図表9-3では、監査人選任時の主要検討項目を挙げたため、進出国における監査人選定にあたって参考にされたい。

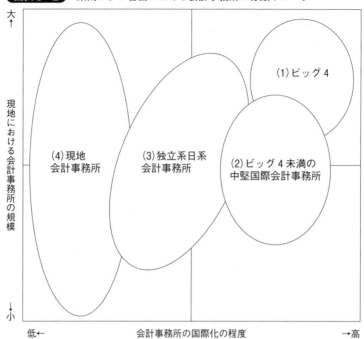

図表9-2　東南アジア各国における会計事務所の分類イメージ

図表9-3　監査人選任時の主要検討項目

■一般的検討事項
①監査法人として海外子会社の会計監査業務を十分に行えるだけの規模と組織体制を有しているか
②担当する監査チームのメンバーの会計・監査・税務に関する専門的能力は十分か
③日本語対応の必要がある場合、対応可能であるか
④独立性が阻害されるような会社との利害関係はないか

■日本親会社が上場企業である場合の検討事項
①決算日後迅速に日本親会社向け連結パッケージの監査を終了させることができるか
②日本親会社の監査人からの各種インストラクションに対応できるか
③内部統制報告制度（J-SOX）に対応可能か
④企業会計基準委員会が公表している実務対応報告第18号「連結財務諸表作成における在外子会社等の会計処理に関する当面の取扱い」に対応可能か

(1) ビッグ4

　ビッグ4といわれる大手国際会計事務所グループであり、アーンスト アンド ヤング（EY, Ernst & Young）、デロイト トウシュ トーマツ（Deloitte,

Deloitte Touche Tohmatsu)、KPMG（KPMG）、プライスウォーターハウスクーパース（PwC, PricewaterhouseCoopers）からなる。各事務所ともに世界中に10万人を超える専門家を有する。東南アジアの各国における会計事務所マーケットでも、上位シェアを握っており、その存在感を発揮している。

監査報酬は最も高い水準であり、現地における上場企業等の大企業及び外資系企業グループの現地法人の会計監査を多く行っているのが特徴である。国際監査基準をベースにグローバルで統一した監査マニュアルを整備しており、また、各国で共通の監査ツールを導入することによって、グローバルレベルで品質管理を行っているといった特徴も挙げられる。なお、各会計事務所ともにアジアの各国にジャパンデスクを設置し、日本人の担当者による日本語対応を行っている。

(2) ビッグ4未満の中堅国際会計事務所

東南アジアでビッグ4未満の会計事務所として存在感のある事務所にはBDO、Grant Thornton、RSM、Mazars、NEXIA等がある。この会計事務所群に関しては、現地の有力会計事務所にインターナショナルファームのブランドを与えることによって運営がなされていることも多く、現地パートナーの個性による特色が出やすいのが特徴である。現地での規模は、ビッグ4と同水準から小規模まで幅広い。

監査報酬はビッグ4に次ぐ高水準である。監査実務に関しては、ビッグ4同様に統一した監査ツールを導入しているところもあるが、運用面においてはビッグ4よりも柔軟であることが多い。また、ビッグ4よりも比較的勤務経験が長い従業員が多い傾向にあり、マネージャークラス以上にはビッグ4出身者も見られる。従来、このクラスの会計事務所では日本人担当者は不在であることが多かったが、昨今のアジアへの日本企業の進出数の増加に伴い補強される傾向にある。

(3) 独立系日系会計事務所

昨今の日本企業のアジア進出数の増加に伴い、日本人の会計・税務専門家が

現地で運営する会計事務所は増加している。アジアの複数国に拠点を置くSCS Global、フェアコンサルティング、NAC Global、マイツグループのような日系国際会計事務所グループや、特定国のみに拠点を置き相当程度の規模を有する独立系会計事務所がある。なお、現地で会計監査業務を提供していない日系会計事務所も多いため、事前に会計監査サービス提供の可否を確認しなければならない。

監査報酬の水準はビッグ4よりも低い。一般的にこの会計事務所群の特徴として、日本人の専門家によるきめ細やかな対応が期待できる傾向にあり、現地の日本人駐在員にとっては頼りになる場面も多い。今後この層の会計事務所が増加し、また、経験を積むことによってサービスの質が上がっていくことは、海外進出済み及び今後進出予定の日本企業にとって有益である。

なお、現地の日系会計事務所のサービスの水準にはばらつきがみられるため、日本人専門家及び現地会計士の能力や組織体制については慎重に見定める必要がある。

(4) 現地会計事務所

現地会計事務所は国際的な会計事務所グループには属していない会計事務所である。この層の会計事務所は、(1)～(3)の会計事務所と比較して、事務所規模、能力、報酬のばらつきが最も大きい。日系企業の海外子会社においても、現地会計事務所を起用している例は多くみられる。

監査報酬は(1)～(3)の会計事務所と比較して一般的に低水準である。監査水準に関してはばらつきが大きく、なかには監査手続を一切行わずに監査報告書を提出する会計事務所も存在する。コストダウンのために、現地会計事務所に会計監査を委託している企業もあるが、低品質の監査が行われ、後になって現地役員や従業員による横領や粉飾が発覚したり、税務当局からの指摘等によって多額の損失を被ったりする事例もみられる。一方、リーズナブルな報酬で高品質な監査を提供している現地会計事務所も存在する。現地会計事務所を選任する際には、(1)～(3)のケース以上に、十分にその能力を見定めることが重要であり、監査報酬が安価であるという理由のみで決定することは避けなければ

ならない。

3. 現地での監査対応準備

　年度監査の開始に伴って、監査人から依頼資料一覧が送付されてくる。当該依頼資料一覧は基本的に毎期類似した内容であることが多い。そのため、海外子会社の経理部は、前年度の監査対応の経験を生かして、期中から監査人に提出する資料を想定して業務を行うと効率的である。また、期末の決算処理で作成する資料は監査人にとっても重要性が高いことが多いため、監査人に提出することを想定したうえで、わかりやすい資料作成を行う。

(1)各種規程に係る文書整備
　監査人は、会社の会計方針を把握し、取引に係る経理処理方針を確認するため、経理規程を確認することがある。また、各種取引に係る内部統制を検討するため、業務フローや職務分掌規程を閲覧することがある。海外子会社は、こうした文書の要求に対応するため、事前に監査人とコミュニケーションを図ることによって必要書類の確認を行い、作成・整備しておくことが、円滑な監査の実施につながる。また、各種業務フローや規程の制定・改廃を行った場合には、当該事項を監査人に対して事前に通知することによって、期末監査がより円滑に実施されることが期待できる。

(2)勘定科目明細の作成
　会社は決算書、試算表及び総勘定元帳に加え、勘定科目明細を監査人に提出する必要がある。会計システムによっては、売掛金元帳等の補助簿機能を持ち、各種残高明細が期末において自動で生成されることもあるが、このような機能がない会計システムを利用している場合や、当該機能を使用していない場合には、スプレッドシート等を利用してマニュアルで勘定科目明細を作成する必要がある。

(3) 各種原始証憑の整備

監査人は、残高及び取引記録の妥当性を検証するため、各種取引に係る原始証憑を確認することがある。

原始証憑には契約書、注文書、請求書、検収書、入出金記録等が含まれる。会社は仕訳伝票と当該取引に係る原始証憑を一緒に保管するか、別途保管する場合には双方に関連のある連番を記載すること等によって、仕訳番号から容易に原始証憑を確認できるようにしておく必要がある。また、説明が必要な取引に関しては原始証憑と併せて、取引の背景や概要をまとめた文書を作成・保管する。

(4) 各種議事録等の適切な作成及び保管

監査人は、監査手続の一環として、株主総会議事録、取締役会議事録、経営会議議事録、稟議書等を閲覧する。そのため、会社は各種議事録等を適宜作成し、保管する必要がある。監査人によっては、会社に対して各種決議の概要説明を求めることがあるため、それぞれ一覧表を作成し、摘要の欄に決議の概要や結論、出席者を記載することが望ましい。

東南アジアのなかでもシンガポールやマレーシアのような元英国領では、会社の機関として会社秘書役(Company Secretary/Corporate Secretary)の任命が義務づけられており、会社秘書役は会社法で定められた書面の作成・資本金等の登記事項の変更・保管等をはじめ、株主、企業の事務管理を行い、会社法務に対して責務を有している。実務的には、現地国の法律に精通した弁護士・会計事務所等が会社秘書役の役割を担うことが多い。

議事録関連では、年次株主総会、年次決算承認取締役会議事録など年次の議事録のほか、子会社の設立、借入れ・貸付け等といった会社の重要な行為について定款等で取締役会の開催の定めがある場合には、適宜取締役会の議事録を作成しておく必要がある。

増資等の登記に係る事項については、登記手続を行うにあたって必要な議事録を作成していることが多いが、登記の必要のない事項(借入れ・貸付け等)については議事録の作成を失念しているケースが散見される。当該国における

コンプライアンスを遵守するため、下記の手続を行うことが望ましい。

・決議書類の作成を外部に委託している場合は、委託先と定期的にコミュニケーションを行う
・会社の機関として決議が必要となる行為を会社法、定款、付属定款等から洗い出してリスト化する
・非定型の取引を行う場合には、当該行為が議事録作成や登記事項でないか確認する
・必要に応じて現地の法律専門家に問合せを行う

4. 現地での監査対応実務

(1) 主要な監査手続

図表9-4に、主要な監査手続の概要とその留意点についてまとめた。

図表9-4 主要な監査手続

監査手続の種類	内容と留意点
閲覧・実査 (Inspection)	閲覧・実査は、紙媒体、電子媒体またはその他の媒体による事業体内外の記録や文書を確かめる監査手続であり、また、資産の現物を実際に確かめる監査手続である。記録や文書の性質や情報源によって、さらに、事業体内部の記録や文書の場合にはそれらの作成に係る内部統制の有効性によって、監査人が記録や文書の閲覧により入手する監査証拠の証明力は異なる。
観察 (Observation)	観察は、他者が実施するプロセスや手続を観察する監査手続である。たとえば、事業体の従業員が実施する棚卸資産の実地棚卸状況や統制活動の実施状況を監査人が観察することがある。観察により、プロセスまたは手続の実施に関する監査証拠を入手できるが、観察を行った時点に関する監査証拠に限定され、また、プロセスや手続の実施は観察されているという事実により影響を受けることがある。
外部確認 (External confirmation)	外部確認は、紙媒体、電子媒体または他の媒体（確認状）により、監査人が確認先である第三者から書面による回答を直接入手する監査証拠である。外部確認手続は、勘定残高とその明細に関連するアサーションに対処する場合に適合する。しかしながら、外部確認は勘定残高のみに限定する必要はない。たとえば、監査人は、契約条件や事業体が第三者と行った取引について確認を行うことがある。また、取引に関する契約書とは別に収益認識に影響を与えるような法的合意、合意書、覚書等がな

	いことなど、特定の条件や制約が存在しないことの確認を求める場合がある。
再計算 (Recalculation)	再計算は、記録や文書の計算の正確性を監査人自らが計算し確かめる監査手続である。再計算は、手作業または電子的手段により実施する。
再実施 (Reperformance)	再実施は、事業体が内部統制の一環として実施している手続や内部統制を監査人が自ら実施することである。
分析的手続 (Analytical procedure)	分析的手続は、監査人が財務データ相互間または財務データ以外のデータと財務データとの間に存在すると推定される関係を検討することによって、財務情報を評価する監査手続である。また、分析的手続には、識別された変動や関係、他の関連情報との矛盾、または推定値との大きな乖離に関する調査も含まれる。
質問 (Inquiry)	質問は、監査人が、財務または財務以外の分野に精通している事業体内外の第三者に情報を求める監査手続である。質問は、質問以外の監査手続と組み合わせて監査の全過程で利用される。質問には、書面による正式な形式の質問と口頭による質問がある。質問に対する回答の評価は、質問のプロセスの不可欠な部分である。

(2) 確認状への対応

　企業は、監査人が外部確認（定義は図表9-4参照）を行うために必要となる送付状の作成や、監査人が回収した確認状に記載された回答額と帳簿残高との差額を分析するなどの監査対応を求められる。図表9-5に主要な確認状の内容と留意点をまとめた。

図表9-5　各種確認状の内容と留意点

書面の種類	内容と留意点
預金等残高確認状 (Bank Confirmation)	期末時点の預金残高・借入残高・その他オフバランス情報等について、監査人が取引先金融機関に残高確認状の内容に対する確認を求めるものである。監査人から取引先金融機関に依頼するにあたって、金融機関との取引に権限を有する権限者の署名が必要となる。
外部倉庫への預け品についての確認 (The Third Party Warehouses)	監査人が倉庫業者等の第三者に対して、期末時点で会社が外部に預けている棚卸資産に係る品目、数量、金額等の内容について確認を求めるものである。監査人から倉庫業者に依頼するにあたり、依頼状には確認依頼会社の記名及び届出印の押印または署名が必要となる。

残高確認状 (Confirmation Letter)	〔取引先（外部の第三者）〕 企業と取引先との間の取引高・債権債務残高等について確認する書面。Director/Manager等のうち、経理部門を所管する役職者が署名を行う。確認状を発送する相手先は、取引高及び残高等に応じて監査人が選定する。
	〔関係会社〕 企業と取引のある関係会社との取引高・債権債務残高等について確認する書面。原則として、取引のある関係会社がすべて対象となる（財務諸表の注記事項でもある）。
関連当事者間取引に関する確認状 (Statement of Related Party Transactions)	財務諸表の注記にて開示される関連当事者（役員等を含む）との取引について確認する書面である。
弁護士への確認状 (Communication with the entity's external legal counsel through a letter of inquiry)	企業が現に裁判上で係争中、あるいは未確定の、もしくは今後提起される可能性のある訴訟事件等について、訴訟の内容、企業の対応方針、敗訴する可能性、損害賠償等の損失の見積額について確認する書面である。

(3) 経営者確認書(Written Representations)における確認事項

　経営者確認書とは、特定の事項を確認するために、または他の監査証拠を裏づけるために、経営者が監査人に提出する書面による陳述である。監査人は、経営者が財務諸表の作成責任及び監査人に提供した情報の網羅性に対する責任を果たしたと判断していること等について、経営者から経営者確認書を入手しなければならない。経営者確認書の主な記載事項を、図表9-6にまとめた。ただし、監査人は経営者確認書のなかで、必要に応じて経営者に対してその他の事項についても確認を求めることがあるため、留意する。

　なお、監査人からは、通常、経営者確認書と監査報告書（Auditor's report）の日付が一致していることが求められるため、予定した監査報告書の日付が遅延しないように、監査の進捗等に関しては監査人と適宜コミュニケーションを図る必要がある。

図表9-6　経営者確認書における確認事項一覧

区　分	確認事項
財務諸表	財務諸表は会計基準に準拠して適正に表示されている旨
	会計上の見積りを行うにあたって使用した重要な仮定は、公正価値により測定されたものを含めて、合理的である旨
	関連当事者との関係及び取引は、会計基準の要求に準拠して適切に処理され、開示されている旨
	会計基準が修正または開示を要求しているすべての後発事象について、財務諸表の修正または開示をしている旨
	未訂正の虚偽表示の影響は、個別にも集計しても、全体としての財務諸表にとって重要ではないと経営者が判断している旨 なお、未訂正の虚偽表示の一覧は、経営者確認書に添付していること
	その他、監査人が必要と認めた事項
監査人に提供される情報	監査人に以下のものを提供した旨 ・記録、文書及びその他の事項等の経営者が気づいた財務諸表の作成に関連するすべての情報へのアクセス ・当該監査のために監査人が経営者に要請した追加的な情報 ・監査人がその者から監査証拠を入手することが必要であると判断した事業体内部の者への制約のない接触
	すべての取引は会計帳簿に記録され、財務諸表に反映されている旨
	財務諸表が不正の結果として著しく虚偽表示され得るリスクに係る経営者の評価の結果を監査人に開示した旨
	経営者が把握し、事業体に影響を与える、以下の者が関与する不正または不正の疑いに関連するすべての情報を監査人に開示した旨 ・経営者 ・内部統制において重要な役割を担う従業員 ・その不正が財務諸表に重要な影響を与え得る場合のその他の者
	従業員、元従業員、アナリスト、規制当局またはその他の者により知らされた、事業体の財務諸表に影響を与える不正の申立てまたは不正の疑いに関連するすべての情報を監査人に開示した旨
	財務諸表の作成時にその影響を検討しなければならない、法律及び規則の不遵守の事実または不遵守の疑いに関するすべての実例を監査人に開示した旨
	識別された関連当事者ならびに把握したすべての関連当事者との関係及び取引を監査人に開示した旨
	その他、監査人が必要と認めた事項

(4) 監査修正（Audit Adjustment）

　監査人が監査手続を実施していくなかで、財務諸表上の虚偽表示を発見した

場合、明らかに僅少なものを除き、監査の過程で識別した虚偽表示を集計する。そして、集計したすべての虚偽表示について、適切な階層の経営者に適時に報告し、これらの虚偽表示を修正するよう経営者に求めなければならない。

監査人から監査修正を受けた場合、会社は当該虚偽表示が生じた原因（意図的なものなのか、意図的でない誤りなのか等）、あるべき会計処理について監査人と協議し、理解したうえで、自社の責任において当該虚偽表示を修正する必要がある。財務諸表の作成責任は監査人ではなく経営者にあることに留意する。

また、仮に監査人によって報告された虚偽表示の一部またはすべてを修正することが、決算スケジュールの都合等のやむを得ない事情によりできなかった場合、未修正の虚偽表示が及ぼす影響は、個別にも集計しても財務諸表全体に対して重要でない旨について監査人の了承を得たうえで、前述の経営者確認書において、陳述しなければならない。なお、海外子会社の決算数値に対して、現地監査人が重要な監査修正を行った場合、日本親会社及び親会社監査人は当該事項について、発生原因を調査し、内部統制報告制度（J-SOX）上の取扱いを協議する。

(5) マネジメント・レター
(Management Letter/Letter of Recommendation)

マネジメント・レターとは、監査人が、監査の実施過程で発見した会計処理や内部統制等に関する問題点について、改善提案の形で経営者に対して提出するものであり、海外の監査実務ではよくみられる。マネジメント・レターには監査人からの指摘事項が記載されるため、監査対象会社の会計処理や内部統制に関しての成績表のような性格を有する。マネジメント・レターの記載内容は外部に公表されることはないが、日本親会社の経営者陣や経理部等と共有されることが多い。M&Aにおいてデューデリジェンス（DD）を受ける際や、監査人の交代の際には、提出を求められることが多い重要な書類のひとつでもある。

マネジメント・レターは、発見された問題点ごとに、その事実、経緯、問題点等（Observations）と、これに対する監査人からの改善提案（Recommendations）

が記載される形式が一般的である。また、経営者が当該指摘に対する考え及び対応（Management's comment）を記載するスペースが設けられていることもある。

マネジメント・レターには会社運営に係る本質的な問題点から、形式的な事項までさまざまなレベルのものが記載されるのが一般的である。経営者は、各項目に関して費用対効果を勘案し、真に対処すべき課題への対応策を策定し実行する。

5. 日本親会社が上場している場合の海外子会社側での検討事項

(1) 会計監査
①日本親会社の監査人による監査方針の理解
　日本親会社の監査人が連結財務諸表監査を実施する際、海外子会社に対する監査手続の実施については、海外子会社の監査人の監査結果に依拠し、それを利用する場合と、海外子会社の監査人の監査結果を利用せずに日本親会社の監査人自ら海外子会社に対して監査手続を行う場合がある。

　海外子会社の監査人の監査結果に依拠する場合、日本親会社の監査人によっては自らが属するメンバーファームと非メンバーファームで取扱いが異なることや、非メンバーファームの品質管理体制等の検討のために追加の監査手続を行うことがある。

　海外子会社の経理部の担当者は日本親会社の監査人の自社に対する監査方針を理解し、スケジュール調整や監査対応とその準備を行う必要がある。

②海外子会社における現地監査対応
　海外子会社の決算月と日本親会社の決算月が同一もしくは近い場合、海外子会社の決算に係る監査もしくはレビュー作業の完了スケジュールの決定にあたって、日本親会社の連結決算作業スケジュールを考慮しなければならないことがある。このような場合、たとえば、決算前に前倒しで11か月分の監査手続を行い（実務上、Preclosing：プレクロージングといわれることがある）、年度末

第III部 事業活動 現地経理実務

に残り1か月分の検証を実施することを監査人に依頼するなどの対応が考えられる。また、期中取引で会計処理に懸念がある場合には、事前に監査人に当該会計処理について問合せを行うことや、当該部分に関して前倒しで監査手続を実施してもらうといった対応が有効である。

前述したように、日本親会社の監査人が海外子会社の監査人の監査結果に依拠する際に、日本親会社の監査人から海外子会社の監査人に対して特定の手続の依頼が生ずる場合には、手続内容及びスケジュールに関して事前に調整が必要になる。

現地監査人の監査の実施によって、日本親会社に提出済みの決算数値に監査修正が入ることが考えられる。この場合、当該修正事項の連結財務諸表における取扱いについては、日本親会社と親会社監査人との間で重要性の観点から協議することが一般的である。

なお、日本親会社の監査人が海外子会社に往査する場合には、通常、日本親会社の経理部の担当者が事前準備及び往査に同行することが多いため、日本親会社との円滑なコミュニケーションを図る必要がある。

(2) 内部統制報告制度(J-SOX)対応

J-SOXは、金融商品取引法に定められているもので、上場会社等を対象に、企業の連結ベースでの財務報告に係る内部統制が有効に機能しているか否かを経営者が評価した報告書を有価証券報告書と併せて提出することを義務づけたものである。また、当該評価の適正性につき、外部の公認会計士・監査法人による監査が求められる。

日本親会社のJ-SOXへの対応にあたって、連結グループにおける海外子会社の重要性の低い順に、現地側で必要となる対応事項を次に記載した。

①J－SOX対応は特段必要なし
②全社的な内部統制及び全社的な観点で評価することが適切と考えられる決算・財務報告プロセスのみ対応が必要
③全社的な内部統制及び全社的な観点で評価することが適切と考えられる決

算・財務報告プロセス及び特定の業務プロセスに係る内部統制について対応が必要

海外子会社側で対応が必要となる場合（②③の場合）、J−SOXはあくまでも日本の制度であるため、現地での制度趣旨の理解や実務運用にあたって、日本親会社からのサポートが欠かせない。実務では、全社的な内部統制及び全社的な観点で評価することが適切と考えられる決算・財務報告プロセスに関しては日本親会社が主導で作成し、海外子会社側に展開を行い、個別の業務プロセスに係る内部統制に関しては、重要なポイントについて日本親会社が海外子会社側を指導しながら、現地側で内部統制の構築や必要な文書化に対応することが多い。

なお、外部の公認会計士等による内部統制監査手続の実施方法に関しては、日本親会社の監査人が直接監査手続を行う場合や、日本親会社の監査人の依頼を受けて現地の監査人が監査手続を行う場合が考えられる。そのため、日本親会社の監査人と協議し、その方針を踏まえて、日本親会社と海外子会社、双方の対応方針を検討する必要がある。

事例

内部統制報告制度において開示すべき海外子会社の重要な不備

株式会社LIXILグループの2015年3月期の内部統制報告書より抜粋

【評価結果に関する事項】

　下記に記載した財務報告に係る内部統制の不備は、財務報告に重要な影響を及ぼすこととなり、開示すべき重要な不備に該当すると判断いたしました。したがって、当事業年度末日時点において、当社グループの財務報告に係る内部統制は有効でないと判断しました。

記

　当社の連結子会社である株式会社LIXILは、2013年9月26日に株式会社日本政策投資銀行との間で株主間契約を締結し、各々が50％の議決権を有する

特別目的会社である GraceA 株式会社（以下、「GraceA」という）及び GraceA の完全子会社を設立し、同日、GraceA 及び GraceA の完全子会社を通じて GROHE Group S.à r.l.（以下、「GROHE 社」という）の発行済株式の 87.5% を取得することについて、GraceA の完全子会社は売主との間で株式譲渡契約を締結し、2014 年 1 月 21 日に株式を取得いたしました。この企業結合の結果、GraceA は当社の持分法適用関連会社となりました。また、Joyou AG（本社：ドイツ、フランクフルト証券取引所上場、以下、「Joyou」という）は GROHE 社の子会社であり、GROHE 社を通じての Joyou に対する当社の持分は、31.62% でありました。

Joyou の監査役会は、金融機関からの督促状が届いたことを契機に同社の財務諸表の正確性に疑義を認識したため、2015 年 4 月 27 日に監査人及び法律顧問による特別監査を実施することを決定しました。Joyou は同年 5 月 3 日に同社の子会社において実施中の特別監査により、売上、負債及び利用可能な現金の額が、2014 年度の同社の財務報告にて報告された各金額から、大きく乖離しているとの暫定的な結果を公表しました。Joyou は、同月 21 日に執行役会で債務超過を理由に破産手続開始の申立てを行うことを決定し、翌 22 日に破産手続開始の申立てをしました。

また、当社は、自らの調査によって、2014 年 1 月 21 日の株式取得時点から、Joyou は多額の債務超過であったということが判明し、過年度の決算訂正が必要であると認識しました。

そのため、当社は本件への対応として、過年度の決算を訂正するとともに、2014 年 3 月期有価証券報告書及び 2015 年第 1 四半期、2015 年第 2 四半期、2015 年第 3 四半期の四半期報告書の訂正報告書を提出しました。

加えて、当期の連結財務諸表に開示すべき重要な不備に起因して特定した必要な修正は、すべて反映しております。

以上の経緯に照らし、当社グループの全社的な内部統制、全社的な観点で評価する決算・財務報告プロセスに関する内部統制に重要な不備があったことも一因である、と認識しています。

当社といたしましては、財務報告に係る内部統制の重要性を強く認識してお

ります。上記の不備につきましては、本訂正報告書提出時点におきまして是正は完了していませんが、引き続き、本件に関する徹底的な事実解明と原因究明を行っております。

　また、上記社内調査組織による調査に加え、社外取締役と外部有識者により構成される特別調査委員会を設置しました。

　今後、この社内調査組織と特別調査委員会からの提言をふまえて、以下のような観点で抜本的な再発防止策を早急に検討することとし、財務報告に係る内部統制の重要な不備の是正に着手していきます。

（1）グローバルなコンプライアンス意識の徹底
（2）リスク特性に適合した内部統制の再構築
（3）内部監査及びモニタリング体制の強化
（4）当社から海外子会社等への管理体制の強化
（5）海外子会社等の人員の教育充実

第IV部

クロスボーダー M&Aの実務

　昨今、グローバル競争の激化や新興国の市場成長、国内市場の縮小懸念等を背景に、日本企業によるクロスボーダー M&A が増加する一方で、M&A 後に当初の期待どおりの成果をあげられないケースや不正が発覚するケース等の失敗事例も散見される。なかには、財務デューデリジェンス（財務 DD）が不適切であったのではないかと疑わざるを得ないような失敗事例もある。一般的に、M&A の実行プロセスでは時間と情報が限られており、財務 DD ですべてのリスク要因を事前に検出することは難しいが、特に、クロスボーダー M&A では現地の業界動向や慣習及び対象会社のビジネスモデルに対する理解が乏しいなかで実施されるため、その難易度は高い。

　このような状況に鑑み、第IV部ではクロスボーダー M&A で直面する問題点や検出事例を紹介しつつ、財務 DD の実務上の勘所について解説を行う。そのため、国内での M&A と共通する一般的な説明や留意点については割愛し、クロスボーダー M&A に係る留意点に特化して記述を行った。一般的な DD に関する書籍等と併せてクロスボーダー M&A の特殊性を補完するといった観点から利用されたい。

第10章 近年のクロスボーダーM&Aのトレンドとdsn進め方

1. クロスボーダーM&Aとアジア地域への注目の高まり

　日本国内市場の成長が大きく見込めないなか、海外事業への参入や拡大を目指す企業が増加している。しかし、海外事業を成功に導くための時間的余裕は限られている。そこで有効な手法がM&Aである。M&Aでは、ゼロから海外事業を立ち上げる場合と比較して、販売チャネルや生産体制の構築、人材やノウハウといった経営資源の獲得や強化を短期間で実現することが狙える。また、市場における競合企業の排除につながる場合もある。

　近年、アジア地域では現地の政府系企業や財閥系企業の存在感が増してきているほか、欧米や周辺のアジア諸国の企業による市場進出も活発化している。日本企業においても、豊富な生産年齢人口を抱え、経済成長も著しく、地理的メリットや文化的な親和性が高いアジア地域の企業に対するM&Aが増加しており、クロスボーダーM&Aのうち同地域におけるものは件数及び金額ベースで30％程度を占めるといわれている。

　急速に市場成長が進むなか、競合企業に先駆けて海外事業展開を加速させるための手法としてM&Aを効果的に取り入れることによって、自社のリソース不足を補完しながら海外事業を成功に導きたい。

2. クロスボーダー M&A における財務 DD の重要性

(1) DD の目的と近年の潮流

　DD の目的は、対象会社の事業実態について理解を深め、内在する各種リスク要因を事前に特定することである。DD の結果を受けて、買収価格やストラクチャーの検討、M&A の実行に係る意思決定、買収契約書の作成、買収後の統合計画作成等が行われる。M&A は案件ごとに目的も異なるため、DD においてもその目的を意識しながら実施することが重要である。

　財務 DD では、単なる時価や修正後純資産の算出結果のみならず、その情報提供機能が重要視されており、調査報告書には、対象会社のビジネスモデルを踏まえた重要勘定科目の主要な内容、修正項目に関する内容の詳細や修正の前提が記載されていなければならない。特に近年、財務 DD はよりビジネス面を包含したものに変容してきている。本章では、この潮流に対応し、従来の財務 DD には含まれていなかったような、ビジネス DD に近い項目も含んで記載している。

(2) 失敗事例から学ぶクロスボーダー M&A に係る財務 DD の傾向と重要性

　クロスボーダー M&A は、現地の業界動向や慣行及び対象会社のビジネスモデルに対する理解が乏しいなかで実施されるため、難易度が高いことが特徴である。事前知識や現地で得られる情報の量と質は国内案件と比べると格段に低く、また、対象会社に内在するリスク項目には、日本企業では通常想定し得ないような事象や課題が含まれることも多い。

　日本企業が実施するクロスボーダー M&A においては、以前から財務 DD の甘さが指摘されてきた。財務 DD が適切に行われなかったことに起因して、買収後に買収先企業の不正が発覚した事例も散見される（下記事例参照）。

　クロスボーダー M&A において、失敗を防ぐ最も効果的かつ唯一の方法は、適切な DD の実施である。M&A の検討段階で対象会社のビジネスモデルに対

する理解や実態把握を疎かにし、見込まれるシナジー効果以上の高値でM＆Aを実行した場合、そのM＆Aを成功に導くのは不可能である。DDでは、対象会社に対する理解とリスク項目の洗い出しをより一層強く意識しなければならない。

> **事例**
>
> **LIXILグループ**
>
> 　2015年6月、LIXILグループは、中国で水栓金具を手掛けていた子会社であるJoyou社の不正を公表した。
>
> 　Joyouは、2015年4月1日にLIXILが買収手続を完了した独GROHE社の子会社であり、フランクフルト証券取引所に上場し、中堅国際会計事務所であるグラント・ソントン・グループの監査証明を得ていた。しかし、Joyouの創業者らは、<u>監査直前に銀行預金を増額するなど巧妙な手口で偽装を行うこと</u>によって不正を主導していたことが明らかになった。
>
> 　その結果、Joyouは破産手続を開始し、LIXILグループは2014年3月期及び2015年3月期の合計で約332億円の損失を計上した。さらに、2016年3月期第1四半期には、債務保証の一環としてLIXILが金融機関に支払った330億円を損失として計上することとなった。
>
> 　藤森義明社長（当時）はこのJoyouの件に関して「創業者に会い、工場も見て財務諸表も確認した。DD（資産査定）はしっかりやっていた」（日本経済新聞、2015年7月10日朝刊より）と述べている。クロスボーダーM＆Aにおける財務DDの難しさを物語る事例といえる。
>
> 　（本事例の内部統制報告書上における取扱いは第9章5(2)〈J-SOX対応〉参照）

3. 財務DDの具体的な進め方

(1) 調査範囲

　財務DDは、会計監査のように一般に公正妥当と認められる監査の基準に基づいて実施されるものではなく、買手企業と財務DDを実施する専門家の間で

合意した調査範囲及び調査手続に基づき実施される。また、買手企業が経営上の目的を達成するために行う M&A の実行判断に資する情報提供という観点から実施されるため、調査範囲を決定する前提として、案件の背景、買手企業の戦略について買手と専門家の双方で共有することが重要である。

特に、クロスボーダー M&A では、買手が必ずしも海外市場の特殊事情に精通しているとは限らないことに加え、金融機関、ファイナンシャル・アドバイザー（以下、「FA」という）や仲介会社から持ち込まれた案件をもとに検討を開始することが多く、その場合、対象会社をゼロベースから検討することになる。そのため、単に会計・税務上の観点からのみでなく、対象会社のビジネスモデルや取引先、製品の優位性等といった利益の源泉を明らかにすることもまた、財務 DD に期待されている役割である。特に、中・小型案件では、対象会社の事業側面についてビジネス DD を外部専門家に依頼することは少ないため、ビジネス環境の調査等についても財務 DD を実施する専門家に依頼することが多い。財務 DD を行う専門家は、買手企業と積極的にコミュニケーションを図ることによって、対象会社のビジネス環境における重要項目について調査範囲に含めることを、買手企業に自ら提案することが期待される。

→ 財務以外の領域における DD の検討

案件の特性に応じて財務以外の特定領域について DD を実施する場合がある。図表 10-1 に各種 DD に係る留意事項を記載しているため参考にされたい。それぞれの領域について対象会社が抱えるリスクに留意しつつ DD を進めながら、必要に応じて外部専門家からのアドバイスを得ることが重要である。

図表 10-1 各種 DD 領域における留意事項

項　目	留意事項
ビジネス DD	新興国では業界構造や事業構造、商慣習が日本とは大きく異なるため、対象会社のビジネスモデルの把握に困難を伴うことも多い。現地の事業環境の把握を目的として現地専門家に市場調査を依頼する事例もある。
法務 DD	クロスボーダー M&A では、現地の各種法制に基づく対象会社の法務リスクを理解することの重要性は高く、現地の法律専門家の関与は必須である。DD での重要な検出事項は、M&A 当事者間の交渉、株式譲渡契約書で取り扱われることとなる。外国企業の法務 DD では、特に次の項目に留意されたい。 ・外資規制、ライセンス

	・知的財産権の侵害 ・カルテルや競争法の違反、贈賄規制等のコンプライアンス ・親会社への利益還元時の配当規制
IT DD	・M&A実行後にIT投資が必要となる可能性があるため、DDによって現在のシステム概要のみでなく、今後導入が必要となるシステムの概要、投資金額の概算及び導入期間を把握することが重要である。 ・システムの導入状況が不十分であることから、必要な情報が取得できず、適切な意思決定が困難となる場合がある。 ・買手企業が金融業等の規制産業に属している場合、対象会社と業務系システムの統合や、システムのアウトプット情報及び情報セキュリティレベルの統一化が必要となることがある。
環境 DD	M&A実行前の大気汚染、土壌汚染、水質汚染や廃棄物の不法投棄についても責任を問われる可能性があるため、まずはこのような事象の有無を把握する必要がある。また、COP21（国連気候変動枠組条約第21回締約国会議）のパリ協定等にみられるような、世界的な環境問題の意識の高まりから、近年、新興国においても環境関連の法規制の整備が進んできている。一方、新興国企業のなかにはいまだコンプライアンス意識が低い企業も存在しており、現地法規制への対応が進んでいないことも多い。現地における環境面の法規制を把握するとともに、対象会社の建物や工場が古い場合には現行規制に対応できているかといった点に留意されたい。

→ ベンダー DD の利用

昨今のクロスボーダー M&A においては、対象会社（売手）がすでに自社の DD を第三者に委託し、実施しているケースが増加している。これはベンダー DD もしくはセラーズ DD などといわれている。ベンダー DD が実施されている場合、当該 DD レポートによって対象会社に関する情報が事前に相当程度提供されることもある。ただし、ベンダー DD はあくまでも対象会社側が委託した専門家が実施するものであり、買手企業においては自社が実施する DD の補完的位置づけとして利用すべきことに留意されたい。ベンダー DD レポートの情報の正確さを検証することはもちろんのこと、買手企業の観点から必要な DD 手続を実施しなければならない。

(2) 財務 DD チームの編成

DD を進める場合、買手企業は FA やその他の専門家と協議しながら DD チームの編成を行うこととなる。チーム編成のなかでも、財務 DD に関しては外部の専門家に依頼することが一般的である。クロスボーダー M&A では、専門家の選定にあたって、次の5つのパターンが実務上よくみられる。

■専門家の選定パターン

① 日本の大手監査法人もしくは同一グループのコンサルティング会社（いわゆる FAS 会社）に依頼し、当該依頼先が大手国際会計事務所の現地提携先（第9章2(1)〈ビッグ4〉参照）の管理監督を行う。
② 現地の大手国際会計事務所グループに所属する会計事務所（第9章2(1)〈ビッグ4〉参照）に直接依頼する。
③ 現地の日系会計事務所（第9章2(3)〈独立系日系会計事務所〉参照）に依頼する。
④ 日本の独立系コンサルティング会社に依頼し、当該依頼先が各国における日系・非日系会計事務所と連携して実務を行う。
⑤ 現地の非大手・非日系会計事務所（第9章2(4)〈現地会計事務所〉参照）に依頼する。

それぞれのパターンの特徴をまとめたものが**図表10-2**である。本図表は、編成ケースごとに一般的な特徴を記載したものであり、対象会社の所在地国によっては該当しないことや状況が異なる場合もあるため、該当国の現地専門家の状況も勘案して利用されたい。

なお、第9章2(2)〈ビッグ4未満の中堅国際会計事務所〉の起用にあたっては、国によってその体制が大きく異なるため、本カテゴリーにおける①②④⑤のなかで最も近いものを選択するか、もしくは組み合わせることによって検討することをおすすめする。

図表10-2 財務DDチームの編成ケース例

ケース	特　徴	報　酬	日本語サポート
①日本の大手監査法人もしくは同一グループのコンサルティング会社（いわゆるFAS会社）に依頼し、当該依頼先が大手国際会計事務所の現地提携先の管理監督を行う	・大型案件のほとんどがこのケースに該当する。 ・FAS会社が窓口となる場合には、M&Aの経験が豊富な専門家による現地会計事務所の業務管理及び品質管理が期待できる。 ・現地の大手国際会計事務所にはその国において最も優秀な層の会計士が所属していることが多いうえ、国際監査基準を満たしたマニュアルやポリシーをグローバルで共有しているため、現場での作業レベルが高い。	日本の大手監査法人もしくはFAS会社の専門家の報酬＋現地大手国際会計事務所の専門家の報酬となるため、最も高い。	○ あり。

	・すべてのコミュニケーションを日本語で行えるうえ、報告書を日本語で入手できる。		
②現地の大手国際会計事務所グループに所属する会計事務所に直接依頼する	・中型案件では比較的よくみられる。 ・現地の大手国際会計事務所にはその国において最も優秀な層の会計士が所属していることが多いため、現場での作業レベルは高い。 ・国によってはジャパンデスクとして日本人会計士が駐在していることがあるが、既存のクライアントである日系大手現地企業の対応がメイン業務であり、監査業務を専門としていることが多い。そのため、日本人会計士はM&Aの営業段階での対応のみを行い、FAS業務（コーポレート・ファイナンス等のM&A関連業務）の経験が必要となる案件への関与は期待できないことがある。 ・昨今、アジア諸国でも日本のFAS会社から現地の会計事務所に日本人専門家が駐在しているケースもみられるようになってきたが、当該駐在員がどの程度案件に関与するかについてはあらかじめ確認しておくべきである。 ・ケース①と比較すると日本人によるサポート体制が弱いこともあるため、場合によっては現地専門家と英語によるコミュニケーションが必要となる。	ケース①よりは低いが、③〜⑤と比較すると高くなることが一般的である。報告書は日本語と英語のケースがあるが、日本語を依頼した場合は報酬が高くなる。	×〜〇 現地で日本人駐在員が関与した場合、△〜〇
③現地の日系会計事務所に依頼する	・昨今、特にアジア地域では現地日系会計事務所が増加しており、これに伴い、小型〜中型案件ではこうした会計事務所に財務DDを依頼するケースも増加している。 ・現地の日系会計事務所の通常業務は会社設立、記帳代行、税務申告であることが一般的であるため、監査業務を行っていない場合には、M&A業務についての能力や経験が不十分である可能性があり、委託の可否を慎重に判断する必要がある。 ・日本人専門家による日本語対応が可能という点のみを重視して、監査やM&A経験がない会計事務所に財務DDを依頼した結果、低品質の財務DDが実施された事例も散見される。 ・現地での作業者のレベルは財務DD全体の質に大きく影響を及ぼすため、現地専門家のプロフィール（職務経歴）を入手すべきである。特に新興国においては、監査実務の質にもばらつきがあるため、職務経歴として大手国際会計事務所での所属経歴があり、かつ、そこにおいてマネージャー職以上であった専	ケース②〜⑤の間に設定されていることが一般的である。報告書は日本語と英語のケースがあるが、日本語を依頼した場合は報酬が高くなることがある。	△〜〇 通常あり。

	・門家に関与してもらうことが望ましい。 ・当該ケースでは現地において日本語対応が期待できるが、財務 DD の品質といった観点からは、英語対応を受け入れてでもケース②を選択したほうがよい場合もある。そのため、日本語対応可能という理由のみで安易に委託せず、案件のリスクや報酬面から慎重に検討されたい。		
④日本の独立系コンサルティング会社に依頼し、当該依頼先が各国における日系・非日系会計事務所と連携して実務を行う	・案件の規模にかかわらず多くみられるケースであり、懇意にしている会計顧問や、案件を持ち込んだ FA 等がリードすることによって財務 DD を進めることが多い。 ・委託先のコンサルティング会社は買手企業の事業や財務 DD における勘所も理解しているため、海外案件についても同様に依頼する企業が多い。 ・日本のコンサルティング会社が対象国にある日系・非日系の現地会計事務所と連携して業務を行うケースが一般的である。 ・日本のコンサルティング会社は、買手企業とのコミュニケーションと、現地会計事務所の業務管理及び品質管理を行う。 ・現地会計事務所については、日本のコンサルティング会社が決定することもあれば、複数の候補先のなかから、買手企業とともに選定することもある。 ・現地会計事務所の選定にあたっての留意点については、ケース②③⑤を参照されたい。	報酬は②③の間で設定されていることが多い。 ただし、現地作業を大手もしくは中堅国際会計事務所が実施する場合、報酬は通常①②の間になることが多い。 報告書は日本語と英語のケースがあるが、日本語を依頼した場合は報酬が高くなる。	○ あり。
⑤現地の非大手・非日系会計事務所に依頼する	・小型案件等、予算が限られているケースで利用される。 ・現地会計事務所の品質は玉石混交であるが、質のよい会計事務所を選定することができれば費用対効果が高い。 ・日系または多国籍企業の現地子会社の監査や財務 DD の経験の有無、及び担当専門家のプロフィールを確認することが重要である。職務経歴として大手国際会計事務所での所属経歴があり、かつ、そこにおいてマネージャー職以上であった専門家に関与してもらうことが望ましい。 ・日本語対応が望めないのはもちろんであるが、最低限英語でコミュニケーションをとることが可能であり、かつ、英文の報告書が入手できる会計事務所を選定する必要がある。	最も低い。報酬レンジもばらつきがある。 報告書の翻訳を外部に依頼した場合、追加でコストが発生する。	× 日本語対応は基本的に望めない。現地語ではなく英語対応が可能である会計事務所を探すこと。

(3) 調査日程

調査日程については、基本合意書で定められている場合もあれば、取引実行、株式譲渡契約との兼ね合いから事実上特定の期間に限られている場合もある。通常、調査日程はタイトであり、特に入札案件の場合はさらに短くなる。そのため、調査期間に応じて効果的かつ効率的なDD計画を立てなければならない。

なお、調査日程中に対象会社に係る重要な事象が検出された場合、それがディールブレーカー（M&A断念の要因）となることもあるため、定期的にミーティング等による情報交換を行い、特に重要な検出事項については随時、関係者間で情報を共有すべきである。

(4) 調査方法

通常、調査は、財務諸表を含む各種資料の確認、経営者や担当者へのインタビュー、工場や在庫等の現物確認を行う現地視察によって行われる。なお、会計監査で行われるような取引先等に対する確認状の送付は、特段の必要がある場合を除き、実施されない。

①各種資料の確認

資料の閲覧は、現場における資料の原本確認やコピーの確認・入手に加えて、データルームを通して行うことがある。なお、クロスボーダーM&Aは入札になるケースも多く、その場合、現地での原本確認や視察は行えず、データルームのみが用意されることも多い。

②コミュニケーション

対象会社とのコミュニケーションは、経営者・各部署の責任者・経理担当者に対して直接行われるインタビューや、クエスチョネア（質問書）の送付と回答の入手によって行われることが一般的である。

インタビューは英語で行われるケースが多いが、回答者が現地語しかできない場合、通訳を雇う、もしくは現地専門家を通して行うことが一般的である。なお、買手企業がすでに当該国に進出している場合、自社拠点の現地人材で現地語に加えて英語もしくは日本語が堪能な者が通訳として関与することもあ

る。クエスチョネアについても同様に、英語でやり取りされることが多いが、対象会社が英語でのコミュニケーションを行えない場合は、現地語と英語間の翻訳が必要となる。現地専門家が英語のクエスチョネアを現地語に翻訳し、回答にあたっても同様に現地語から英語に翻訳することが多い。

③現地視察

必要に応じて、事業所・工場等の見学、固定資産や棚卸資産の現物確認や実査を行う。なお、入札案件の場合、現地でのインタビューは実施できても工場内に入ることは許されず、現地視察が行えないこともあるため、書類確認によって補完する必要がある。

(5) 調査報告における検出事項の取扱い

財務DDによって検出された事項は、正常収益力に関する事項、実態純資産に関する事項、キャッシュ・フローや事業計画に関する事項、及び将来の事業に影響を与える事項に分類し、買手企業とFA等の専門家との間でその取扱いについて検討を行い、対象会社との交渉材料とする。

定量的事項は、一般的に買収価格の交渉やストラクチャーの決定に影響を与えることが多い。なお、定性的事項についても可能な限り定量化を試みたい。一方、定性的事項は、重要顧客との間のチェンジ・オブ・コントロール条項（M&A等で支配株主異動があった場合に契約内容に何らかの制限がかかるか解約となる条項）など、対象会社の今後の事業に与える影響に応じて、解決策を事前に売手と協議しておく必要がある。また、場合によっては、株式譲渡契約のクロージング条項や表明保証条項で手当てすることを交渉する必要がある。昨今では(6)で解説する表明保証保険の利用も増加している。

なお、クロスボーダーM&Aでは、ディールブレーカーとなるような高リスクの事項が検出され、案件の見送りを余儀なくされる場合も多い。

(6) 表明保証保険

　株式譲渡契約において、表明保証条項は最も重要な条項のひとつである。表明保証条項とは、契約が目的とする取引に関連する特定の事実について、契約当事者に当該事実が真実であることを表明させるものであり、英文契約書ではRepresentations and Warrantiesと記載される。表明保証に違反した場合、相手方が当該契約の解除、損害賠償等の請求を可能とさせる補償条項が契約書に規定されていることを前提に、その内容に基づいて補償が行われることとなる。

　クロスボーダーM&Aでは、DDを実施したとしても潜在的リスクが把握しきれずに、クロージング後に表明保証違反が問題となる事例が日本と比較して多い。しかし、表明保証違反リスクが高いと想定される場合であっても、エスクロー、すなわち売買代金の一部を金融機関等の第三者に一定期間預託しておくことの了承を売手から得られる可能性は高くない。

　そのような状況において、昨今、クロスボーダーM&Aにおいて表明保証保険の利用が注目されている。表明保証保険とは、表明保証違反に起因して発生する経済的損失を被保険者に対して補償する保険である。

①補償率と保険料率の相場

　近年の表明保証保険による補償範囲の平均水準は、対象企業の価値の2割程度となっている。

　保険料は取引ごとに異なるが、対象会社の所在地国や業種、保険の適用範囲と免責の内容等が保険料の算定に影響を与える。実務上は、補償額の2〜3％程度となることが多い。なお、③の表明保証保険を利用する際の留意点でも記載しているように、保険料以外に、保険会社の引受審査にかかる費用が別途発生することに留意する必要がある。

②メリット

　表明保証保険における買手、売手双方のメリットを図表10-3にまとめた。

図表10−3　表明保証保険のメリット

メリットの概要	買手	売手
特に入札案件において、売手に対して表明保証違反の責任を追及しない、もしくは売手の補償額を限定することによって、買手は競争力のある取引価格・条件を提示することが可能になる。	○	○
売手と買手との間で、表明保証違反における補償上限額や補償期間に関する条件の隔たりが大きい場合に、条件の隔たりを表明保証保険によって埋めることで交渉をスムーズに進めることができる。	○	○
買収後も、売手が対象会社の株主や経営陣として残るなど、売手との良好な関係を維持する必要性が高い場合において、表明保証保険を利用することによって、買手は売手との表明保証違反に起因する紛争を回避することが可能になる。	○	△
個人や売却後に解散を予定しているファンド等のように、資力が十分でない売手を相手方とするM&A取引において、表明保証保険を利用することで、売手の資力を補完できるため、買手が偶発債務を負うリスクを抑えることができる。また、売手としてはそのような場合であっても、案件を成約させることができる。	○	○
売手が多国籍である場合や、対象会社が上場会社であることから多数の一般株主が存在する場合であっても、表明保証違反に起因する請求の相手先は保険会社となるため、表明保証違反による責任追及の煩雑さを回避することができる。	○	△
将来における表明保証違反に基づく損害賠償リスクを回避することができる。	−	○
表明保証保険を利用することによって、買収対価の分割払いやエスクロー等を回避し、株式買収対価の全額を売手が受け取ることが可能になる。これは、買収対価を早期に回収したいと考える、存続期間に制限があるようなファンド等にとっては特に有用である。	−	○

③留意点

②に記載したとおり、表明保証保険には大きなメリットがある一方で、免責事項、経済的・時間的な負担に係る事項、言語に係る事項、保険金の税務上の取扱い等、留意すべき事項も多い（図表10−4参照）。

図表10−4　表明保証保険を利用する際の留意点

項目	留意点
免責事項	一般的に下記のような項目は表明保証保険の対象とならない。ただし、なかには事実認定やカバー範囲について実務上悩ましい事象が発生することが考えられるため、保険会社との契約段階で十分にその内容及び範囲を交渉しておく必要がある。 ・事前に開示されていた表明保証違反や、クロージング以前に被保険者または案件関与者が認識していた表明保証違反 ・クロージング以前に知っていた事実または状況で表明保証違反のおそれがあると合理的に予見し得た表明保証違反 ・DDの調査範囲外とされた事項、十分な調査ができなかった事項

	・予測、計画等の将来事項についての表明保証違反 ・定量化が困難なリスク項目 ・売手が表明保証保険に加入する場合、売手の詐欺等に起因する損害
経済的な負担	保険契約の締結にいたらなかった場合であっても、表明保証保険の条件設定のため保険会社の審査に必要となる弁護士等の費用については、引受審査を申し込んだ者が負担することになり、経済的負担が増すことに留意する必要がある。
時間的な負担、交渉の複雑化	保険会社への初回コンタクトから保険契約の締結までに、1か月程度かかることもあり、対象会社との交渉期間にも影響を与える可能性があることに留意する必要がある。また、保険会社による引受審査のなかで、保険会社から株式譲渡契約書の内容に修正要望が入ることもあり、当事者間の交渉が複雑化したり、交渉の遅延が発生したりする可能性もある。
言　語	今後、日本においても引受審査が増加する可能性はあるが、現時点では引受審査は海外で行われることがほとんどである。そのため、保険会社との質疑や電話会議等のインタビューセッションは英語によって行われることが多い。また、DDレポートや株式譲渡契約書も、通常、英語で作成されることが求められる。保険会社との協議内容について、税務領域等の専門的な分野に及ぶことが想定される場合、その専門性や言語面の観点から、外部の専門家を起用することも検討されたい。
保険金の税務上の取扱い	被保険者の所在国における保険金の税務上の取扱いを調査する。税務コストを考慮した保険金の手取り額を算出することによって、保険の目的が十分に達成されているか否かを事前に検討する。場合によっては、補償率と保険料率を交渉する必要がある。

(7) PMI(Post Merger Integration)を見据えて

　買手企業は、DDを通して深めた対象会社に対する理解をもとに、自社の経営戦略における当該M&Aの位置づけを明確化しつつ、買収後の対象会社の事業運営に係るイメージを関係者間で共有する必要がある。DDで検出された事項のなかには、買収後の経営課題として対応が必要となる事象が多く含まれるため、統合後の事業計画には当該課題についての対応策を織り込まなければならない。

　加えて、買手企業の事業責任者と買収後も継続して残る対象会社の経営陣の間で、統合後の事業計画に対してコミットメントを構築することも重要である。

　このように、DDは買収後の事業運営を見据えて行うものであるため、M&Aの実施にあたって形式的に必要なプロセスのひとつととらえず、M&Aを成功させるためには必須のものであるということを理解する必要がある。

多くのクロスボーダー M&A の経験を有することで知られる日本電産の永守重信会長兼社長は「PMI は日本企業で 1 年、アジアが 2 年、欧州が 3 年、米国が 5 年かかる」と語っている。

事例

KDDI グループ

　2009 年 12 月、KDDI 株式会社は香港でシステムインテグレーション事業及びデジタルメディア事業を展開している DMX Technologies Group Limited（以下、「DMX」という）の株式の 51.7 ％相当分を、第三者割当増資により取得した。その後、2014 年 12 月期決算監査を行っていた PricewaterhouseCoopers LLP（以下、「PwC」という）より、DMX 及びそのグループ会社が関与する取引のなかに実在性に疑いのある取引が存在するとの指摘を受けた。また、2015 年 2 月には、KDDI の資本参加前である 2008 年に DMX で行われた取引に関連する犯罪の嫌疑で、当時の CEO と CFO が香港警察当局に逮捕された。KDDI は 2015 年 3 月期連結決算の発表にあたって、2008 年から 2009 年のみならず、それ以降の時期においても、本件対象取引に関する不適切な会計処理が継続的に行われていたことを前提とした決算処理を行うべきであると判断し、2015 年 5 月 12 日、同期連結決算において、それまでに残存する売掛金残高等約 337 億円を特別損失として計上した。

　「調査報告書（公表版）」（2015 年 8 月 21 日、外部調査委員会）では、PwC が実施した財務 DD の調査報告における指摘事項に触れ、同買収の決定過程における問題点として「財務デューデリジェンスにおける指摘事項に対する問題意識が乏しく、その適切なフォローのないままに買収の意思決定にいたっている」ことを挙げている。DD は調査報告書の入手が目的ではなく、そこで検出された事項に対して必要な対応を行うことを目的として実施されるものである点に留意しなければならない。

4. DD費用等の会計・税務上の処理方法

　他社を買収する際には、DD費用をはじめ取得に関連してさまざまな費用が発生する。当該取得に関連する費用に関しては、会計及び税務上の取扱いにそれぞれ留意する必要がある。なお、ここでは、一般的によくみられる日本親会社が海外子会社の株式を直接取得するケースを想定している。

(1) 単体決算での会計・税務上の取扱い

　会計上、取得における付随費用は、取得価額に含めることとされている（金融商品会計に関する実務指針56項）。

　税務上、株式等を取得した場合、その購入の代価に加えて、購入手数料、その他当該株式等の購入のために要した費用がある場合には、その費用の額は取得価額に含まれるものとされている（法令119①）。実務では株式の取得に関連してさまざまな費用が発生するため、費用処理すべきか、取得原価に含めるべきかについての判断にあたって迷うケースも散見され、税務調査において指摘されやすい論点のひとつとなっている。

　考え方のひとつとして、M&Aに関連して発生した各種費用が、株式の取得のために要した費用であるか否かは、投資の意思決定のタイミングを契機として、それ以前か以降かによって判断するというものがある。この考え方によると、投資の意思決定を行うために実施するDD費用は損金となり、意思決定を行った後に実施するDD費用は株式取得価額に含まれることとなる。

　しかし、実務上、投資の意思決定のタイミングは明確でないことも多いため、損金処理したものに関しては、契約のなかで業務範囲を明確化することや、取締役会の議事録を残すことによって税務当局に説明できるようにしておくことが重要である。

(2) 連結財務諸表上の取扱い

　外部のアドバイザー等に支払った特定の報酬・手数料等といった取得関連費

用は、発生した事業年度の費用として処理し（企業結合に関する会計基準26項）、主要な取得関連費用の内容及び金額は注記することが求められる（企業結合に関する会計基準49項(3)④）。

　この取扱いは、国際的な会計基準に基づく財務諸表との比較可能性を改善するといった観点や、取得関連費用のどこまでを取得原価の範囲とするかという実務上の問題点を解消するといった観点から、平成25年に改正された企業結合に関する会計基準において定められたものであり、改正前はこのような株式の取得関連費用は取得原価に含まれていた。

　なお、持分法適用会社の株式を取得した場合には、連結財務諸表上も個別財務諸表と同様に株式の取得原価に付随費用を含むことになる。

第IV部 クロスボーダーM&Aの実務

第11章 会社概要の把握と損益計算書項目

1. 会社概要の把握

(1) 基本的事項の確認

　財務DDでは対象会社に関して、財務関連以外の基本的事項についても登記簿謄本等によって確認することが一般的であり、それらは通常、調査報告書に取りまとめられる。基本的事項とその注意点は次のとおりである。

①株主の状況

　外資規制の要件を満たすために名義株主が登記されている場合、当該名義株主と対象会社の関係性及び配当金額等の経済的条件を含めた株主間契約の条件を確認する。M&Aの実行にあたって、当該名義株主が株式譲渡を拒否したり、法外な譲渡価格を要求したりすることがあるため注意する。

②取締役の状況

　組織図を入手し、適切な権限を有する人材が取締役に就任しており、各取締役の担当分野が明確になっていることを確認する。新興国企業においては、既存株主の親族等、勤務実態のない取締役も散見されるため留意が必要である。

　また、現地の制度上、居住取締役の設置が義務づけられている国がある。居住取締役が名義貸しのみである場合、滞りなく解任できる契約となっているかといった点や、後任の居住取締役の手配を検討する。

③資本金・株式

　法令上必要な払込資本が適時に全額払い込まれているか確認する。また、普通株式以外の種類株式の有無を確認し、種類株式がある場合、発行の理由や条

件を把握する。

④住　所

実際に事業を行っている住所と登記住所が同一であるか確認する。異なる場合、その理由を把握する。

⑤事業活動

登記上の事業活動内容と、実際の事業活動が相違ないことを確認する。また、事業活動を遂行するにあたって必要となる各種ライセンスの取得状況についても確認し、M&A 実行後の株主変更によるライセンスの継続性への影響も検討する。その他、当該事業活動が外資規制の適用対象であるかといった観点からも検討が必要である。

⑥組織の状況

組織図をもとに各部署の人数構成、人員配置や権限者の情報をまとめる。特にキーパーソンの把握が重要である。

⑦従業員の状況

年齢、勤続年数、男女比、基本給を調査する。離職率が高い場合は、その背景を確認する。なお、ここで入手した情報は損益計算書項目及び貸借対照表項目における従業員給付の検討にあたっても利用される。

(2)経理体制の確認

経理体制については、一般的に次の項目を中心に把握する。なお、円滑に財務 DD を実施するためには、対象会社と密にコミュニケーションをとり、現場作業の前に資料の準備状況を確認しておくことが重要である。

■経理体制の確認項目
- 請求書や伝票の管理、出納業務、会計記録の記帳、月次や年次の税務申告、年次の決算書の作成等、主要な経理業務について、管理者と担当者をそれぞれ確認する。
- 出納業務については、小口現金の管理方法や、銀行口座の引出し権限者を確認する。

> ・経理業務の一部を外部の会計事務所に委託している場合は、委託先と委託内容の確認も必要である。
> ・月次決算、年次決算の締め日や、各種税目の申告時期を把握する。
> ・会計システムや販売システム、購買システム等、会計システムとその他の主要なシステムとの関係を把握する。

　また、M&A実行後を想定して、買手企業に対して適時に財務報告を行う体制や連結決算体制の構築を検討しなければならない。対象会社の所在地国（地域）や業種、オーナー経営か否か等によって状況は異なるものの、新興国企業は、適切な財務報告プロセスが構築されておらず、従業員のコンプライアンス意識も低いことから、粉飾決算、二重帳簿、不正等が存在するケースが散見されるため、健全かつ適切な経理体制の構築は経営統合後の重要な課題である。

(3) 会計方針の確認

　対象会社が財務諸表の作成にあたって実際に採用している会計処理の基準を個別具体的に把握することによって対象会社の財務諸表を理解、分析する。そして、現地会計基準への準拠性を確認する。新興国企業においては、現地で法定監査を受けていても監査人の監査の品質にばらつきがあることから、適切な監査手続が実施されていないケースも多い。そのため、無限定適正意見が表明された監査報告書を入手できたことをもって、安易に現地会計基準への準拠性に問題がないと判断するべきではない。現地会計基準に準拠していない会計処理が行われている場合、現地会計基準への対応を検討しなければならない。

　また、買収後に日本親会社が日本基準で連結決算を行う場合、対象会社の決算を日本基準に組み替えるか、もしくはIFRSに組み替えたうえで企業会計基準委員会が公表している実務対応報告第18号「連結財務諸表作成における在外子会社等の会計処理に関する当面の取扱い」で定められている必要な調整を行うか、といった対応についても具体的な作業フローを念頭に検討しなければならない（第3章2・第8章3〈日本親会社の連結決算対応に係る実務上の留意点〉参照）。

(4) その他管理体制の不備等

　財務 DD のなかで検出された管理体制上の問題について、定量化が不可能な項目についても取りまとめる必要がある。把握された管理体制上の問題は、PMI を見越して、M&A 実行後の対応を検討することとなる。特に買手企業が上場会社である場合、準拠しなければならない法規制も多く、投資家に対する責任の観点からも、検出事項への対応はより慎重になされなければならない。

　管理体制に係る典型的な指摘事項例を図表 11-1 に記載したため、参考にされたい。

図表 11-1　対象会社の管理体制に係る典型的な指摘事項例

番号	項目	指摘事項の内容
1	組織体制	組織における指揮命令系統が明確でない 部門間のコミュニケーションが適切になされていない
2	経理体制 職務分掌	財務・経理部門の責任者が十分な会計基準の知識を保有していない 財務・経理関連の業務が特定の者に集中しており、さらに同一人物が倉庫・保管業務、物流管理業務など多岐にわたる業務を管轄している等、職務分掌が適切に行われていない
3	各種規程整備 上長承認制度	各部署にて購買や出張に関する相見積りの取得や金額基準等の定めがない。また申請フォーマットも存在しないため、支出等に関して上長による承認がなされていない
4	現金支出による費用等	請求書、領収書等の根拠資料に基づかない支払いが散見される 二重払いや、会計上二重計上されている費用が発生している
5	証憑管理	現地の規則で定められている入金・出金伝票様式に従っていない。請求書の記載事項に不備がある。署名が必要な書類に適切な管理者による署名がなされていない。伝票及び各種証憑の連番管理がなされていない
6	原価計算	仕掛品が計上されておらず、完成品の原価計算も適切に行われていない。製品単位あたりの製造原価の算定に必要なデータが整備されておらず、適切な売上原価、在庫金額の算定が困難である
7	会計数値の検証	会計帳簿と各種台帳や証憑が一致していない。また、基礎資料と会計数値の照合が月次、四半期で行われていない
8	期中決算体制 業績管理体制	決算の締めは年度末にしか実施されておらず、月次決算や四半期決算が行われていない。また、経営管理目的での月次報告制度が整備されていない
9	実地棚卸	実地棚卸は、社内規程により月次及び期末の実施が定められているが、適時になされておらず、また、実地棚卸に関する記録が整備・保管されていない
10	資産管理	固定資産台帳を作成しておらず、減価償却費の計算が会計基準に準拠していない。固定資産実査は、社内規程により年 1 回の実施が定められ

		ているが、適時になされておらず、また、固定資産実査に関する記録が整備・保管されていない
11	簿外で処理されている従業員	簿外で処理されている従業員が存在し、現金で給与や手当が支払われている。なお、これらの簿外人件費は会社の利益の修正要因となる可能性があるほか、社会保険料、源泉税が控除されていないため、未払社会保険料、源泉税の支払債務が存在する可能性もある
12	時間外手当	超過労働時間を含む実際の労働時間の記録が整備されておらず、法令で定められている時間外手当が未払いとなっており、法定の最低限の超過勤務手当の支払債務が存在する
13	病気休暇及び臨時休暇に対する引当金	従業員の病気休暇及び臨時休暇に関する付与日数、利用日数、残日数の記録が存在せず、未利用分の休暇に対する引当金を計算することが困難である
14	賞与制度	管理職者も含めて従業員1人あたり一律の賞与が支払われており、その賞与支給水準は同業他社と比較して著しく低く、業績評価に基づく賞与制度は存在しない
15	税務申告	法人所得税の課税所得計算にあたって損金処理できない費目を損金処理している 付加価値税等の課税所得計算において受取税額から支払税額を控除する際に、控除要件を満たしていないインボイスに基づくものや、控除対象外の項目を控除している 各種申告資料の数値と会計数値とが一致していない
16	内部監査	現地の規制では内部監査が義務づけられているにもかかわらず、内部監査が行われていない
17	法定監査	監査法人から提供を受けたマネジメント・レター、もしくは監査報告書において内部統制に関する不備についての指摘を受けているにもかかわらず、それに対して適切な対応がなされていない

2. ビジネスモデルの理解

損益計算書項目の検討にあたっては、対象会社のビジネスモデルを理解したうえで、損益構造や正常収益力を把握し、買手企業とのシナジー項目に関して定量化と実現可能性の検証を行うことが重要なポイントである。

(1) 事業環境分析

新興国では業界構造や慣習等の事業環境が日本とは大きく異なるため、対象会社のビジネスモデルの把握に困難を伴うことも多い。しかしながら、買手企

業が自社の成長戦略に基づきクロスボーダーM&Aを成功に導くためには、対象会社のビジネスモデルを適切に理解することが欠かせない。

対象会社のビジネスモデルの理解にあたっては、組織図やビジネスフロー等の情報をもとに、経営陣や各部署のキーパーソンに対してヒアリングを行う。クロスボーダーM&Aの場合、情報の入手やインタビューが制限されたり、ディスカッションが英語で行われたりするなどストレスのかかることが多いが、できる限り対象会社の経営陣やキーパーソンと直接コミュニケーションを図ることによって理解を深めたい。

なお、ビジネスDDではさらに対象会社の外部・内部環境分析等が実施され、対象会社の今後の事業成長や、買手企業とのシナジープラン等が入念に検討されることが一般的である。

(2) 対象会社の収益獲得能力の把握

損益計算書に示される過去の経営成績を分析することは、将来のキャッシュ・フロー創出能力を把握するうえできわめて重要な意味を持つ。事業計画はあくまでも将来の予測であるが、過去の経営成績は実際の企業活動の成果であり、今後の収益獲得能力を検討するうえで最も信頼性の高い材料となる。

損益計算書分析は、以下の損益構造分析と正常収益力分析に大別され、両者は相互に関連する。

①損益構造分析

損益構造分析では、損益計算書の構成要素である売上、売上原価、販売費及び一般管理費、営業外損益、特別損益を個別にさまざまな観点から分析する。そして、損益構造から今後のトレンドについての把握を行い、事業計画の実現可能性を批判的に検証する。特に、新興国企業においては、そのビジネスモデル及びバリューチェーンとの整合性の観点から、常に懐疑心を持って分析に臨むことが重要である。

②正常収益力分析

正常収益力分析とは、対象会社が正常な営業活動の下で本来有している収益獲得能力の分析をいい、一時的または非継続的な収益及び費用を除外し、将来

継続的に発生する収益及び費用を把握することを目的とする。正常収益力分析は会計上の段階損益に加えて、EBITDA をベースとして分析することが一般的である。

なお、新興国企業の正常収益力分析における損益に係る調整項目は一般的に国内企業の場合と比較して多い傾向にある。加えて、税務上の課税所得圧縮のための架空仕入や簿外での当局やベンダーへの支払い等といったコンプライアンス上の問題を含む事項が検出される場合もあり、M&A 実行後ただちに是正できない項目も多いため、留意が必要である。

(3) シナジー効果の把握

シナジー項目の抽出にあたっては、バリューチェーンにおける主活動（購買、製造、販売等）及び支援活動（全般管理、人事・労務管理等）の観点から検討することが有用である。特に、自社の事業戦略において当該 M&A の目的を達成するシナジー項目については、その実現可能性及び定量化が重要である。

3. 売上高

売上高は収益獲得能力を示す最も基本的な項目である。対象会社が採用する会計上の収益認識基準を理解し、さまざまな観点から分析することによって正常収益力を把握することが重要である。

(1) 収益認識基準の把握

重要な事業セグメントごとに収益認識基準を確認することが重要である。

物品販売取引については、契約条件を確認し、物品販売に伴うリスクと経済価値が移転しているかといった観点から、会計上、収益が実現しているかについて検討が必要である。特に、期末日前後の取引については異常な取引の有無に留意する。

役務提供取引（受託製造加工業等も含む）については、役務提供の種類ごとに

収益認識の方針（たとえば、役務提供の進捗に応じて収益認識をしているか、役務提供完了時に一括して収益認識をしているかなど）を確認し、現地会計基準に従った取扱いであるか、実態に即した収益認識方法であるかといった観点から検討を行う。

なお、(2)〈主要顧客との契約内容〉における検討の結果、収益の認識タイミングや金額に影響を与える事象が検出されることもある。

(2) 主要顧客との契約内容

主要顧客との取引条件について、債権回収期間、返品条項、保証義務やチェンジ・オブ・コントロール条項の有無等について検討する。契約書の内容に不利な条項等が含まれていたり、一般的な条項が欠落していたりする場合には、その重要度に応じて弁護士等の専門家による契約書レビューを別途検討されたい。なお、チェンジ・オブ・コントロール条項の有無にかかわらず、重要な顧客についてはM&A実行後の取引継続可否について検討を行う。

(3) 各種セグメント別分析

損益構造の分析では、製品別、地域別、顧客別の売上高を把握し、同時に粗利率の分析を行う。また、マーケット規模とシェア、販売数量と単価、変動費と固定費に分解するなど、さまざまな観点から過去実績の変動に係る主要因を把握し、異常点の有無及び事業計画との整合性を分析することが重要である。

新興国企業においては、経営管理体制が不十分であるためにセグメント別の情報が整備されていないことも多い。このため、対象会社のセグメント別の収益性やポートフォリオに関して経営実態の把握に限界が生ずる場合がある。こうした場合、対象会社の管理資料をもとにそれぞれのセグメントに係る収益や直接原価を可能な限り把握し、間接費について、人数割合、使用スペース、償却費等といった合理的な基準をもとに按分するなどして概算値を把握する対応が求められる。なお、セグメント情報は、M&A実行後の買手企業におけるシナジープランの観点から、対象会社の業績・実態を最もよく反映するものを入

手、作成することが重要である。

> **事例**
>
> **売上高に係る検出事項**
> 〔タイ〕
> 　DD の結果、タイ資本 100％で同族経営されている対象会社について、次のとおり、売上高に係る指摘事項が検出された。
> 〔検出事項〕
> 　同社は、国内で自動車及び家電向けのプレス部品の製造・販売、金型の製造・販売を行っているが、製造の際に副産物として生産されたスクラップについては請求書・領収書を伴わない現金取引で販売し、簿外処理を行うことによって租税負担を回避していた。このようなスクラップ販売は総売上の 10％弱を占めていた。
> 〔検出事項への対応と今後の影響〕
> 　上記事項の検出を踏まえ、過去の正常収益力の実績及び将来事業計画の売上高につき上方調整を行った。また、当該売上高の過少計上については、税務当局から法人税とともに延滞税及び加算税を追徴される可能性が報告された。

4. 売上原価

　適切な売上原価の計算は、各セグメントにおける粗利率の分析、正常収益力の把握のために必須である。新興国企業においては、卸売業や小売業で仕入品の不適切な単価評価や現品管理の不徹底によるずさんな在庫管理が行われていることや、製造業で適切な原価計算が行われていないことが散見される。

　売上原価分析において留意すべき事項を以下に記載する。

(1) 原価構造の把握

　売上原価は、製造業の場合は製造原価、卸売業・小売業の場合は商品原価か

らなり、それぞれに適したコスト分析が必要となる。

　商品の仕入価格は主に市場価格や購買条件の変更等によって変動し、当該価格変化の影響を販売価格に転嫁できるか否かにより、収益獲得能力は大きく異なる。管理面においては、単価・数量把握と現品管理が適切になされているかを確認する。特に在庫の評価方法（先入先出法等）、期末数量の確定方法によって売上原価は大きな影響を受けるため留意が必要である。

　一方、製造原価は、材料費、労務費、経費で構成されるが、原価構造を把握するためには各構成要素を個別に分析する必要がある。材料費は、購買先や購買物の特性、現地調達率等に着目し、当該材料の価格トレンドを確認する。輸入品の金額が大きい場合には為替変動がどの程度製造原価全体に影響を与えるかについて感応度分析を行うことが有用である。

　新興国では一般的に労働者1人あたりの賃金が低いため、他の費目と比較して労務費の割合が低くなり、相対的に製造原価に占める材料費の割合が高くなる傾向がある。なお、労務費は一般的には固定費であるが、日雇い労働者への給与は変動費となるため、工場労働者の契約形態にも注目する必要がある。

　経費は、資本集約型の事業であれば、製造原価に占める割合が高くなるため、設備の減価償却費や電力・水道光熱費といったインフラ費用の分析が重要になる。一方、縫製業やシステム開発のような労働集約型の事業であれば労務費の割合が高くなるため、従業員数を把握し、1人あたり賃金が現地における相場の範囲内に収まっているか、過去の実績、将来の動向について分析を行う。

(2) 製造活動における財務・非財務管理指標のレビュー

　新興国企業を取り巻く事業環境の変化は激しいが、その影響は対象会社の財務・非財務管理指標に表れるため、各種指標の分析結果から対象会社の事業環境を適切に把握することが求められる。たとえば、財務管理指標資料のなかで実施されている原価差額の分析結果を調査することで、その発生原因が原材料の価格変動や賃金水準の変動に起因するのか、操業度に起因するのかといった点が整理され、対象会社の事業構造の特徴についての有用な情報が得られるこ

とがある。また、工程管理や在庫管理のなかで重要業績評価指標（KPI）による管理を行っている場合、歩留率、返品率、手待ち時間等の非財務管理資料を分析することによって、対象会社の強みや抱える問題点、原価削減の可能性に関する情報が得られる場合もある。

5. 販売費及び一般管理費

販売費及び一般管理費の構成は、対象会社のビジネスモデルとバリューチェーンの観点から把握することが重要である。経営者の私的な交際費といった事業と関連しない費目も販売費及び一般管理費の区分で処理されていることが多いため、費目及び金額を把握し、M&A 実行後の取扱いに留意しつつ、正常収益力分析を行う必要がある。

事例

従業員費用に係る検出事項

〔インド〕

インド資本 100％の対象会社は、国内でさまざまなパッケージ製品の製造・販売を行っている。DD の結果、従業員費用に関して、下記の事項が検出された。

〔検出事項〕

- 3分の1超の従業員に関しては正式な給与計算手続を行っておらず、簿外で処理されている。
- 給与台帳上の従業員及び簿外で処理されている従業員に係る有給休暇、退職金、賞与、従業員年金基金、残業手当及び最低賃金等に関する引当金等の計上額が正確でない。
- 夜間勤務の従業員に対して最低賃金法で求められる残業手当と同様の趣旨で特別手当を支払っているが、帳簿に計上されていない。また、その理由も明確にしていない。
- 最低賃金法で定められている、1日あたり9時間以上の労働に対して支払われるべき残業手当につき、規程による定めがない。

〔検出事項に係るリスク〕

上記の検出事項については、次のリスクが考えられる。
- 従業員から残業手当とその支払遅延に対する利息を請求される可能性がある。
- 簿外で処理されている従業員からは、賞与に関する法律や最低賃金法に基づき、最低賞与、残業手当の支払い等を求めて告訴される可能性がある。さらに、利息やその他費用を含めて請求される可能性もある。
- 簿外で処理されている従業員からは、未払いの社会保険料につき請求される可能性がある。

6. 営業外・特別損益

営業外損益及び特別損益は各項目の内容を把握し、経常的項目か非経常的項目かを理解する。非経常的に発生した項目については、正常収益力を分析する際に考慮する必要がある。

事例

金融収益に係る検出事項

〔タイ〕

DDの結果、タイに所在する対象会社に対して金融収益に係る指摘事項が検出された。

〔検出事項〕

対象会社は、日本に親会社を持ち、タイ国内・海外向けに乾燥食品の製造・販売を行っており、同じくタイ国内で乾燥食品の製造を行っている子会社を有している。同社は日本の親会社から借入れによって資金調達を行い、子会社や子会社の株主に資金の貸付けを行っているが、当該貸付けは無利子で行っていることが発見された。

> 無利子の貸付けは税務当局から指摘された場合に、タイの一般的な銀行借入利率等を参照することによって、未収利息に係る法人所得税及び源泉税が課される可能性がある。

7. 関連当事者取引

　対象会社が行っている関連当事者取引を洗い出し、取引の実在性、経済的合理性や、価格などの取引条件の合理性等を検討する。特に国境を跨ぐ取引に係る取引価格については、移転価格税制の観点からも検討が必要である（第6章〈移転価格税制〉参照）。

　関連当事者取引は、M&A実行後の取引継続の有無、今後の取引条件について確認し、スタンドアローン・イシューへの対応も検討する。スタンドアローン・イシューとは、M&Aの実行によって、対象会社及びその事業が企業グループから離脱することに伴い発生する事業運営や、業績に影響を及ぼす問題全般のことである。

8. 検出事項の取扱い

　損益計算書項目に係る検出事項は、主として企業価値算定におけるディスカウントキャッシュフロー法（以下、「DCF法」という）の基礎となる事業計画分析、キャッシュフロー分析、運転資本分析、資本的支出分析や、類似会社比準法（マルチプル法）の計算基礎に影響を与えることが多い。そのため、会計上の段階損益である売上高・売上総利益・税引前利益及びEBITDA等に与える影響については、調整内容と調整後の金額を明らかにする必要がある。

9. 株式価値算定に係る留意事項

　株式価値算定は、買収検討開始時から株式譲渡契約締結日までの期間を通し

て、デスクトップ調査や対象会社との協議、各種 DD の結果を考慮しながら、継続して行われる。買収価格は最終的には交渉によって決定されるが、買手企業は高値掴みすることがないように、自社が許容できる買収価格のレンジを常に想定、更新しながら交渉に臨む必要がある。

クロスボーダー M&A における株式価値算定の実務においても、国内案件同様、(1) DCF 法及び (2) 類似会社比準法が利用されることが多い。そのため、本節では (1)(2) の評価手法に関して、特にクロスボーダー M&A 特有の事項を踏まえて解説を行った。

なお、DCF 法、類似会社比準法以外で利用されたり、参考値とされたりすることの多い純資産法に関しては主として第 12、13 章で記載する DD のポイントがそのまま留意点になるため、本節では取り扱わない。

(1) DCF 法

DCF 法は、対象企業または対象事業の事業計画に基づき企業価値または事業価値を算出する方法であり、クロスボーダー M&A の実務においても最も使用頻度の高い評価手法のひとつである。

DCF 法の評価要素を大きく分解すると、事業計画と割引率に分かれる。成長著しい新興国に所在する企業の事業計画の見積りは、日本国内の同業他社の事業計画と比較して不確実性が高い。過去の成長実績を参照しようにも、売上高の平均年間増加率が実績ベースで 50 ％ を超えるような事例も見受けられる。そのため、対象会社によって作成された事業計画については、楽観的な前提に基づくものでないかといった観点から、その実現可能性を検討することが重要である。事業計画の前提に関して疑義が生じたり、関係者の間で見解が分かれたりする場合、市場成長率の検証や、消費者インタビュー等を外部の専門家に依頼することも実務ではみられる。

また、クロスボーダー M&A では企業規模や業績面と比較して売却希望価格が高い傾向にあるため、買収によって見込まれるシナジー効果を考慮しなければそれを上回る買収価格を提示することができない場合も多い。この場合、買収ありきで安易にシナジー効果を価格に上乗せすることがないように、考慮

するシナジー要因の実現可能性については厳しく検討する必要がある。

なお、割引率の設定にあたっても、為替リスク、インフレ率、カントリーリスクプレミアム等といったクロスボーダー特有の論点が生ずることがあるため、国内案件と比較して専門性が高くなる傾向にある。

(2) 類似会社比準法

類似会社比準法とは、事業内容や規模等が類似する企業の市場株価とその経営指標との比率（倍率）を利用して、評価対象会社の経営指標をもとに企業価値または事業価値を算出する方法である。クロスボーダーM&Aの実務においてもその使用頻度は高い。たとえば、売手からの持込み段階において、インフォメーションメモランダムのなかで売却希望価格はEBITDAの10倍であるなど、具体的に数値が事前に示されることも実務ではみられる。

2016年度に日本企業が実施したM&AのEBITDA倍率の中央値は12.8倍となり、2008年度の7.5倍から71％拡大した（日本経済新聞、2017年4月22日朝刊、調査会社ディールロジック調べより）。なお、同様に2016年度の世界全体のEBITDA倍率は13.4倍と、5年前の11.0倍から22％拡大しており、買収価額の高騰は世界的なトレンドであることがわかる。

本評価手法では実務上、EBITDA倍率を採用することが多いが、EBITDAに関しては会計利益からの調整や、正常収益力算定のための非経常項目の調整について対象会社との間で見解が分かれることも多い。

なお、EBITDA倍率の算定にあたっても、抽出企業や公開市場の選択には判断を伴うため、場合によっては外部の専門家の助言を仰ぐことも実務では行われている。

第12章

貸借対照表項目

1. 全　般

　クロスボーダーM&Aにおいても、日本企業が絡むM&Aでは、対象会社の純資産をベースに株式の売買価格を決定する実務がみられる。投資後における連結上ののれん金額の把握や、基本合意における売買予定価格の減額交渉のためにも、対象会社の実態純資産の額を適切に把握することは重要である。

　貸借対照表項目のDDで検出される事項には、対象会社の運転資本や、資産・負債項目に生じている課題、買収後に支払いが生ずる可能性のある潜在債務等、対象会社にとって今後必要となる設備投資や資金手当てに係る情報が含まれることが多い。その結果、第11章で記載した〈損益計算書項目〉のDDで把握される事象には、事業の正常収益力に関する情報が多かったが、貸借対照表項目のDDではリスク項目に関する情報が多くなる。これまでも述べてきたとおり、新興国での事業成功にリスク管理は欠かせない。本章を参考に、リスク項目の把握は入念に行いたい。

2. 資　産

(1)売上債権

　M&Aを前提としている対象会社では、業績を良くみせるため、売上の前倒しや架空計上によって実在性に疑義がある多額の売上債権が発生していることがあるため留意する。

また、新興国においては、一般的に貸倒リスクが高くなるため、売上債権の回収可能性の評価には特に留意が必要である（第7章2(2)〈与信・債権管理〉、本項〔事例①〕参照）。

なお、現地の中小・零細企業向け取引では、売掛金の現金回収が行われている場合がある。このような場合、回収現金の着服リスクは高くなる（本項〔事例②〕参照）。集金形態によっては、不正リスクにも留意した調査が必要である（第7章2(1)〈現預金取引〉参照）。

事例

売上債権に係る検出事項

① 〔マレーシア〕

　設備工事を行う対象会社のDDにおいて、長期滞留売掛金の一部に関して、現地の取引慣行では当初取引価格の一定割合が一定期間支払保留となり回収が長期にわたるという説明であったが、過去の売掛金回収記録を調査したところ、他の取引先については問題なく債権を回収できており、当該長期滞留売掛金は実質的に回収不能であることが判明した。

② 〔タイ〕

　現地小売店に商品を卸している対象会社のDDにおいて、売上債権の回収率が低い事実が発見された。詳細な調査を実施した結果、回収担当者が過去から回収代金の一部を横領していたことが判明した。また、売掛金の消込担当や管理者も回収不足額を適時に把握しておらず、今後の管理体制の改善が必要と判断された。

(2) 棚卸資産

　新興国企業においては、第11章4〈売上原価〉に記載のとおり、原価計算が適切に実施されていないことが多いため、適切な在庫残高の計算が必要となる場合がある。

　近年、アジア諸国では、人件費を中心としたコストの大幅な上昇がみられるため、標準原価または予定原価の前提を確認し、原価差額分析の結果を入手することによって在庫評価が適切になされているかを検討する（本項〔事例①〕参照）。また、仕掛品計算の基礎となる進捗率が恣意的に決定されていないか確認する。

　売価還元法を採用している場合、製品の売上・仕入金額が変動しているにもかかわらず、適用している原価率が数年にわたって更新されていなかったり、原価率の異なる製品群をグルーピングして一律計算を行っていたりすることによって、計算結果が実態と乖離してしまっていることがあるため留意が必要である（本項〔事例②〕参照）。

　また、販売可能性の低い長期滞留在庫や、販売価格が大幅に下落している在庫について評価が適切に行われていない可能性があるため、在庫の評価減を検討する。

　新興国企業においては、現品管理の不徹底によるずさんな在庫管理といった実態も散見される。このようなケースでは、実地棚卸が行われていないことから在庫数量の正確な把握が困難なことも多い。また、在庫の年齢表が作成されていないケースも多い。このように、在庫管理体制に不備がある場合、従業員による在庫の横領や横流しの可能性もあるため、M&A実行後の管理体制についても検討しなければならない。

事例

棚卸資産に係る検出事項

① 〔ベトナム〕

　電子部品製造業を営む対象会社に対するDDにおいて、原価計算で使用されている標準原価が過去5年間見直されていないことが判明した。1時間あたり

の労務費単価及び間接経費の配賦単価は、直近の人件費や物価の上昇を反映しておらず実態に比べて著しく低くなっていたことから、経常的に多額の原価差額が発生していた。発生した原価差額は、毎期、全額売上原価に計上されており棚卸資産の過少計上となっていた。また、対象会社の事業計画は、このような実態と大きく乖離した標準原価を基礎とした原価をもとに策定されていたため修正が必要となった。

② 〔マレーシア〕

対象会社はマレーシアで小売業を行っていた。棚卸資産の評価にあたっては売価還元法を採用しており、品目にかかわらず原価率を一律50％とみなして在庫の評価を行っていた。品目ごとに実際の原価率にはばらつきがあり、対象会社が計算した棚卸資産の評価結果の妥当性の検証には困難を伴った。

(3) 有形固定資産

減価償却資産の償却方法や耐用年数設定の制度や実務は国により異なるため、対象会社の会計方針を確認するとともに、償却方法が設備の使用状況を適切に反映したものか、及び採用されている耐用年数と経済的耐用年数との乖離について検討する。

定期的に実査を行い固定資産台帳と現物との照合手続を実施するといった社内体制が整備されていない事例が散見される（下記事例参照）。このため、財務DDの実施過程において、主力製品に係る製造ライン上の機械装置や器具備品など一部の主要な固定資産につき、現物確認の要否を検討する必要がある。その際、換金性が高く持出しが可能な固定資産については、従業員による横領の可能性が高いことが想定されるため、管理体制についても確認を行うことが望ましい。

また、製造設備の能力や稼働状況に関する情報が整備されていない場合がある。その場合、工場内視察は、製造設備の能力把握や非稼働資産の有無を把握するのに有効である。買手の既存顧客を対象会社に移管することを検討している場合、対象会社の生産能力では対応できない可能性があるため、M&A実行

後の設備投資の必要性といった観点から視察を行うことも有用である。

加えて、固定資産の減損会計が適用されていない可能性が高いため、固定資産のグルーピングを行い、関連する製品の販売状況、ライフサイクル及び事業損益の実績等といった情報を入手することによって減損の兆候を把握し、減損損失の認識について検討する必要がある。

土地、建物に係る時価の把握にあたっては、必要に応じて現地の外部鑑定業者に鑑定評価の依頼を検討する。鑑定書を入手した場合、外部鑑定業者の評価結果の前提についても確認が必要である。なお、不動産登記制度の整備が不十分な国もあるため、対象会社が土地を保有している場合、所有権の確定には困難を要することがある。

その他、新興国においても、地震・洪水・台風といった災害によって、固定資産に係る被害が発生する事例がみられる。固定資産に係る保険内容を確認し、カバーされる災害の項目を把握することによって、当該地域に存在する災害リスクに対して必要な手当てがなされているか確認する。

事例

有形固定資産に係る検出事項
〔タイ〕

タイで輸送機器向けの部品の製造を行う対象会社に対するDDにおいて、経営者へのヒアリングにより、長年にわたり固定資産の実査が実施されていないことが判明した。DD手続の一環として固定資産の実査を行ったところ、固定資産台帳に記録されているにもかかわらず実在しないもの（除却処理漏れの可能性）や現物が存在するのに固定資産台帳に記録がないものが発見されたため、これらによる過大または過少計上額の集計を行った。

また、ヒアリングの結果、工場内の主要設備に係る減価償却費の計算に適用されている耐用年数は、経済的耐用年数よりも短く、実際はより長期間にわたって稼働していることが判明したため、DDの調整後純資産の算定にあたって固定資産の簿価の調整を行った。

(4) 非事業用資産

　対象会社が保有する自社の事業と関連性のない資産については、非事業用資産として事業用資産と区分して把握する。具体的には、余剰現預金、投資有価証券、事業に直接関係のない土地、建物等の固定資産、ゴルフ会員権等が該当する（下記事例参照）。

事例

非事業用資産に係る検出事項
〔ベトナム〕

　ベトナムで消費財を製造する対象会社において、DD 手続の一環で実施した工場内視察の結果、使用を中止している遊休設備があることが判明したが、当該設備に係る減価償却費は継続して費用計上されていた。経営者に当該遊休資産の今後の使途をヒアリングしたところ、近日中に中古機械として売却予定であるとの回答を得たため、DD の調整後純資産の算定にあたって簿価を見積売却価額に調整した。

---

3. 負　債

(1) 仕入債務

　租税回避を目的とした架空仕入等の不正が行われている可能性があるため、在庫の受払記録や、調査基準日以降の決済記録の分析の実施を検討する（本項〔事例①〕参照）。

　また、購買担当者が特定の仕入業者と結託し、リベートを入手することによって通常価格よりも高い価格で仕入を行っている可能性があるため、相見積りの入手基準や承認プロセス等についても確認されたい。

> **事例**
>
> **仕入債務に係る検出事項**
>
> ①〔インド〕
>
> 　包装資材を製造する同族経営の対象会社に対するDDにおいて、経営者が業者と結託して架空仕入取引を行っていることが発覚した。当該架空仕入取引では、対象会社から業者に対して支払いが行われ、後日、当該業者から対象会社の経営者個人に対して現金による返金が行われていた。
>
> ②〔シンガポール〕
>
> 　化学薬品商社である対象会社は、親会社からの仕入に係る買掛金残高につき、長期間未払いの状態にあった。このため、当該買掛金残高の実態は親会社からの借入金であるとして、運転資本から控除して取り扱うこととした。

(2) 有利子負債

　対象会社が現地資本の中堅・中小規模のオーナー企業である場合や日系現地子会社である場合には、オーナーやその親族からの借入金、もしくは親会社からの借入金の残高が比較的大きい事例が見受けられる。これらの借入金については、M&A実行後の取扱いについて売手と協議する。

　なお、現地金融機関等からの借入金は、契約書を入手し、財務制限条項、担保の有無や事前承認条件を把握し、金利や担保の条件等から、M&A実行後の取扱いを検討する必要がある。現地金融機関からの資金調達は現地通貨の調達といった観点から利点を有するが、新興国における現地通貨の借入れは一般的に金利水準が高いため、M&A実行後、日本の買手企業やグループ内の金融統括会社からの貸付けに借換えるケースも多い。

(3) 退職給付引当金

　下記のタイ事例における検出事項のように、国によって労働法制は異なることから、法務 DD とも連携するなどして現地の労働法制に従って最低限支払う必要のある退職後給付の内容及び金額を把握する必要がある。

　海外では日本と異なり金銭解雇の制度または実務が確立している国が比較的多いため、リストラが予定されている場合には現地の法律または慣行に基づき、解雇補償金相当の退職給付引当金の計上を検討する必要がある。一般的には、勤務年数に応じて給与月額に一定の月数を乗ずる方法により算定されることが多い。

事例

退職給付引当金に係る検出事項

〔タイ〕

　タイで金型や部品生産を行う同族経営の対象会社では、定年退職（内規に 55 歳で定年との定めあり）に際して支払われる解雇金見込額について退職給付引当金を計上していなかった。タイの労働者保護法のもとでは、定年による退職は会社都合の解雇として解釈されている。このため、定年による退職の際の解雇金の支払いは、会計基準上の退職後給付に該当することとなる。支払うべき解雇金の額は、勤務期間に応じた金額が労働者保護法において定められている。このため、対象会社の従業員の定年による解雇金相当額を試算し、純資産調整項目として退職給付引当金を計上した。

(4) 賞与引当金

　賞与については、国によってその最低額が法律で定められていたり、慣行に依存した運用がなされていたりするため留意する必要がある。

　新興国企業においては、会計上、期末における賞与に係る負債が計上されていないことが多いため、会計上の引当金の必要性を検討する（下記事例参照）。

　たとえば、フィリピンでは 13 か月手当（13th-month pay）というクリスマス

賞与の支給が法律で義務づけられ、1か月分の給与相当額が通常の賞与とは別にクリスマスイブ前に支給されている。

また、シンガポールではAWS（Annual Wage Supplement）という、法律で義務づけられているわけではないが、慣行に根差した賞与が存在する。基本給の1か月分の金額を年末から旧正月前までに支給するのが一般的であり、個人所得税の納税に充てるためといわれることもある。

事例

賞与引当金に係る検出事項
〔マレーシア〕

マレーシアで製造業を営む対象会社に対するDDにおいて、調査基準日以降の期間の財務状況レビューで賞与の支払いが検出された。当該賞与は、調査基準日の属する勤務期間に対する対価であるが、調査基準日時点において引当金や未払費用の計上を行っていなかったため、純資産調整項目として取り扱った。また、当該企業は従業員に対して翌期に繰り越される有給休暇を付与していたが、有給休暇引当金を計上していなかったため、有給休暇引当金の金額を試算し、純資産調整項目として取り扱った。

---

(5) 未払税金等

各種税目の申告書の検証を行った結果、税金計算が適切に行われていないことが発覚し、未払税金の金額を修正する場合がある（第13章3〈税務DDの留意点〉参照）。税制や税目は会計基準以上に国によって差異があるため、所在地国における税制の概要や対象会社の事業と特に関連性の高い税目については可能な限り調査することが重要である（第7章4〈現地税制への対応〉参照）。

なお、国によっては、税金の還付請求を行った場合、ほぼ確実に税務調査が行われることから、還付額を超える追徴課税のリスクを回避するためにあえて還付請求を行わないケースもみられる。未収還付税金については、その全額が還付されない場合もあるため、過去の還付実績等をもとに回収可能性を検討す

4. オフバランス項目、税効果会計

(1) オフバランス項目

　オフバランス項目とは、貸借対照表に計上されていない資産や負債のことであり、主な例として、債務保証、係争事件等に係る偶発債務や担保差入資産等がある。これらの項目の内容によっては、統合後の事業活動に大きな影響を及ぼす可能性があるため、対象会社が締結した契約書等の閲覧のほか、クエスチョネアの送付や、経営者へのインタビュー等によって、できる限り網羅的に事象を把握する必要がある。

　また、クロスボーダーM&Aにおいては、現地法制、商慣習や事業環境に対する理解が国内のM&Aと比較して劣るため、必要に応じて法律専門家等の関与を検討することが重要である。

　たとえば、新興国においては、社会保険料、法律に基づく最低限の超過勤務手当等の適用を逃れるため、大量の従業員を正規雇用として取り扱わずに、非正規従業員として処理している場合がある。本項〔事例①〕のインドにおける社会保険料の計上漏れリスクのように、現地の社会保険制度やそれに関わる現地特有のリスクを考慮する必要がある。

事例

潜在債務に係る検出事項

① 〔インド〕

　インドでは、給与月額が15,000ルピー以下の従業員について社会保険の掛金納付義務がある。インドで包装資材を製造する同族経営の対象会社は、二重帳簿で人件費を管理し、社会保険料を算定する基礎となる給与記録には納付が不要な程度に過大給与額を記録することによって、社会保険料の納付を不当に回避していた。この結果、実際に支給した給与の額に対応する本来納付すべき社会保険料の金額が計上漏れとなっていた。

②〔タイ〕
　対象会社は、自動車部品の製造販売を行っている。対象会社によると、製品が顧客の仕様に適合していない場合には、すべてのケースで返品を受け入れており、期末売上済みの製品においても相当程度の返品の可能性が存在するとのことであった。過去の返品実績等の管理は行っておらず、根拠のある返品調整引当金の金額は算定できなかったため、金額基準を定めて表明保証項目として取り扱った。

(2) 税効果会計

　新興国においては税効果会計が適切に行われていないことが多いため、一時差異項目や繰越欠損金の金額を把握し、税効果会計の適用を検討する（本項〔事例①〕参照）。

　海外では日本と異なり確定決算主義という概念がない国も多く、特に固定資産の減価償却に関しては会計と税務で分けて計算が行われていることが多い（本項〔事例②〕参照）。

　　　　　　　　　事例

繰延税金資産・負債に係る検出事項
①〔タイ〕
　輸送機器向けの部品の金型製造を行っている対象会社は、大型の金型を製造しており、受注から納品まで1年を超える契約も多く、通常、顧客から前受金を受け取っていた。会計上は、顧客検収時に物品の所有に伴う重要なリスク及び経済価値が顧客に移転すると考え、その時点で収益を認識していた。一方で、税務上はタイの税制に従い前受金の受領時に当該金額を益金として認識していた。現地会計専門家と協議した結果、当該取引に関しては進行基準の適用が望ましいとの意見もあったが、収益認識に困難が伴うため、会計上基準日時点において収益が認識されていないものに対応する支払い済みの税金額については、繰延税金資産として処理することとした。

> ②〔マレーシア〕
> 　製造業を営む対象会社は、税務申告にあたって、税務と会計で異なる償却方法を採用しており、税務上の損金の金額は、会計上費用処理されている金額よりも大きくなっていた。当該項目について対象会社は繰延税金負債を計上していなかったため、純資産調整項目として取り扱った。

5. 検出事項の取扱い

　貸借対照表項目の検出事項のうち、定量化できるものは純資産の調整項目としてその内容及び金額を把握することとなる。前述したとおり、クロスボーダーM&Aであっても、日本企業が絡むM&Aでは、純資産をベースに株式の売買価格を決定する実務がみられるため、貸借対照表における修正後純資産の金額は重要である。また、貸借対照表項目の検出事項のなかには正常収益力、運転資本の調整項目として把握される内容があるが、これらは株式価値算定にあたって、DCF法や類似会社比準法（マルチプル法）の算定基礎に影響を与える。

　定量化できないオフバランス項目については、項目の重要性に応じて、株式譲渡契約において表明保証や一定の補償条項（Indemnity Clause）を入れるなどといった対応を検討することとなる。また、管理上の問題点、懸念点など定性的な事項は、表明保証や補償条項による対応のほか、PMIのなかでの対応を検討されたい。

第 13 章

税務項目

1. 全　般

　M&Aにおける税務項目の検討事項は、買収スキームに関連する事項と、対象会社の税務リスクに関連する事項に大別される。以下、それぞれの留意事項について、アジア地域特有の要素を交えながら解説する。

　なお、本章では、対象会社の税務リスクに関するDDを「税務DD」（後記3で解説）と記載している。

2. 買収スキームの検討

　クロスボーダーM&Aにおいて買収スキームを決定する際、税務は最も重要な観点のひとつである。なぜなら、同様の経済実態を持つ取引であっても、採用する買収スキームによって買収時及びその後の税務コストが大きく異なるからである。

　昨今の潮流として、シンガポールや香港等に地域統括会社を設置し、当該地域統括会社から積極的にM&Aを行う企業もみられる。なかにはM&Aの統括機能を置くことによって、売り案件の情報収集や対象会社との交渉開始後のエグゼキューションを当該国から積極的に行っている企業もある。シンガポールや香港は、アジア各国へのアクセス、政治的安定性、インフラの整備状況等の観点から、地域統括会社を設置する国として高い優位性を持つ。ただし、こうした低税率国からの投資については、日本の外国子会社合算税制等の適用に

も留意しなければならない。

(1) 買収スキーム決定にあたっての留意点

買収スキームは、税務的な観点からは次の点に留意しつつ、事業面も踏まえて総合的に決定することとなる。

> ・対象会社の税務ポジション、繰越欠損金、資産の含み損益の状況や偶発債務等の有無
> ・投資主体と対象会社との間の投資後の取引関係の整理、税務インパクトの測定、ビジネス上の合理性
> ・買手企業の既存事業との統合の観点
> ・投資主体及び対象会社のそれぞれの所在地国の税制、両国間の租税条約、投資協定等
> ・アジア諸国の特徴として法解釈の曖昧さや、遡及的な税制改正の施行といった点が挙げられ、投資時点で恩典を享受していた状況が継続するとは限らず、結果として不利になることがあり得ること

買収スキームの検討事項は、税務の観点から「買収段階」、「買収後の事業運営段階」、「売却段階」の3つに分類することができる。以降、それぞれの段階ごとに解説する。

(2) 買収段階

買収時における税務の検討にあたっては、買手側におけるのれんやその他の事項に係る課税関係や、売手側の課税関係を理解することが重要である。本項では、主な買収スキームである、株式買収スキームと事業買収スキームについて解説する。なお、売手側の課税関係については割愛した。

①株式買収スキーム

株式買収スキームを採用した場合、買収プレミアム部分は対象会社の株式の取得価額の一部となり、将来当該対象会社の株式を売却するなどの方法をとら

ない限り税務上損金に算入することができない。また、買手側は原則として対象会社の租税債務といった簿外債務を引き継ぐこととなる。

一方、対象会社が繰越欠損金を有する場合、無条件または一定の制限付きで買手側が対象会社の繰越欠損金を引き継げることが多く、繰越欠損金を有効活用することにより、税負担を軽減させることが可能である。ただし、シンガポールやインド等の一部の国では主要株主の変更によって繰越欠損金を引き継ぐことができない場合があるため、留意が必要である。

なお、株式買収にあたって、印紙税等が多額に発生する国もあるため、事前に調査を行い、影響が大きい場合には、②〈事業買収スキーム〉との比較を検討されたい。

②事業買収スキーム

事業買収スキームとは、対象会社の個々の事業資産及び負債を、買手側の既存法人または受け皿として新設される法人に譲渡させる方法である。対象会社に租税債務等の簿外債務の存在が懸念される場合に採用されることが多い。

移転資産の時価が簿価よりも高い場合に税務上の簿価を時価相当額に上昇（ステップアップ）させることや、税務上償却可能な無形資産を認識することによって、当該資産の償却費等の増加を通して将来の課税所得の圧縮が期待できる。

また、買収価格が移転資産及び負債の差額を超える場合、その差額である営業権（のれん）は、国によっては一定の期間で損金算入することが認められるため、買収プレミアムの一部を課税所得の圧縮に利用することができる。

しかし、原則として対象会社の繰越欠損金を引き継ぐことができない点や、資産の取得にあたって印紙税や付加価値税等、不動産取得（譲渡）税等といった法人税以外の税金が発生することがあり、取引額によってはこれらの税目が多額に上る可能性があるため、事前に影響を把握しておく必要がある。

(3) 買収後の事業運営段階

買収後の事業運営段階において、対象会社と投資主体もしくはその他の関連会社との間で想定される取引について、それぞれ税務上の観点から検討する。

①配 当

　対象会社の事業から生じた利益は、買収資金の返済や再投資、または親会社に配当として還元させるなど、さまざまな用途への使用が期待される。そのため、対象会社の留保利益をいかにして自社グループ内で効率的に還流させるかは重要な論点である。

　日本企業が海外子会社から配当金を受け取った場合、配当金額の95％が非課税となる（第5章5〈外国子会社配当益金不算入制度〉参照）。

　ただし、配当に係る源泉税率は、投資国と被投資国の租税条約の内容によって異なる可能性があるため、対象会社が所在する国と日本の関係のみでなく、既存の海外子会社が所在する国や、その他の国との関係も調査し、有利となる国からの投資を検討する必要がある。具体的には、第2章4(1)〈投資スキームの検討〉を参考にされたい。

②配当以外の取引

　対象会社と投資主体もしくはその他関連会社との間で買収後に想定されるロイヤルティ、マネジメントフィー、利息、その他の各種取引に関しては、双方の所在地国によって源泉税の取扱いが異なるため留意が必要である。また、移転価格税制についても考慮しなければならない。

③グループ内での資金管理

　対象会社が借入金を有している場合や、今後の資金需要が想定される場合、買収後にグループ内の海外子会社から貸付けを行うことが考えられる。その結果、対象会社の借入金が増加した場合には対象会社側で支払利息の損金算入効果が、貸付けを行った海外子会社側では受取利息の収益の発生が見込める。特に、対象会社が高税率国に所在し、貸付けを行った海外子会社が低税率国に所在する場合、その効果は大きい。また、対象会社の買収にあたって借入れを行い、当該借入金を対象会社に移管して、対象会社での支払利息の損金効果を狙う、デット・プッシュ・ダウンと呼ばれる手法を利用する例もみられる。

　ただし、上記のような場合、借入利率に対しての移転価格税制の適用や、国内法及び租税条約における利息に係る源泉税率の取扱い、外国税額控除の控除限度額、対象会社国における過少資本税制、過大支払利子税制やクロスボー

ダーでの資金規制等に留意する必要がある。

なお、対象会社の余剰資金のグループ内での活用や、債権や在庫等のファクタリング等も検討される場合がある。

④ **無形資産の移転**

対象会社が保有する特許権や商標権、ノウハウといった無形資産をグループ内の低税率国に所在する海外子会社に移転することによって、連結グループの税負担の軽減が見込める場合がある。対象会社は、移転した無形資産を保有する海外子会社にロイヤルティを支払うことによって損金効果を得る一方、無形資産を保有する海外子会社においては受取ロイヤルティに対して低税率で課税される結果、連結ベースでの実効税率を引き下げることができるためである。また、対象会社が低税率国に所在する場合、対象会社の事業に関連する無形資産をグループ内の海外子会社から移転することも検討する余地がある。

ただし、こうした無形資産の移転に関しては、無形資産を保有している海外子会社に対する外国子会社合算税制の適用、対象会社に対する無形資産の譲渡に係る移転価格税制の適用、無形資産の譲渡益やロイヤルティに係る源泉税等に留意する必要がある。

⑤ **サプライチェーンの見直しによる機能移管**

対象会社が有する機能をグループ内の低税率国に所在する海外子会社に移管することによって、連結グループの税負担の軽減が見込める場合がある。たとえば、対象会社が高税率国に所在する販売会社である場合、当該対象会社をコミッショネアの形態に変更することが考えられる。販売活動に付随する機能である在庫・債権回収・為替リスク等を低税率国にある地域統括会社に移管することによって、機能・リスクに見合う所得が低税率国に移転した結果、連結ベースでの実効税率を引き下げることが期待できる。また、対象会社が製造会社である場合には、同様に開発機能や在庫・為替リスク等の移転に関して検討する余地がある。一方、対象会社が低税率国に所在する場合、対象会社の事業に関連する機能をグループ内の海外子会社から移転することも同様に検討されたい。

過去には、機能移転後の国外関連取引に対して移転価格税制における独立企

業間価格が争われたアドビ事件(東京高裁平成20年10月30日判決)等もあるため、取引の関連者双方においてそれぞれが有する機能及びリスクについては外部に説明できるようにしておくことが重要である。また、機能移転に伴い重要な無形資産(ブランド・顧客リスト・製造ノウハウ)の移転が認められる場合には、譲渡や使用許諾に係る取扱いについても検討しなければならない(第6章10〈無形資産取引〉参照)。

なお、機能移管にあたっては、対象会社も含むグループ内のサプライチェーンを整理し、各社における機能の棚卸しを行うことによって税務面のみでなく、実務上の実行可能性や事業活動におけるメリット、コストの増加・削減要因等を踏まえて検討を行う必要がある点にも留意されたい。

⑥組織再編

対象会社が所在する国において、すでにグループ内の海外子会社が存在する場合、対象会社と当該海外子会社が事業再編を行うことが考えられる。一般的には事業譲渡や合併が利用され、その際には(2)②〈事業買収スキーム〉で解説した税務上のメリット及び留意点を考慮することとなる。なお、既存の海外子会社が繰越欠損金を有しており、合併もしくは事業譲渡後の対象会社事業の課税所得と当該繰越欠損金との相殺に関して制約がない場合、グループベースで税金の支払額を圧縮することができる。

双方の既存事業との関連性といった税務面以外の要素も考慮しつつ、一部事業譲渡を行ったり、間接部門の集約を行ったりする事例がみられる。

(4)売却段階

当初よりキャピタル・ゲインを獲得する目的でM&Aを実行する場合には、売却時の税務コストの検討が重要である。株式を保有しているのが日本法人であれば、原則として株式の取得原価と売却価格との差額が売却益として日本法人の課税所得を構成し、法人税が課税される。対応策として、将来の売却可能性が高い株式については、キャピタル・ゲインに対して課税が発生しない国に所在する海外子会社に中間持株会社として保有させることで、課税を回避する方法が考えられる。しかし、キャピタル・ゲインは日本の外国子会社合算税制

において日本法人の合算対象所得を構成するため、中間持株会社が同税制の適用除外要件（第 2 章 6(2)②〈適用除外基準〉参照）を具備するように整備しておく必要がある。

また、対象会社の所在地国によっては、当該国でキャピタル・ゲインに対して課税される場合がある。この場合、投資主体の所在地国との間で締結されている租税条約を確認する必要がある。投資主体の所在地国によっては、租税条約のなかで対象会社の所在地国がキャピタル・ゲインに対して課税権を放棄している場合がある。なお、日本と所在地国との間で二重課税が生じた場合、日本で外国税額控除の適用ができる。

3. 税務 DD の留意点

(1) 概　要

税務 DD の主な目的は、対象会社が有する潜在的な税務リスクを把握し、対応策を検討することにある。

新興国では、経営者の納税に対する意識や理解が低いことや、経理担当者の知識不足によって、法人税、付加価値税及び関税等を適切に納付していないケースや、過少申告目的で二重帳簿を作成しているケースも多くみられる。また、税務当局による不明瞭な課税根拠に基づく追徴課税の事例も散見される（第 7 章 4(7)〈不透明な課税リスク〉参照）。

このような状況から、新興国における税務リスクは高くなっているため、入念な税務 DD は欠かせない。

(2) 法人税

対象会社の所在地国によって重要性の高い税目は異なるが、一般に法人所得税は他の税目と比較して税務コストが大きく、その重要性が高い。特に、新興国企業は、親会社の国籍によらず一般的に経理体制が脆弱であることが多く、現地で税務上要求されるインボイス、契約書や各種規程が整備されていないことから課税リスクを抱えていたり、税務申告書や監査報告書を法定期限後に提

出することが常態化してしまっていたりするケースも散見される。

　各国の税制は、益金の認識タイミングや、損金算入の要件が日本のそれとは大きく異なるため、現地の専門家の関与はもちろんのこと、場合によっては日本人の専門家から日本の税制との差異といった観点からも説明を受けることが望ましい。

　なお、新興国企業の税務DDでは次のような点に留意する。

■税務DDにおける留意点
・対象会社の税務ポジション、繰越欠損金等
・現地の税務専門家との協議事項
・過去における組織再編の実施
・株式買収スキームを採用した場合における主要株主の変更による影響
（優遇ステータスの継続、繰越欠損金の引継ぎ等）
・税務申告書における異常点の有無（第8章4〈海外子会社の法人税申告〉参照）
・税務申告書における会計利益に対する加算・減算項目の内容
・税務上の各種優遇ステータスの状況
・税務上認められている優遇措置の採用状況
・税務当局との過去のやり取り（(7)参照）

事例

法人税等に係る検出事項
①〔インド〕
　製造業を営む対象会社に対するDDにおいて以下のような事項が検出された。対象会社は過去3期間において、合計で約20億円の架空仕入を計上していた。当該仕入先に対する決済は小切手により行われ、対象会社の代表者は決済後に仕入先から現金でリベートを受け取っていた。当該返金額は対象会社の帳簿上、入金処理されることなく代表者個人の手許に留め置かれていた。また、対象会社は、製品の加工工程で生ずるスクラップを売却していたが、過去3期間にお

ける当該売却額約5億円が収益として計上されていなかった。上記から、架空仕入の否認、スクラップ収入の益金算入により罰金を含めた追徴税額が生ずるリスクが存在することが判明した。また、この対象会社は、過去に税務当局に優遇税制の申請を行い、認可を受けていたが、上記の架空仕入の計上及び売上の過少計上により、優遇税制の適用が過去に遡及して否認される可能性が発覚した。上記事実発覚の結果、対象会社の事業の将来性にかかわらず日本の上場企業では買収ができないと判断され、案件の検討は中止された。

② 〔カンボジア〕

縫製業を営む対象会社に対するDDにおいて、過少に税務申告を行っていたことが判明した。税務当局との折衝は現地の税務当局出身の税務専門家に委託しており、税務当局に対して金銭の授受を伴う交渉を行うことによって申告額を決定しているとのことであった。対象会社の経営陣は、カンボジアでは税額は税法への準拠性ではなく、税務当局との交渉を経て決定されること、及びこうした事実に関して税務調査によって指摘を受ける実質的な可能性はないことを主張した。課税執行に問題のある新興国においては、対象会社の主張は一定程度理解できるものの、買手企業は日本の上場会社として、実質的な脱税及び公務員に金銭を渡している事象を受け入れることはできず、案件の検討は中止された。

(3) 付加価値税等

ベトナムやタイ等では、売上VATから控除する仕入VATに係る仕入インボイスに関して、売手の名称や納税者番号等、必要な記載事項が厳格に定められているが、対象会社が保管している仕入インボイスがこれらの要件を満たしていないケースも散見される（下記事例参照）。

また、国によっては一部取引に対して軽減税率が導入されており、その適用を受けるために顧客から回収すべき書類が存在することがあるが、当該書類が揃っていないため、軽減税率の適用が受けられないといったケースもみられる。

なお、売上の過少計上や、仕入の過大計上が発覚した場合、取引に関連して付加価値税等の納税不足額が生ずることになり、ペナルティと合わせて対象会社の潜在的な租税債務となるため留意が必要である。

事例

付加価値税に係る検出事項

〔ベトナム〕（第7章4(1)事例①より再掲）

日本で上場している企業のベトナム子会社を対象にDDを行った際の事例である。

対象会社では、過去数年間にわたり、売上VATから控除していた仕入VATに係る仕入インボイスの多くに、必要な署名がない、あるいは誤った会社名や住所が記載されており、ベトナムにおける税務上の疎明資料としてのインボイスの条件を充足しない状態であった。その結果、多額のVAT納税不足額が発生していたことが明らかとなった。

対象会社には日本人の取締役が常駐していたが、営業部出身であり、管理業務の経験がなかったため、経理業務を現地のマネージャーに一任していた。また、日本親会社の経理部は、対象会社の経理体制を確認する目的で定期的に現地を訪問していたものの、コミュニケーションは主に日本人駐在員と行っていたため、経理実務の詳細については確認していなかった。

(4) 源泉税

一般にアジア諸国では、配当や利息のほか、賃借料や役務提供対価等、日本よりも広範な範囲の支払項目に関して源泉税の徴収が必要であり、またその制度も複雑であることが多い。対象会社が源泉徴収義務を怠っていた場合、源泉徴収不足額がペナルティと合わせて対象会社の租税債務となるため、留意が必要である。

特に、対象会社から国外に所在する企業に対しての支払いがある場合は、租税条約の適用等、税務上の取扱いが特殊になるため、対象会社や対象会社が源

泉徴収事務を委託している現地会計事務所が処理を誤っているケースも多くみられる。

> **事例**
>
> **源泉税に係る検出事項**
> 〔インド〕
> 　以下は、インドで卸売業を営む対象会社に対する税務DDで発覚した事例である。
> ・現地の所得税法上、会社が従業員のために医療機関に直接支払った医療費は源泉徴収する必要はないが、従業員に医療費手当として支給した場合には源泉徴収を行う必要があるにもかかわらず、この医療費手当に対する源泉税の徴収を怠っていた
> ・食事手当や通勤費が月次の人件費に係る源泉税の計算に含まれておらず、源泉税の徴収、納付額が不足していた

(5) 関　税

　対象会社が国を跨いで物品の売買を行っている場合、関税の対象となることがある。関税の対象となる輸入取引について、税関事務所等の諸官庁への輸入申告が適正に行われておらず過少申告となっている場合には、潜在的な関税の追徴課税リスクが生ずる。特に、関税の納付額を低く抑えるため、関税対象外である役務提供取引等を利用することによって物品の仕入価格の調整を行っている場合には注意が必要である（下記事例参照）。

　なお、対象会社の取引に占める国際取引の割合が高いケースや、関税の納付額が多額に発生しているケース、多額の関税還付を行っているケースなど、関税の重要性が高いと考えられる場合、税務DDの一環として関税についても外部の専門家に調査を依頼することを検討されたい。

第IV部 クロスボーダーM&Aの実務

> **事例**
>
> **関税に係る検出事項**
> 〔タイ〕
> 　日本企業が、他の日系上場企業のタイ子会社を買収した際の事例である。当時、タイでは、ロイヤルティを支払っている会社から物品を輸入する場合、支払ったロイヤルティを輸入物品に係る関税の課税標準額に加える必要があり、また、通常の関税申告以外にロイヤルティに関する申告を税関事務所に行う必要があった。しかしながら、対象会社は当該義務を認識しておらず、ロイヤルティを輸入物品に係る関税の課税標準額に加えず、またロイヤルティに関する申告も行っていなかった。買収後、税関事務所の調査が行われたことにより当該事実が発覚し、過去に遡及して支払いが不足している関税とペナルティの納付義務を指摘された。これに関しては、旧親会社、対象会社の会計監査を行っている大手監査法人や申告業務を委託している外部の税務専門家も認識していなかったうえ、税務DDの調査範囲にも関税は入っていなかったため、DDでも検出されなかった。

(6) 移転価格税制

　対象会社が国外の資本関係を有する関連会社等と企業グループ内で取引を行っている場合は、移転価格税制の観点からの検討も必要である。アジア各国の移転価格税制は、国によってその対象範囲や規定内容、実務上の運用が異なる（たとえば、移転価格文書化義務については**図表7-6**参照）。

　経済産業省が海外に現地法人を持つ日本企業に対して、進出先国における課税問題に係る実態を調査した結果（回答数：1,081社）によると、二重課税が生じた課税事案は計145件報告され、これを国別にみると、中国が39.3％と最も高く、インドが15.9％、インドネシアが13.1％であった（「新興国における税務人材の現状と課税事案への対応について」（平成27年5月））。二重課税が生じた課税事案の措置内容は、移転価格税制に関するものが46.2％と最も多く、PE認定に関するものが20.7％、ロイヤルティに関するものが16.6％であっ

た。この結果から、新興国においても、移転価格税制はリスクの高い税務領域であることがわかる。

　対象会社が親会社と商品売買取引を行っていたり、技術供与の対価としてロイヤルティを支払っていたりすることは多いが、M&Aの実行後、これらの取引に係る価格を見直すことによって、過去の取引価格に係る税務リスクが表面化してしまうケースもみられる。

事例

移転価格税制に係る検出事項
〔インド〕

　日系企業のインド子会社を対象にDDを行った際の事例である。対象会社は、主要な取引先が関係会社であるが、当該取引について現地の移転価格税制において必要となる文書化を行っていなかった。また、インドでは毎期の税務申告書提出時に、インド勅許会計士の署名のある証明書を提出する必要があるが、この証明書も提出されていなかった。そのため、移転価格文書の保管を行っていないことに対して取引金額の2%、証明書の未提出に対して100,000ルピーが、それぞれペナルティとして課される可能性が指摘された。

(7) 過去の税務調査

　対象会社の過去の税務調査の状況を把握することは、税務DDにおける重要な調査手続のひとつである。新興国においては、税制に係る法令、規則が十分に整備されていないことに加え、税務調査を行う調査官の質に大きなばらつきがあったり、調査官によって税法の解釈が異なったりといったことから、調査担当者が変わると課税方法や課税根拠が変更される事例も散見される。

　税務DDでは、現在税務当局と係争中の案件を把握すると同時に、過去に税務当局から受けた指摘内容、追徴金額やそれに対する改善策を確認することで、今後の税務リスク判断の参考とする。また、過去に対象会社が税務当局と合意している優遇措置等の内容を把握し、M&A実行後の取扱いの継続性につ

いて検討する。

4. 検出事項の取扱い

　税務上の検出事項に関しては、対象会社自身も把握していない事象が検出されることが多い。リスク要因となっている処理が数年間継続しており、その罰金や延滞金等の可能性を考慮すると潜在的な債務額がきわめて多額に上ることもある。なかには、その金額的影響の大きさからM&Aの実行を断念した事例も存在する。

　また、DDで検出された租税債務はあくまでも潜在的なものであるため、価格交渉で難航することが多い。そのため、税務上の検出事項については、表明保証のなかに織り込まれることもある。また、表明保証における対応と合わせて、補償条項のなかで所在地国の税務当局が遡って更正処分することができる期間を基準に補償期間を設定することのほか、一般的な表明保証の対象から除外し、補償金額の上限額をより高く設定した特別補償の規定を設定するといった手法もとられる。ただし、新興国企業のM&Aにあたっては、補償の履行が期待できない場合も多く、こうした契約による対応ではなく、ストラクチャーの変更による対応がとられることも多い。

第 V 部

撤退の実務

　本書を締めくくる第Ⅴ部では、事業撤退時の留意点について解説を行った。具体的には、海外事業撤退の傾向を紹介し、事業撤退の方法として海外子会社の株式売却と清算を取り上げた。海外子会社に関しては各種の要因によって株式売却ではなく、清算が行われることが多い。清算に関しては現地子会社のみでなく、日本親会社側でも検討すべき事項が発生するため、日本親会社が留意すべき点についても解説を行った。

第Ⅴ部 撤退の実務

第14章 株式売却・清算を円滑に進める
── 撤退時に気をつけたいリスクとその対応

1. 海外事業撤退の傾向

　海外進出を果たした企業は、現地で事業活動を行うなかでさまざまな課題に直面する。場合によっては海外事業からの撤退を検討、実施せざるを得なくなるケースも多くみられる。

　中小機構が公表している「平成28年度中小企業海外事業活動 実態調査報告書」（平成29年3月）によると、直接投資（海外拠点の設置）を行っている企業1,279社に対して、海外拠点の撤退経験の有無について質問した結果、「海外拠点の撤退経験がある」と回答した企業が17.0％、「経験はないが、撤退を検討している」と回答した企業が9.2％となっており、合わせて26.2％を占める340社が海外から撤退したことがあるか、または撤退を検討していることが明らかとなっている。

　撤退理由については「日本本社の経営方針変更（海外拠点再配置等）」（84社）と回答した企業が最も多く、次いで「現地における従業員人件費等のコスト上昇」（78社）、「現地における競合激化」（63社）、「現地の商慣習、法制度等への対応が困難」（61社）が続いている（図表14-1参照）。特に、アジア地域では人件費のみならず各種インフラコストも毎年上昇しているため、進出時のFSでの入念な確認が重要であることは前述したとおりである。

　また、海外拠点の撤退における課題については「労使間、従業員との対応（退職・解雇等）」（87社）と回答した企業が最も多く、次いで「現地パートナーとの契約解消等」（76社）、「投下資金の回収困難」（71社）、「税務関連の対策

（税務調査、追徴課税）」（51社）が続いている（図表14-2参照）。人員の整理、パートナーとの関係解消といった事業面の課題に加えて、投下資本の回収や税務関連の対策といった管理面の課題も浮き彫りになっている。

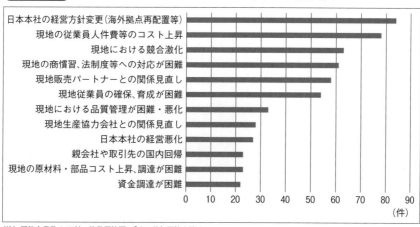

図表14-1　撤退した（または撤退を検討している）拠点の撤退理由

（注）回答企業数340社、複数回答可、「その他」回答を除く
〔出所〕中小機構「平成28年度中小企業海外事業 活動実態調査報告書」（平成29年3月）をもとにCaN International作成

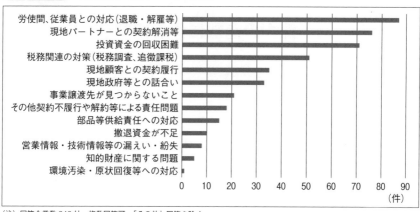

図表14-2　海外拠点の撤退における課題

（注）回答企業数340社、複数回答可、「その他」回答を除く
〔出所〕中小機構「平成28年度中小企業海外事業 活動実態調査報告書」（平成29年3月）をもとにCaN International作成

第Ⅴ部　撤退の実務

2. 事業撤退の検討

　海外事業は日本と比較して各種リスクが高く、想定していなかった外部環境の変化により、事業撤退を余儀なくされる事例も散見される。また、撤退すべきかどうかの判断ができず、意思決定が遅れることによって撤退の機会を逃したり、コストが増加したりするなどの問題が発生することもある。

　事業計画を適時に見直すことはもちろんであるが、進出時にはあらかじめ撤退基準も明確にしておくことが重要である。皮肉なことに、円滑な撤退の成否は進出時の入念な準備にかかっている。たとえば、現地企業との合弁事業に係る合弁契約を締結する際には、撤退の可能性も視野に入れてその内容を検討すべきである。

　事業撤退の方法は、海外子会社の株式売却または清算の2つの選択肢に大別できる。本章では、それぞれの手法における留意点を解説する。なお、どちらの手法についても、現地での手続に関する詳細は国によって異なるため、信頼できる専門家のアドバイスを得ながら進めることが必要である。

3. 株式の売却に係る留意点

　一般的に、株式売却プロセスにおいて、売手企業は、買手のDDへの対応を行い、必要に応じて買手によるPMIのサポートを行うことが求められる。特に、買手候補によるDDは、売手側である海外子会社及び日本親会社にとって負担は大きいものの、株式売却による撤退は清算と比較すると一般的にリスクが低い出口戦略であると考えられるため、適切に対応を行いたい。なお、株式譲渡にあたってはその手続や税務上の課税関係にも留意する必要がある。

(1) DD対応

　日系資本であっても新興国に所在する子会社に対するDDでは、第Ⅳ部で記載したような検出事項が発生するリスクがある。M&A不成立のリスクを回避

するため、買手のDDに対して十分な準備を行っておきたい。DDで指摘されることが想定される懸念事項については、事前に把握し対処しておくことが望ましい。

想定していなかった事象がDDで検出された場合、買手と協議して誠意をもって解決に臨む必要がある。ときにはM&A実行の前に、今後の事業運営に関しての関係者に対する説明や、キーパーソンの雇用継続に係る合意が、買手から売手に対して求められることもある。

(2) PMI対応

M&A実行後、統合計画を円滑に実行するため、買手が売手に対してさまざまな対応を求めることがある。たとえば、株式譲渡契約締結後に実施する、売手の対象会社に対する貸付金・借入金残額の処理がある。通常、処理方法については契約交渉のなかで取り決められるが、資金繰り状況や税務上の処理について売手は事前に検討を行っておく必要がある。

また、対象会社が売手グループから離脱することに伴って、売手が対象会社に対して提供している各種サービスの見直しが行われることがある。特に、売手が対象会社に対して管理業務の一部を提供していたり、売手の従業員が現地に出向して役務提供を行っていたりする場合、従来の取引条件の継続を求められることや、出向者に関して株式譲渡後の引継期間の設定を求められることがある。取引の継続によって売手の業績に影響を及ぼす場合や、売手の人材が長期間拘束される場合があるため、買手との条件については慎重に交渉を進めることが求められる。

(3) 株式売却手続

海外子会社が現地企業との合弁である場合、その株式の売却にあたって、合弁相手の同意を得る必要がある。たとえば、中国では、会社定款に別段の定めがある場合を除き、各当事者の持分（株式）の優先購入権及び同意権が規定されている（中国会社法72）。そのため、当該合弁企業の持分（株式）譲渡にあたっては、合弁相手から優先購入権を放棄する証明書への署名を得なければ、

外部の第三者に持分譲渡を行うことはできない。なお、この場合、第三者への譲渡が承認されても、第三者への譲渡条件は合弁相手への譲渡条件よりも有利であってはならないと定められている。

(4) 税務上の留意点
①株式売却前の配当の検討

海外子会社の株式を売却する際、海外子会社の利益剰余金を配当せずにそのまま売却する場合と、売却に先立ち日本親会社に配当する場合で税務コストが異なる。

配当せずに売却する場合、配当可能であった部分は海外子会社株式譲渡益に含まれ、全額が課税対象として、諸外国と比較して一般的に高税率である日本の法人税率にて課税が行われることになる。

一方、売却に先立ち利益剰余金を配当する場合、当該配当に係る税務コストは、外国子会社配当益金不算入制度によっても免税とならない部分（配当等の額の5%）と、損金に算入できない外国源泉税の合計金額となる（第5章5の図表5-12〈外国子会社配当益金不算入制度による税額計算イメージ〉参照）。

2つのケースについて数値例を用いて比較したものが図表14-3であり、海外子会社の株式を売却する場合、売却に先立ち海外子会社の利益剰余金を配当によって還元させることによって税務コストが軽減できることがわかる。

図表14-3 海外子会社株式譲渡益への課税と海外子会社配当への課税の比較

〔海外子会社の前提〕
・親会社は、100％株式を取得しており、出資した際の金額は200である
・海外子会社には配当可能な留保金が400ある

〔計算の前提〕
・株式売却額は海外子会社の純資産額（配当前）と同額の600とする
・日本の実効税率を30％、現地の配当源泉税率を10％とする

①配当せずに売却する場合　税務コストは120

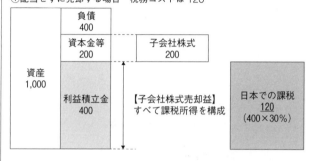

②利益剰余金を全額配当してから売却する場合　税務コストは46

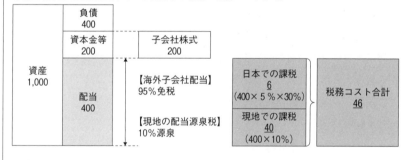

②株式売却に係る現地での課税

　株式譲渡益課税については、日本での課税に加え、海外子会社の所在地国でも課税される場合がある。アジア諸国では、国外の法人が自国企業の株式を譲渡することによって生じた譲渡益について、自国で課税する旨を国内法で定めていることがある。その場合、国によっては租税条約の適用を受けることで、海外子会社の所在地国での課税を回避できる可能性がある。

　現地において譲渡益課税が行われた場合、日本親会社は日本の法人税の申告

時に外国税額控除の適用を受けることが可能であるが、外国税額控除には控除限度額がある点にも留意する必要がある。

→ **売却先による課税関係の相違**

タイでは、株式譲渡所得について、売却先がタイ法人であるか否かによって課税関係が異なる。

日タイ租税条約では、日本法人がタイ子会社株式を譲渡した場合、タイにも課税権がある旨が定められており、売却先がタイ法人であるときは、株式譲渡所得に対して15％の源泉税がタイにおいて課されるとされている。一方、日本法人がタイ子会社株式を非タイ法人に譲渡した場合には、タイでの課税関係は生じない。これは、売却先が非タイ法人である場合は、タイの所得税の源泉徴収義務が及ばない旨がタイ国内法で定められているためである。なお、どちらのケースでも株式譲渡益は日本で全額課税の対象となる。

事例

インド法人株式の譲渡益に対する課税

インド国外の法人がインド法人の株式を譲渡した場合でも、生じた譲渡益は一般的にインドで課税される。この譲渡益課税を回避するため、インド法人の株式を譲渡するのではなく、当該インド法人の株式を保有する中間持株会社を外国に設置し、当該中間持株会社の株式を譲渡するというスキームが用いられることがある。

これに関連する有名な事例としてVodafone事件が知られている。

Hutchison Telecommunications International Limitedは、中間持株会社であるケイマン法人CGP（CGP Investments Holdings Limited）を経由して間接的に保有していたHEL（Hutchison Essar Limited）を通じて、インド国内において携帯電話事業を展開していた。Vodafoneのグループ子会社であるオランダ法人Vodafone International Holdings B.V.は、事業会社であるHEL株式ではなく、中間持株会社であるCGP株式を取得した。

当該取引に関して、インドの税務当局は、買主であるVodafoneに対して、株式譲渡の対価を支払う際にインド所得税法に基づく源泉徴収を行うべきであっ

たと指摘し、約26億ドルの源泉徴収税の納付を求めた。税務当局の見解は、CGP株式に関して、その株式の価値を裏づけている資産であるHEL事業の価値はインドに所在するとして、本件株式売買取引に関してインドに課税権があったというものである。この課税処分に対してVodafoneは税務訴訟を提起し、原審では敗訴したものの、上訴したインド最高裁において、2012年1月20日にVodafoneの主張を認める逆転勝訴判決が下された。

この判決を受けてインド政府と議会は、本件取引と同種の取引についても課税を行えるように税制改正を行った。しかも、条文に係る解釈を示す説明（Explanation）の追加という形式で対応を行うことによって、当該改正以前に発生したVodafoneの取引に対しても本解釈の適用が可能となることを図った。

当該改正によって、外国法人たる中間持株会社の株式を譲渡することにより譲渡益課税を回避するというスキームの利用が一定範囲で制限を受けることとなった。

なお、本件に関しては現在でもオランダ・ハーグの国際司法裁判所にてオランダとインドの投資協定に基づく仲裁手続が行われている。2017年1月には並行してイギリスとインドの投資協定に基づく仲裁手続を開始したが、同年8月にデリー高等裁判所が同じ事案に関する訴権の濫用として訴えを却下し、当仲裁手続の差止めを求めている。

4. 清算時の留意点

清算では、一般的に現地従業員の解雇を伴うことが多く、国によっては解雇補償金等のコストが発生する。また、税務当局にとっては課税できる最後の機会となるため、入念かつ長期にわたる税務調査が行われる傾向がある。資産・負債の整理や各種手続等、株式売却と比較して相当の労力・期間を要する。

(1) 一般的な清算手続

清算手続は国によって異なるため、進出国の会社法等の十分な理解が必要であるが、一般的な清算の流れは次のようになる。

> （ⅰ）清算の決議を行い、清算人を選任する
> （ⅱ）所在地国の管轄官庁に清算の申請を行い、債権者保護手続や従業員の整理・解雇等を進める
> （ⅲ）すべての債権回収・資産処分・債務返済完了後、残余財産を株主に分配し、銀行口座の閉鎖、法人等の登記抹消を行う

清算手続は社内のみで完結せず、債権者への通知や公告、各当局の承認手続等が必要となるため数年を要することも多い。なかには、債権債務の整理段階でトラブルに陥り、係争に発展する例もみられるため、注意が必要である。

なお、清算会社が債務超過またはその疑いがあるときは通常の任意清算を行うことができず、裁判所に特別清算の申立てをしなければならないなど、別途の取扱いが必要となる可能性がある点に留意されたい。

(2) 労務面

清算に伴い労働契約が終了する場合には、従業員に対して再就職先の斡旋や、法定あるいは法定を超えた退職金の支払いが必要となることがある。

たとえば、中国からの撤退に際して従業員に対して法定の2倍の退職金（中国の場合は経済補償金）を提示したところ、日本人マネージャーが現地従業員から取り囲まれ、脅された結果、法定の3倍近くの金額の支払いを余儀なくされた事例も存在する。清算に関する従業員への公表や交渉については現地の慣行を勘案し、場合によっては専門家も交えて慎重に検討することが必要である。

(3) 日本親会社における税務上の留意点
①株式評価損
　実務上、海外子会社が清算を完了させる前に、日本親会社において、当該海外子会社の株式に係る評価損を計上することが多いものと考えられる。ただし、当該子会社株式評価損を認識する時期については留意が必要である。海外子会社の会社清算制度については、所在地国の法制度において定められているが、清算手続に長期間を要することも想定される。日本親会社においては、海外子会社の資産状態が著しく悪化したため、その株式の価額が著しく低下したことが評価損の損金算入の要件として定められており（法令68①二ロ）、日本と現地における会社清算制度を比較、検討したうえで、子会社株式評価損の計上時期を決定する必要がある。

②みなし配当及び株式譲渡損益（株式清算損益）
　日本における課税関係では、海外子会社が実施する清算配当によって認識される「みなし配当」と「株式譲渡損益（株式清算損益）」による影響を考慮する必要がある。
　次にそれぞれの計算方法を記載する。

○みなし配当　＝　残余財産時価（払戻金額）　－　対応する資本金等の額
○株式譲渡損益（株式清算損益）＝（払戻金額－みなし配当）－　子会社株式簿価

　基本的に、みなし配当は海外子会社の利益積立金に対応する部分となる。みなし配当部分が外国子会社配当益金不算入制度の要件を満たす場合、配当金額の95％については課税されない。ただし、この場合、配当に係る源泉税は外国税額控除を適用することができず、また損金の額にも算入されない点に留意する必要がある。
　一方、株式譲渡損益（株式清算損益）の計算式における「払戻金額－みなし配当」は海外子会社の資本金等に対応する部分であり、海外子会社の資本金等が子会社株式簿価を下回っていれば譲渡損となり、逆の場合は譲渡益となる。当該譲渡損益（清算損益）は親会社の課税所得の計算上、損金・益金の額に算入されることになる。

③親会社負担に伴う税務リスク

親会社から清算会社に対して貸付金がある場合、清算において、通常親会社は債権を放棄することになるが、債権放棄により発生した損失が国外関連者に対する寄附金として認定されると、当該損失を損金算入することができない。

ただし、法基通9-4-1で、「法人がその子会社等の解散、経営権の譲渡等に伴い当該子会社等のために債務の引受けその他の損失負担または債権放棄等（以下、「損失負担等」という）をした場合において、その損失負担等をしなければ今後より大きな損失を被ることになることが社会通念上明らかであると認められるためやむを得ずその損失負担等をするにいたった等そのことについて相当な理由があると認められるときは、その損失負担等により供与する経済的利益の額は、寄附金の額に該当しないものとする」と規定されている。したがって、清算時には日本親会社の損失負担の範囲、金額、合理的理由の有無等について検討されたい。

④海外子会社の租税負担割合の低下に伴う税務リスク

海外子会社の所在地国において、清算所得税が免除または一部非課税となる場合には、日本の外国子会社合算税制に注意が必要である。同税制では、租税負担割合（トリガー税率）が20％未満で、かつ適用除外要件を満たさない場合には、海外子会社の清算所得が日本親会社の課税所得と合算されることとなる。このトリガー税率の算定上、海外子会社の非課税所得は分母に含まれるため、留意が必要である。

なお、同税制に関しては平成29年度改正にて、抜本的な見直しが行われている（現行制度及び平成29年度改正内容については第2章6〈外国子会社合算税制〉参照）。

(4)海外子会社における税務上の留意点

①清算届出

会社清算にあたっては通常、各種申請手続を関連する当局に対して行うことが求められる。たとえば、タイでは、清算の際、法人の代表者及び清算人は解散登記の日から15日以内に所轄の税務署に通知を行う必要がある。この通知

を怠った場合、納付税額に加えて同額の加算税の支払いが課されるため、注意しなければならない。

②優遇税制の取扱い

海外子会社が優遇税制の適用を受けている場合において、一定期間の事業継続が当該優遇税制の適用要件として定められているときは、期間経過前に海外子会社を清算することによって、過去に遡及して優遇税制が取り消され、課税が生ずる可能性がある。

③税務調査

清算は、税務当局にとっては税金を徴収する最後の機会となるため、厳格な税務調査が行われることが多い。その際には、特に調査項目と調査官の能力に注意する必要がある。

税務調査では、一般に、法人所得税のみではなく、広範な項目が調査対象となる。たとえば、清算をきっかけに移転価格税制の調査対象となることもある。特に、もっぱら日本親会社からの受注に応じて製造機能のみを果たしてきた現地拠点が赤字で清算を迎える場合には、留意が必要である。また、日本親会社からの出向社員に係る個人所得税の納付漏れが判明することもある。

なお、アジア諸国における税務調査官は必ずしも職務遂行能力を十分に備えているとはいえず、ときに非常に強引な課税がなされることもある。税務調査への対応は言語能力の問題等から現地従業員に一任しているケースも散見されるが、現地専門家と連携することも検討されたい。また、調査に対して協力的な態度で臨むのはもちろんであるが、不当な判断や要求には毅然とした態度で反論すべきである。

■執筆者紹介

大久保 昭平
編著者紹介参照。

清水 厚
公認会計士、税理士、公認内部監査人。一橋大学商学部経営学科卒業。
監査法人トーマツ、Deloitte & Touche LLP トロント事務所駐在を経て、CaN Accounting Advisory 株式会社（旧株式会社清水国際経営研究所）を設立、代表取締役に就任。2013 年 5 月 CaN International に参画、パートナーに就任。
上場企業の海外子会社管理、内部統制評価、内部監査のほか、中堅・中小企業の海外進出支援など幅広いコンサルティングサービスを提供する。

小田 英毅
公認会計士。京都大学経済学部卒業。
有限責任監査法人トーマツを経て、2014 年 7 月 CaN International Advisory 株式会社入社。2015 年 4 月より CaN International Advisory (Thailand) Co., Ltd. に移籍、ダイレクターに就任。
タイ国にて、日系企業のタイ進出に係る各種コンサルティング、及び現地企業に対する各種支援業務を行う。また、アジア全域を対象とする M&A 等のコーポレート・ファイナンス業務も多数手がける。

山岡 靖
中堅会計事務所、SCS Global を経て、2013 年 4 月 CaN International Advisory 株式会社入社。2014 年 5 月より CaN International 税理士法人に所属。
大手金融機関の研修講師、JETRO の海外税務アドバイザー等、特に国際税務について豊富な実績を有する。

高辻 大史
公認会計士。早稲田大学法学部卒業。
新日本有限責任監査法人を経て、2015 年 12 月 CaN International FAS 株式会社入社。
国内外におけるコーポレート・ファイナンス業務全般、日系上場企業の海外事業領域に係る制度対応に関する支援業務を中心に行う。

■編著者紹介

大久保 昭平

公認会計士、税理士
立命館大学経営学部卒業、早稲田大学大学院修士課程修了（ファイナンス）
新日本監査法人、SCS Global を経て、CaN International Group 代表就任。

1980 年、高知市生まれ。
2003 年、新日本監査法人入所。マネージャーとして国内外の大手企業に対して会計監査及びコンサルティング業務を行う。
2010 年、シンガポールに渡り SCS Global Group に参画。シンガポール及び日本の監査法人のパートナーとして会計監査、財務デューデリジェンス、各種コンサルティング業務に従事する。
2011 年、SCS Global Financial Advisory Pte. Ltd. を設立、代表取締役就任。クロスボーダー M&A、シンガポール IPO、国際税務、海外進出、事業戦略等に係るコンサルティングを行う。
2012 年、日本に帰国し CaN International Group を設立、代表に就任。
CaN International では、グループ経営管理、クライアント開発、各種コンサルティング業務に従事する。
専門はコーポレート・ファイナンス、経営戦略、国際経済。

CaN International

CaN International はクライアントのクロスボーダーにおける経営課題を共に解決していくプロフェッショナル・ファームです。海外進出に係るコンサルティング、クロスボーダー M&A、国際税務、現地における会社設立、財務会計支援、税務支援、会計監査サポート等の幅広いサービスを提供しています。
現在、日本、シンガポール、香港、タイ、ベトナムに自社拠点を設置しており、他国においては複数の信頼できる提携先を有しています。

Email　　info@caninternational.co
URL　　　http://www.caninternational.co

アジア進出企業の会計・税務　事業展開における実務マニュアル

2017年11月22日　初版発行
2018年 9 月11日　第 2 刷発行

編著者　大久保 昭平 ©

発行者　小泉 定裕

発行所　株式会社 清文社
　　　　東京都千代田区内神田1−6−6（MIFビル）
　　　　〒101−0047　電話 03(6273)7946　FAX 03(3518)0299
　　　　大阪市北区天神橋2丁目北2−6（大和南森町ビル）
　　　　〒530−0041　電話 06(6135)4050　FAX 06(6135)4059
　　　　URL http://www.skattsei.co.jp/

印刷：亜細亜印刷㈱

■著作権法により無断複写複製は禁止されています。落丁本・乱丁本はお取り替えします。
■本書の内容に関するお問い合わせは編集部まで FAX（03-3518-8864）でお願します。
■本書の追録情報等は、当社ホームページ（http://www.skattsei.co.jp/）をご覧ください。

ISBN978-4-433-66787-0